佛教史叢談散集

淨海法師——著

序

這本《佛教史叢談散集》，共蒐集了七篇文稿：〈印度佛教四大聖地〉、〈印尼古代佛教史考〉、〈馬來西亞早期佛教略史〉、〈雲南上座部佛教傳入略考〉、〈南傳上座部佛教的互相依存關係〉、〈東南亞古代孟族人對南傳佛教先驅的貢獻〉、〈泰國佛教史〉。其中前六篇是寫作，後一篇是翻譯。就編著時間上和質量上講，約一半完成於四十多年前，一半是近幾年才寫成的，在文末有註明日期。七篇文稿大多曾在國內外各佛教雜誌上登載過，也有幾篇被蒐集在國內佛教學術叢書裡。

現在我把這七篇文稿蒐集在一起，自己寫作的部分，都重新做了幾次很大的整理和增訂，依史書和網路上的資料，增添很多新的內容。在內容性質方面，多屬專題研究的範圍。至於最後一篇譯文，為了尊重原著者，我只將譯文字句略加修飾而已。

〈印度佛教四大聖地〉，是佛陀住世時親身遺留下來的四大聖跡，受到全世界佛教徒虔誠地巡禮朝拜，最值得佛弟子們仰慕憶念，在印度佛教史上非常重要。雖然我曾三次朝禮印度佛教聖跡，當時都沒有寫什麼朝聖紀念文章。但走過印度佛陀聖地，巡禮了許多古代佛像、佛塔、僧院等遺跡，以及近代人努力復興印度佛教聖跡的功績，都深切地令我感動和讚仰，所以採用比較嚴肅的態度，來寫出四大聖地的歷史和當前的情況。

古代的東南亞，因介於中、印兩大文化和交通要道之間，其中古代的印尼和馬來西亞，也是佛教流行非常重要的國家，自公元二、三世紀至十三、十四世紀，佛教傳播長達十多個世紀，在中國歷史和高僧傳記中，有很多記載，有時佛教興盛的情況超過印度，到公元十五世紀才逐漸轉變為伊斯蘭教國家。在我以前編寫《南傳佛教史》時，因旁及注意到印尼和馬來西亞古代的佛教，多年前就寫出了〈印尼古代佛教史考〉、〈馬來西亞早期佛教略史〉二文。至於近代印尼和馬來西亞的佛教，這是最近一、兩百年由華人再傳入的，僅占兩國外裔人口少數宗教之一，不包括本二篇文之內。

現時有些學者對南傳上座部佛教開始注意，同時對各種文化和民族亦作探討，於是我也試作寫了三篇專題研究，現亦蒐集在本書中：〈雲南上座部佛教傳入略考〉，在上座部佛教傳入雲南諸說中，正確探究傳入的時間和路徑；〈南傳上座部佛教的互相依存關係〉，是解說南傳佛教斯、緬、泰等國，互相於佛教文化交流、支援僧團戒法傳承，而形成緊密的依存關係；〈東南亞古代孟族人對南傳佛教先驅的貢獻〉，指出古代孟族人的高等文化，遵行上座部佛教信仰，起了先驅重要的貢獻，到公元十二至十五世紀，緬、泰、柬、寮、傣人，既繼承了孟族人這種傳統文化和宗教，再後又順利地轉化接受以斯里蘭卡為根源的南傳上座部佛教（大寺派）信仰。

前泰國皇冕佛教大學陳明德教授著的泰文版〈泰國佛教史〉，敘述泰國佛教史很簡明精要，信而有據。是我在早年譯出，現在亦蒐集於此書中，提供國人參考。

最後，我要感謝高麗月居士為此書做大部分電腦文字輸入，王欣欣居士為此書做最後審閱改正，以及法鼓文化接受此書的出版，並做精細校對和版面設計。

從此書七篇文稿來看，就知道這不是一本很有系統的專著，但也並非雜亂無章，每篇內容都是依據一些歷史而編寫完成的。所以我用叢談的方式來敘述，含有軼事雜談彙編而成書之意。由於筆者才疏學淺，自知「學，然後知不足」，內容不夠充實完備，尚請專家學者多做批評指教！

二〇一五年八月三十日

目錄

第二篇　印尼古代佛教史考

第三篇　馬來西亞早期佛教略史

第四篇　雲南上座部佛教傳入略考

第七篇　泰國佛教史

陳明德著／淨海法師譯

第一篇

印度佛教四大聖地

印度佛教四大聖地前言

佛陀臨入大般涅槃前，曾對阿難說：「阿難！有四處，具有信仰的人應往朝拜致敬，就是：如來降生處、如來證無上正等正覺處、如來轉法輪處、如來入無餘涅槃界處。」

——巴利《大般涅槃經》第五章

佛告阿難：「汝勿憂也。諸族姓子常有四念，何等四？一曰念佛生處，歡喜欲見，憶念不忘，生戀慕心。二曰念佛初得道處，歡喜欲見，憶念不忘，生戀慕心。三曰念佛轉法輪處，歡喜欲見，憶念不忘，生戀慕心。四曰念佛般泥洹處，歡喜欲見，憶念不忘，生戀慕心。阿難！我般泥洹後，族姓男女念佛生時，功德如是。佛得道時，神力如是。轉法輪時，度人如是。臨滅度時，遺法如是。各詣其處，遊行禮敬諸塔寺。」

——《長阿含・遊行經》

佛陀住世時，說法度生，建立教團，到晚年入滅時，佛教的教團都是傳布於中印度一帶。佛陀出生處藍毘尼園，般涅槃處拘尸那，在中印度北邊，成正覺處菩提伽耶，在中印度南部，初轉法輪處鹿野苑，在中印度西部，這四處稱為「四大聖地」。佛陀入滅後，這四處都成為佛弟子們仰慕巡禮朝拜的聖地，在早期佛教徒心中稱為「佛化中國」，後世發展繁榮起來（巴利聖典協會：《長部》卷二，第一四〇頁）❶。

佛教四大聖地的重現，歸功於英國軍事工程師、考古學家，也是印度考古局首任局長亞歷山大．康寧漢（Sir Alexander Cunningham，一八一四—一八九三）。康寧漢在公元一八三三年被派往印度，在那裡他遇見了英國的錢幣收藏家、研究印度文化的學者詹姆斯．普林塞普（James Prinsep，一七九九—一八四〇），激發了他日後對印度歷史及錢幣的興趣。

公元一八三七年，康寧漢在印度恆河邊上的瓦拉納西（Varanasi）附近發掘了最著名的佛教聖地之一的鹿野苑（Sārnāth）。他因為在瓦拉納西城外看見一個三十多公尺高的圓頂建築，於是決定進行一次小小的發掘，結果發現了一些精美的雕像，還找到了一塊刻有文字的石頭。從譯出的文字，顯示可能是一座佛教遺址。十多年後，中國僧人法顯的《高僧法顯傳》和玄奘的《大唐西域記》的翻譯相繼在英國出版，康寧漢對照兩本著作的內容，確認了遺址的身分，宏偉的圓頂建築是一座佛塔，是紀念佛陀正覺後第一次說法的地方，就是著名的鹿野苑。此後，康寧漢以《大唐西域記》為指南，追尋著玄奘當年的足跡，在印度的土地上展開了長達二十五年的考古發掘，挖掘了一座又一座重要的佛教遺址，一千多年璀璨奪目的佛教歷史開始重現❷。

還有一位很有影響力的重要人物，就是斯里蘭卡達摩波羅（Anāgārika Dharmapāla，一八六四——一九三三），公元一八九一年成立了「摩訶菩提協會」（Maha Bodhi Soceity），他發願決定要重興印度佛教，保護好印度境內各處佛教聖地。他首先到印度巡禮了鹿野苑，見到昔日的聖地，竟是一片荒涼的景象，他又到了佛成道處的菩提伽耶，誓願盡形壽，從事復興印度佛教❸。

---

❶ 平川彰著，釋顯如、李鳳媚譯：《印度佛教史》，第九十五頁。

❷ 參考：https://en.wikipedia.org/wiki/Alexander_Cunningham。

❸ 淨海法師著：《南傳佛教史》，第一四九——一五一頁。

第一章 佛陀出生處——藍毘尼園

天臂城與迦毘羅衛城間，摩耶夫人入此娑羅林，攀住樹枝之瞬間，菩薩誕生。

——巴利《本生・第五十二經》

摩耶為世間，生下喬答摩；
無明惱苦者，聞法斷迷惑！

——大愛道《長老尼偈》

一、佛陀的生平

佛陀的出生，約在公元前六世紀在北印度，姓喬答摩，名悉達多。父親淨飯王，是釋迦族迦毘羅衛國的統治者，英明仁慈，母后摩耶夫人，是拘利國的公主，美貌賢慧。淨飯王和摩耶夫人結婚多年後得子。依據當時的習俗，夫人要回到娘家待產。在歸途中，走到迦毘羅衛城（Kapilavastu）和天臂城（Devadaha）的接界處，有一處優美的藍毘尼園（Lumbinī，或 Lumbini-vena），在園中一棵無憂樹❶下休息時，就順利地生下了太子。太子出生的大好消息，傳遍了迦毘羅衛國和恆河兩岸，人們到處感到歡欣鼓舞，普天同慶。

摩耶夫人生下太子後，即命令回駕到迦毘羅衛國。可惜在太子出生的第七天，摩耶夫人就不幸因病去世了，這給淨飯王及全國人民帶來了極大的悲痛。摩耶夫人的妹妹摩訶波闍波提，就成了太子的繼母，撫育著悉達多長大。

當太子二十九歲那年，兒子羅睺羅出生，他就決定出家了。先到摩揭陀國（Magadha）的王舍城，拜訪名師學習禪定，接著又去到跋伽仙人苦行林，精進修苦行達六年之久。三十五歲時，意識到修苦行無法達到解脫，轉而前往菩提伽耶，獨自在菩提樹下修習禪定，並發願誓道：「我如不證得無上正覺，寧可讓此身粉碎，終不起此座。」一直到一日的黎明前，豁然覺悟而成道。證悟「四聖諦」及「緣起」的道理，獲得無上正等正覺，這時他三十五歲，以後人們就尊稱他為「佛陀」。

佛陀覺悟之後，先去鹿野苑度化五比丘，就此開始說法度生，傳教區域主要在印度恆河流域中游一帶，組織清淨和樂的僧團，所度信眾無量無邊，遍及各個階層男女。佛陀說法經歷四十五年，到八十歲時，體力衰弱生病了，於拘尸那娑羅雙樹間，安然入滅。後世隨著佛法傳播的範圍日益擴大，已成為世界性的宗教。

二、藍毘尼園遺址的發現

佛陀出生處的藍毘尼園，是印度佛跡四大聖地之一，為佛教徒朝聖者必到之地。佛陀出生的事蹟，以及後世佛教徒在該地各種建設，自然都成了重要的聖地。現在很多佛跡是在印度境內，只有藍毘尼園是在尼泊爾國境內。它位於尼泊爾中南部，約北緯二七點五度及東經八三點二度之間，距離印度邊境僅七公里。藍毘尼園在佛陀時代，位於迦毘羅衛和天臂兩城之間，是一座非常優美的王家花園。

藍毘尼園原屬於印度版圖，在北方邦（Uttar Pradesh）範圍內，但在公元一八五七年因為印度掀起了反英國殖民地統治起義，在英人的鎮壓過程中，尼泊爾人廓爾喀士兵受雇傭於英軍及同盟，英勇善戰，衝鋒陷陣，戰後英國政府為了酬報，就將這塊土地劃歸尼泊爾，自此成了尼泊爾的一部分❷。現址在尼泊爾中南部畢柏羅婆（Pīprāvā）地區，一個叫做特萊（Terai）的村落。

自公元十二、十三世紀伊斯蘭教勢力侵入印度後，佛教漸在印度滅亡，許多佛教聖跡之地皆遭到破壞和摧毀，而被濃密的樹林所掩蓋，長久以後就被人們遺忘了。自此一些佛教聖跡只能在佛經中或佛教史上讀到了。藍毘尼園的被發現和確定，是接任印度考古局局長的傅爾（Alois A. Fuhrer），在公元一八九六年前往印度北方考察，在抵達古代迦毘羅衛國一帶，有當地居民告訴他，在一處荒林中有一根石柱。傅爾等人聽了，並進入尼泊爾邊境，在巴特瓦州（Butwar）特萊地方的盧明戴（Rummindei）之處考察，就在藍毘尼園遺址上發現了阿育王石柱，石柱銘文說明此處即是佛陀出生之處。再核對公元五世紀法顯及七世紀玄奘西行的傳記，結果湮沒已久的藍毘尼園，被確認了發掘出來，聖地重現人間。這一發現，對於印度歷史和佛教史具有非常重大的意義，特別是在釋迦牟尼佛出生地及故國迦毘羅衛遺址上的判定，具有特定作用❸。

三、藍毘尼園的名義和由來

藍毘尼園（Lumbinī），中文有很多讀法，音譯有藍毘尼、嵐毘尼、留毘尼、流彌尼、林毘尼、林微尼、樓毘、臘伐尼、倫必尼、論民園等；意譯有鹽、可愛、花香、樂勝等。關於名稱的起源，有幾種不同說法，但大多數是根據中文藍毘尼意譯再還原為梵文。

有人認為藍毘尼園，是善覺王（Suppabududdha）為其夫人嵐毘尼（Lumbinī）所建造，以她的名字為園名，她就是摩耶夫人（Māyā）的母親，如《佛本行集經》卷七說：「時善覺釋摩耶大妃夫人之父，於迦毘羅（Kapilavastu）及提婆陀訶（Devadaha，即天臂）兩城之間，近自境內，為婦造作一大園林，以善覺婦名嵐毘尼，為彼造立此園林故，以是因緣，即為嵐毘尼園。」（《大正藏》第三冊，第六八六頁）

《一切經音義》卷五十六說：「嵐毘，或言流毘尼，或言林微尼，正言藍鞞尼，此云鹽，即上古守園婢名也，因以名園。飯那（vana）此云林，或譯云解脫處，亦云滅，亦名斷。」（《大正藏》第五十四冊，第六七八頁）又《翻梵語》卷九說：「樓毘，譯曰可愛，長阿含第四。」（《佛學大辭典》嵐毘尼條）這與《佛本行集經》記為善覺王妃名，此處音義記為上古守園婢名而有不同。

有人認為 Lumbinī 是從 Lāvaṇa 一字轉變來，為繞閻浮提（Jambudīpa，即印度）一鹹海水名，作女性詞語用時，須加女性語尾 ī，即成為 Lāvaṇī，而後因受地區發音的關係，又變為 Lumbinī（梵文中 b 和 v 常讀音相同）。所謂中文還原梵文字，即 Lāvaṇa 一字為形容詞，譯為鹹的，有鹽的；名詞則為 Lāvaṇya，譯為鹽、鹹味；可愛、美麗；喜樂。

四、佛經及佛傳中記載佛陀的出生

不論學者怎麼說法，藍毘尼園是佛陀出生的聖地，這是可以確定的，最重要的證明，就是阿育王石柱上的銘文，清楚地指出藍毘尼園是佛陀的出生地，這在下兩節文中再做說明。

《普曜經》卷一說：「今此種姓熾盛，五穀豐熟，安穩平賦，快樂無極，人生滋茂，殖眾德本，迦維羅衛，眾人和順，上下相承。」（《大正藏》第三冊，第四八六頁）。這是描寫釋種（Śakya）熾盛的情形，藍毘尼園就在迦毘羅衛城東北約二十公里處，其次是釋迦族的天臂城，藍毘尼園正在兩城中間之位置。

《佛本行集經》卷八說：「彼（藍毘尼）園樹木，蓊欝扶疎，世間無比，其中多有種種花樹，種種果樹，以為莊嚴。復有種種渠流池沼，種種雜樹，無量無邊摩尼諸寶，遍滿園苑。」（《大正藏》第三冊，第六八六頁）。馬鳴菩薩的《佛所行讚》卷一說：「藍毘尼勝園，流泉花果茂。」（《大正藏》第四冊，第一頁）。《釋迦譜》卷一中，記佛陀出生林園中有十種瑞相：「一者忽然廣博，二者土石變為金剛，三者寶樹行列，四者沈水末香種種莊嚴，五者花鬘充滿，六者寶水流出，七者池出芙蓉，八者天龍夜叉合掌而住，九者天女合掌恭敬，十者十方一切諸佛臍中放光，普照此林現佛受生。」（《大正藏》第五十冊，第五頁）。道宣《釋迦氏譜》引《普曜經》說：「藍毘尼園花果泉池，欄楯階陛七寶莊飾，鸞鳳眾鳥翔集其中，幡蓋樂伎香花備滿。」又引經說：「（摩耶夫人）十月滿足，於四月八日，日初出時，於無憂樹（aśoka-vrikṣa）下花葉茂盛，便舉右手欲牽摘之，菩薩漸漸從右脇出❹。」（《大正藏》第五十冊，第九十八頁）

南傳上座部聖典中，記述佛母是在娑羅樹（sāla-vrikṣa）下生出太子，時間為毘舍佉月（Visākhamāsa，六月）十五日月圓，星期五。在南傳《長部．第十四．大本經》說「菩薩從母之子宮出」（Bodhisatto mātu kucchismā nikkhamati）❺，這一句經文很重要，說明佛母是正常的生下太子，完全不附有神話色彩。不過古代印度是個多宗教和愛好文學的國家，不重視歷史真實，往往描寫偉人的出世，都富有很多奇異，加上各種神話傳說，不足為奇。佛陀就是從一般正常出生，也絲毫不損佛陀的聖德。又如《大本經》形容說：「菩薩當其生時，從右脇出，專念不亂。從右脇出，墮地行七步，無人扶持，遍觀四方，舉手而言：天上天下唯我為尊，要度眾生生老病死。」這些都可以做理性的解說，並不一定要做史實看待。

一本泰文名著《初成正覺》的佛傳，引據巴利聖典記述藍毘尼園說：「這是非常寬廣的遊園，令人心曠神怡，有多種樹木，花香四溢，茂林圍繞；有孔雀、山鳥，眾鳥不斷競唱著宛轉悅耳之音，有很多溪流泉池。微風吹動時，樹木扶疏，搖曳多姿……這真是一個十分可愛令人怡情悅樂的遊園！」

佛陀少年時優處王宮太子生活，是否常往藍毘尼園遊樂，在經律中很少記載。佛陀晚年，當毘琉璃王（Virūdhka）以舊怨要消滅迦毘羅衛城釋種時，佛陀故國就滅亡了，藍毘尼園可能被摧毀或荒廢。但是藍毘尼園畢竟為佛陀誕生之地，佛陀涅槃後，後世佛弟子們會永遠懷念思慕的，這從後來印度佛教歷史片斷記載中，可以獲知。

五、阿育王石柱及銘文

在南傳上座部巴利文獻中，曾敘說到阿育王（公元前二七三—前二三二年在位）在即位二十年後，據說是在公元前二四四年開始親自到佛陀出生處及其他聖地朝拜，並由優波笈多（Upagupata）長老引導，所到有關紀念佛陀重要之處，並豎立石柱做為永久紀念物。優波笈多長老稱讚阿育王的這種行動，及自願引導他到藍毘尼園，指示佛陀出生處給他巡禮。阿育王生大歡喜，在佛陀出生處，五體投地禮拜。文獻中也曾說到阿育王在佛陀出生處建造支提（Cetiya）及施捨十萬迦訶波那（Kahāpaṇa）給釋迦族人民。這裡的支提，據推測就是指銘刻的石柱，因為支提除譯為塔、廟之意，也可指「敬獻的紀念物」（見下節）。迦訶波那譯為錢、貨幣（有四個角的印度古銅錢）。

前面說藍毘尼園的被發現和確定，足以證明為信物的，是在公元一八九六年，由考古學家傅爾博士和卡伽・桑雪（Khadga Samsher）發掘，阿育王在藍毘尼園豎立石柱上的銘刻，文字為古婆羅米（Brāhmī）文體，記載的內容是：

Devānapiyena Piyadasina lājina vīsativasābhisitena atana āgāca mahīyite hida Budhe jāte Sakyamunī ti, silā vigadabhīcā kālapita silāthabhe ca usapāpite hide Bhagavaṃ jāte ti, Lumminigāme ubalike kaṭe atabhāgiye ca.

譯為：「天愛王（即阿育王）即位二十年後，親來朝禮，因為這裡是釋迦族聖人佛陀出生之地。國王命令銘刻一支頂上附有馬像的石柱，豎立於此做為標記，諭示此地即為世尊出生之處。並宣布只徵收藍毘尼村出產的八分之一賦稅。」此石柱為圓形，現在地上高約七公尺，豎立在露天中，基部圓周約二點二公尺，埋土約三公尺，上部及頂頭馬像已折毀遺失，且已無法尋回（其他處阿育王石柱，高約十至十三公尺）。剩餘的柱身露出很長的裂痕，可能是受到雷擊，但銘刻字跡仍清楚可見。

關於阿育王很多留存在世的石柱上，銘刻的古體婆羅彌文（巴連弗Pāṭaliputra的用語），後來已無人能讀出，因為在印度中世紀伊斯蘭教的德里王朝，有一位菲羅茲（Firūz Shae Tughlak，一三五一——一三八八）的君主，十分注意蒐集國內的古物，曾搬移一根阿育王石柱至德里，召集很多學者研究，但沒有一人能讀出。後來英人統治印度，為了研究印度歷史和文化，創立「亞細亞學會」於孟加拉，英國學者開始研究，還是無人能讀出。直至公元一八三七年，亞細亞學會英人祕書詹姆斯·普林塞普，用了七年多時間研究，並以山崎（Sañchi）佛塔石柱做比較，最後才能讀出德里收藏的阿育王石柱上的字跡。這一研究的結果，對進一步研究印度歷史及文化非常重要，因此英國政府就委任亞歷山大爵士，專門負責領導考據印度古代各種文物，在公元一八六二年成立「印度考古學廳」，屬下有很多歷史學者及考古學家參與。

六、中國高僧關於藍毘尼園的記載

法顯法師到印度，是在公元三九九年，歷經十五年返國。他在《高僧法顯傳》中寫佛陀出生處說：「（迦毘羅衛）城東五十里有王園，園名論民（即藍毘尼園），夫人入池洗浴出池，北岸二十步手攀樹枝東向生太子。太子墮地行七步，二龍王浴太子，身浴

處遂作井，及上洗浴池，今眾僧常取飲之。」（《大正藏》第五十一冊，第八六一頁）

玄奘大師西行往返歷十七年（六二九—六四五）。《大唐西域記》卷六說：「箭泉東北行八九十里至臘伐尼林（即藍毘尼園），有釋種浴池，澄清皎鏡，雜華彌漫。其北二十四五步有無憂華樹，今已枯悴，菩薩誕靈之處……次東窣堵波，無憂王所建，二龍浴太子處也。」「浴太子窣堵波東有二清泉，傍建二窣堵波，是二龍從地踴出之處。」「有大石柱，上作馬像無憂王之所建也，後為惡龍霹靂，其柱中折仆地。傍有小河東南流……其流尚膩。從此東行曠野荒林……。」（以上同見《大正藏》第五十一冊，第九〇二頁）

當摩耶夫人臨盆前，依照習俗要回到娘家天臂城待產，卻在途中藍毘尼園毫無預警地分娩了！佛陀出生後，車隊便計畫要立即回到故鄉迦毘羅衛城。由於摩耶夫人結婚多年後生子（有記載說夫人是四十五歲），產後沒有得到良好的休息，立刻又風塵僕僕地趕回故鄉，路程疲勞，在第七日就不幸辭世了，這真是一件令人遺憾惋惜的事！

從法顯和玄奘記載看來，迦毘羅衛國雖然在佛陀的晚年，釋種遭到滅亡，但是佛教在印度日後繼續發揚光大，佛陀出生的藍毘尼園聖地，當然不會為佛教徒所淡忘。有人追思懷念，有人前往朝拜，再加上引證中國高僧的記載，可信在公元八世紀末，藍毘尼園確是存在的，甚至還可信再延後三、四百年（但缺少歷史證明），不過因受時代環境變遷，常有興衰而已。到公元十二世紀末，伊斯蘭教徒侵入印度佛教中心地比哈爾省等時，徹底摧毀佛教寺院，佛教僧眾逃亡，藍毘尼園就進入長期荒廢了。

七、新建摩耶夫人堂（寺、廟）

關於摩耶夫人寺（Mayadevi Temple），在近代史上分有舊摩耶夫人寺和新摩耶夫人寺。以前舊摩耶夫人寺，是在園中央一塊磚砌約二公尺高台上，分前後梯階上下，上面即是十多公尺平台，建有一間很小的殿宇，只有三、四公尺見方，英文說明是摩耶夫人寺，發現孔雀王朝、貴霜王朝、笈多王朝時期的遺物，所以可以推測建於公元前三世紀至公元後四世紀之間。過平台北側有一棵獨立的高大菩提樹。從高台兩層地基變化痕跡來看，可知小型摩耶夫人寺是後來加建的，牆壁外面是用水泥砂漿粉刷後，再塗上白色石灰。寺內非常狹小，光線暗淡，堂中供奉的是一尊一手指天一手指地的太子像，稱「誕生佛」，是日本長崎縣山口秀三郎鑄造的作品。牆壁上有一幅佛陀誕生浮雕石像圖，雖說是公元四世紀笈多王朝的雕刻，表示佛母立在娑羅樹下以右手攀挽樹枝，太子就誕生了，旁邊還有摩耶夫人的妹妹摩訶波闍波提，後來就成為太子的養母；其左側是抱持絹布禮拜的梵天與帝釋❻。

這幅佛陀出生浮雕石刻圖像，據考是四世紀笈多王朝的雕造，但後來由於伊斯蘭教徒的入侵印度，浮雕表面已被削去，只成為一塊形狀痕跡不清的聖像石。因此，在公元一九五六年為了紀念佛滅二千五百年，由當時尼泊爾的佛教徒用白色大理石雕刻，列在一旁供奉著，讓人對照看了很容易理解其內容涵義❼。亦有說右邊較清楚的一幅出生圖，是近代緬甸政府雕刻贈送的。

在舊摩耶夫人寺北邊正下方的方形供養塔，曾經過挖掘調查，發現了黃金製的舍利容器，裡面裝有已經炭化的人骨舍利。

為了建築新摩耶夫人寺，舊摩耶夫人寺已被拆除，新寺是在公元一九九九年興工重建，為兩層樓高的方形建築，建在一處已發掘的遺址上，基層約六十尺見方，高約二十尺。上層為天台，中央部分四邊縮小約為二十多尺的方形高塔，基壁的四周繪有四隻大眼睛，象徵著洞察一切的「佛眼」，整個造型別具一格。在天台上亦可遠眺全園景色，眼前是一片開闊的平靜園區，綠草如茵。走進摩耶夫人寺入口處，沿內部四面走廊，可參觀中央已經發掘出來的遺跡。然後上台階走向殿堂中央，參拜一塊供奉於聖地下面的黑岩浮雕石板，這塊石板就是誕生石，公元一九九六年二月四日，尼泊爾首相正式宣布石板所標誌的位置，就是佛陀出生的精確地點❽，現在外隔一層玻璃框保護著，讓朝聖者以禮敬和懷慕聖者的心念來朝拜，玻璃框上並用印地語（Hindī）和英語說明是「佛陀精確出生地標誌石」（Marker Stone The Fact Birth Place of Buddha）。此寺外牆全部為白色，表示聖潔，摩耶夫人寺外側有樓梯可走上層屋頂。

八、菩提樹、聖池及其他

菩提樹

佛母誕生太子時，北傳說是摩耶夫人手攀無憂樹枝，南傳說是手攀娑羅樹枝，現在兩種樹都不見了，可能早已枯死或遭到砍伐。關於無憂樹，玄奘到時，記載「今已枯悴」了。

無憂樹是屬豆科植物，也稱阿育樹。原產印度，栽種在寺院和庭園中，複葉，小葉六至十二片，葉片屬革質，長橢圓形或是長橢狀針形，葉圓無鋸齒。花是集中的圓錐花序，剛開始是橘黃色，之後變為大紅色。三月中旬至五月開放，雌蕊與雄蕊突出。長十五公分左右的豆莢中，有四至八粒橢圓形的種子。

根據藍毘尼園復興的計畫，公元一九八二年日本東大寺的朝聖團，曾帶來十一株無憂樹種苗，在摩耶夫人寺的西北方種下紀念；到公元一九八九年東大寺再來朝聖時，終於有一株開花了[9]。

聖池

聖池（尼國人稱 Puskarini，音譯普斯格利尼）：在新殿的南面，有一長方形水池，東西約三十公尺，南北約二十公尺，池邊有環形的梯階而下，水呈青色而混濁，據說就是佛母生太子後，沐浴之處，當時有二泉湧出，一溫一冷。近代經過加修，用水泥加固，看情形可能也是古時佛寺近處的用水池。有一排小塔環繞聖池周圍，有方形、長方形、圓形的基底，據說建於公元前三世紀，及中世紀加建的。

水井

在東面仍存有一口完好的水井，略呈黑色，已不能飲用，只可做為用水。

在藍毘尼園的周圍，還有多處已毀壞了的古寺和舊塔等遺址，其中一座長方形的大寺院遺址，此寺院存在時，一定是一座莊嚴的建築物，因為長方形的遺址上沒有任何分界線，所以可能是一所大的廳堂，後被間隔成不同的部分，無法判定何是佛殿和何是僧房，現在保持一片當時出土的樣貌。

到藍毘尼園及迦毘羅衛城朝聖時，在雨季結束後的十一月到來年二月間，如果遇到特別好的天氣條件，早晨六點半至九點左右，及下午四點至六點左右，有幸可以遠眺雪山喜瑪拉雅的靈峰，景色非常優美壯觀，在平時通常是看不到的。

九、改換新面貌中的藍毘尼園

現在的藍毘尼園，經過半世紀的建設，被發掘出來的舊有遺跡，已受到很好的保護，新的宏偉藍圖發展計畫，內容也在不斷充實，我們現在走進藍毘尼園朝聖，已呈現一副新面貌了。

公元一九五六年，時值佛曆二千五百年，尼泊爾政府舉行盛大的慶祝紀念；及「第四屆世界佛教徒聯誼會」在加德滿都召開，前國王比蘭德拉非常關心藍毘尼園的基礎建設，組成一個委員會，對於擴大聖園，改善區內環境，增建僧寺，建築旅館，及加強鄰近地區的道路連接，熱心積極推動。公元一九六七年，前聯合國祕書長宇丹（U. Thant）前往藍毘尼園朝聖，他是緬甸人，為虔誠佛教徒，他與尼泊爾國王商討，建議國王將藍毘尼園開發成為國際朝聖和旅遊中心。為了協助藍毘尼園的開發，聯合國總部於公元一九七〇年成立了「藍毘尼開發國際會議」，並任命日本人堪左譚格教授負責藍毘尼開發藍圖的設計任務⑩。

由於聯合國和尼泊爾國王直接參與藍毘尼開發委員會，在徵收土地，重新安置村莊，開始基礎建設，以及造林計畫，都非常順利，至公元一九七八年「藍毘尼開發藍圖」就已完成了，一系列配套設施，整個工程要一千九百萬美元。後來由聯合國及尼泊爾政府發起公開募款，雖然不盡如理想，但還是集到一筆款項。公元一九八〇年聯合國決定提供九百萬盧比實施第一期工程，原訂公元一九八五年完成，但至公元二〇一二年尚未完工。

藍圖計畫內容，全部面積為三平方英里，包含三個區，每個區占地一平方英里（二點五八平方公里）。三個區由一條長達一四七四公尺長的步行道和一道小運河連接起來。三個區是：

藍毘尼園區

將原有藍毘尼區範圍擴大，設計的最終目的是，營造與佛陀教誨相符的時代，保持安靜的環境，具有和平與宗教氣氛，栽植茂盛的樹木。在具有意義考古價值的遺址上、池塘、環繞河堤的聖區，一律皆不允許建造新建築。

寺院區

位置在聖園北面的森林區，由運河分為東西兩處寺院，共有四十二塊土地，提供給北傳、南傳及各國佛教建築新寺院。區內穿過中心連結橋樑，有一座研究中心、一座圖書館、一座演講廳、一座博物館。

新藍毘尼村區

是在藍圖的北部，正在開發之中，將來做為通往外界的主要通道，將建築設備齊全的旅館、餐廳、商店街等，能令朝聖者及遊客感到舒適及便利的環境⓫。

公元一九九七年，藍毘尼園已被聯合國教科文組織（Unesco）入選為「世界文化遺產名錄」。

十、藍毘尼園各國寺院⓬

寺院區分為東、西兩個部分，目前已經有十五個國家建起了二十七座寺院。東、西區之間以一條人工開挖的小河為界，往南到藍毘尼園聖火處，向北到靠近世界佛教圖書館的尼耐河。東區是南傳佛教的寺院，來自泰國、緬甸、老撾等國家。西區則是北傳佛教的寺院，來自尼泊爾、韓國、德國、法國等。

西區部分的佛寺是：

尼泊爾佛寺

在摩耶夫人寺正前方的樹叢裡，有一上座部系統的尼泊爾佛寺（Lumbini Dharmodaya Samiti Dharmashala），建於公元一九五六年，有木雕繁複裝飾的門廊及窗櫺，牆壁有色彩鮮明的壁畫。寺裡有比丘和比丘尼在照顧，他們是屬藍毘尼法身委員會（Lumbini Dharmakaya Commitee）委員。

中華寺

由中國政府和中國佛教協會名義在海外建造的第一座寺院，公元一九九六年十二月開始動工建設，公元一九九八年十月竣工，占地面積近三千平方米，公元二〇〇〇年舉行落成。中華寺（Chinese Temple）是故宮建築群的仿製，黃琉璃瓦，深紅廊柱，赭色圍牆。三門進去迎面是彌勒佛，兩壁是四大天王；彌勒佛背面是韋陀。甬道前行十數公尺，就是兩層樓高的大雄寶殿，佛殿內高台上，供奉釋迦牟尼銅佛，再往後就是僧舍了。此外，有兩排房舍，為會客室與講經堂。按照規畫還要建築藏經閣、佛塔、戒壇、寮房、齋堂等。

韓國寺

沒有三門，迎面就可見其主殿，堪稱高大宏偉。台基甚高，看飛簷翹角只有三層，數樓台房窗是七層，甚有氣勢。韓國寺完全由信徒自願捐贈，籌到一筆錢就動工做一項，至今整個寺院都還在建築工程中，進院左右兩邊都是客房，有都市賓館式的設計，主體都為三層。

越南寺

像北京的紫禁城一樣，要從一條河上跨過「金水橋」才能接近寺院大門。三門是一座三層牌樓，上面用越南文、漢文、尼泊爾文寫著寺名，居中的漢文是「越南佛國寺林毘尼」，牌樓左邊寫著漢字「戒定慧」，右書寫著「悲智勇」。是花園式的寺院，建築物各方面都頗有漢文化特點。

韓國「一〇八寺紀念碑」與日本「世界和平塔」

「一〇八寺紀念碑」乃韓國人所建，因為參與建立紀念碑的有一〇八座寺院，碑柱主體文字自然是韓文。旁邊是記錄修建緣起和參與者的石刻攝影圖文，全長十多公尺，就像一面牆壁。「世界和平塔」（Nipponzan Myohoji World Peace Pagoda），由日本佛教徒修建，耗資一百萬美元。大白塔在這裡是所有寺院最氣派肅穆的。水池裡蓮花幽靜地開放著，潔白的塔身聳立在烈日下，熠熠生輝。佛塔的主體四方都塑有佛像，正面是太子像。塔的右側有一片叢林，走過密枝濃蔭覆蓋下的甬道可見一不高的佛堂，門楣上書寫「日本山妙法寺」。

韓國佛寺

是四進式的院落，大雄寶殿占地寬六十公尺，深四十二公尺，高三十二公尺，是兩層的重簷式建築，設計頗似北京故宮太和殿，十分氣派。該寺由曹溪宗管理，住有比丘、居士，每年都有韓國佛教界人士來定期居住。

德國蓮花寺

實際上屬於藏傳紅教的寺院。規模宏大，該寺坐北朝南，有八相成道的群雕佛像，自左向右圍繞在大雄寶殿周圍，大殿的頂端上方是一個佛塔的結構，下層是一座大殿，四個角有四個不同形式的轉經輪。每一邊的中間都是帶著蓮花的噴泉，寺裡住的出家人都是藏傳佛教喇嘛。

日本佛寺

位於西區的乾位，也就是尊位，可見日本的設計費了一番心思。該寺面積約一萬二千平方公尺，大雄寶殿是單簷廡殿式屋頂，唐代風格，除了瓦面有所改變外，其餘斗拱和油漆都按照唐式古典方式營造。

西藏佛寺

是最高大的建築物之一，常住藏僧，每晨都集會舉行共修早課。更在每年九、十月間，會有來自世界各地約二千名左右的藏傳僧人聚集於此，進行為期約十天的祈求和平儀式。

法國佛寺

由個人建造，寺院建築近似中國風格，常住一、兩位比丘或比丘尼。

東區部分的佛寺是：

印度摩訶菩提協會

看院門牆上的銘牌，上面卻有 Tokyo Japan（日本東京都）字樣，此寺可能是日本佛教徒和印度人共建。這家寺院不大，上台階就有一個網球場那麼大的廳堂，前壁供著佛像。

斯里蘭卡寺

建築沒有翹角飛簷，倒有點像巴黎香榭麗舍大道兩邊的房屋風格。所繪的佛本生故事壁畫極為華麗，人物生動感人。

泰國佛寺

佛寺主殿泰式建築特別鮮明，象牙色的屋宇和飛簷精緻玲瓏，矗立在藍天下，繁花碧草間，給人一種超塵拔俗的美感。在這座泰寺裡有好幾棟樓房，應該是僧房和客舍。還有花園，建有小島和湖心亭，湖中的睡蓮很美，一泓碧水粼粼。泰國寺院是由國家建設，常住僧眾由國家委託僧王派遣，也常有國家重要人物到訪該寺。

緬甸金塔寺

金塔寺由國家所建，占地約三萬一千平方尺，以金塔為主體建築的前院和以殿堂、寮房為主的後院組成。金塔形式模仿仰光大金塔而建，高約三十公尺。為覆缽型，塔基高約六公尺，在四方各建一個佛龕，龕內各供一尊玉質釋尊聖像，供人禮拜。金塔寺的佛殿精雕細刻，屋頂上微縮建築了四大佛教名勝：鹿野苑、菩提伽耶、拘尸那和王舍城。寺院的禪堂是最為典型的建築，內供奉一座完整緬甸玉雕刻的佛像，禪修者在禪堂中席地而坐。寺院中央有一個蓮花池，蓮花四季常開。寺中的管理僧人實行兩年輪換制。緬寺東南有一座比丘尼寺院，這是藍毘尼園唯一一座比丘尼寺院。

班迪達禪修中心

一位德國籍比丘修建了一座私人寺院，該寺是西式火柴盒堆積起來的樣式。這位比丘出家於緬甸，拜緬甸班迪達法師為師，所以該寺也叫班迪達禪修中心，按照四念住進行禪觀，主要體現在行禪上。這種禪修法在緬甸佛教界十分流行。

柬埔寨佛寺

仿吳哥窟的建築，一見就知道是柬埔寨佛寺。

十一、從藍毘尼園到迦毘羅衛城

關於迦毘羅衛城的遺址，至今尚未考訂確實，因為尼泊爾和印度兩國都各有不同的說法。尼泊爾調查認為在尼泊爾境內的提拉烏拉寇德（Tilaurakot），從藍毘尼園往西約三十二公里。印度調查認為在印度境內的畢普拉瓦（Piprawa），位於印度北方邦巴士提鎮（Basti）北部的一個小村落旁，從藍毘尼園阿育王石柱到畢普拉瓦，大約二十九公里。因在印度境內的畢普拉瓦近代曾發現了舍利塔基座、世尊的舍利容器、大迦毘羅衛城的比丘僧團的印章，所以證據更為充足⓭。

佛陀在世時代，正值釋迦族強盛時期，據佛經中不完全統計，該族人口約有百萬，分別居住相近的十個城，迦毘羅衛城列為十城之首⓮。

印度許多佛教的聖跡被發現，與我國高僧史傳著作有很大的關係，如《高僧法顯傳》、《大唐西域記》、《慈恩寺三藏法師傳》等，都提供了很多珍貴的資料。在這些著作中，同時可以略知他們那個時候印度佛教各地聖跡的情況。

法顯法師在《高僧法顯傳》中寫迦毘羅衛城說：「到迦維羅衛城，城中都無王民，甚如坵荒，止有眾僧民戶十餘家而已。白淨王（淨飯王）故宮處，作太子母形像，及太子乘白象入母胎時，太子出城東門見病人，迴車還處皆起塔，阿夷相太子處，與難陀等撲象捅射處，箭東南去三十里入地，今泉水出，後世人治作井，令行人飲，佛得道，還見父王處。五百釋子出家，向優波離作禮，地六種震動處，佛為諸天說法，四天王等守四門，父王不得入處。佛在尼拘律樹下，東向坐，大愛道布施佛僧伽梨處，此樹猶在。琉璃王殺釋種，釋種子先盡得須陀洹，立塔今亦在。城東北數里有王田，太子坐樹下觀耕者處。城東五十里有王園，園名論民。夫人入池洗浴，出池北岸二十步，舉手攀樹枝，東向生太子。太子墮地行七步，二龍王浴太子身，浴處遂作井。及上洗浴池，今眾僧常取飲之。凡諸佛有四處常定：一者成道處；二者轉法輪處；三者說法論議伏外道處；四者上忉利天為母說法來下處。餘者則隨時示現焉。迦維羅衛國大空荒，人民希疏。道路怖畏白象、師子，不可妄行。」（見《大正藏》第五十一冊，第八六一頁）

玄奘大師《大唐西域記》卷六說：「劫比羅伐窣堵（迦毘羅衛）國，周四千餘里，空城十數荒蕪已甚。王城頽圮周量不詳，其內宮城周十四五里，壘磚而成基跡峻固，空荒久遠人里稀曠。無大君長，城各立主。土地良沃稼穡時播，氣序無愆風俗和暢。伽藍故基千有餘所，而宮城之側有一伽藍，僧徒三十餘人，習學小乘正量部教。天祠兩所，異道雜居。」

「宮城內有故基，淨飯王王殿也，上建精舍，中作王像。其側不遠有故基，摩訶摩耶（唐言大術）夫人寢殿也。上建經舍，中作夫人之像，其側精舍是釋迦菩薩降神母胎處，中作菩薩降神之像。」「城南門有窣堵波，是太子與諸釋角力擲象之處。」「城東南隅有一精舍，中作太子乘白馬凌虛之像，是踰城處也。城四門外各有精舍，中作老病死人沙門之像。是太子遊觀，覩相增懷，深厭塵俗，於此感悟，命僕回駕。」

「迦羅迦村馱佛城東北行三十餘里，至故大城。中有窣堵波。是賢劫中人壽四萬歲時。迦諾迦牟尼佛本生城也。東北不遠有窣堵波。成正覺已度父之處。次北窣堵波。有彼如來遺身舍利。前建石柱。高二十餘尺。上刻師子之像。傍記寂滅之事。無憂王建也。」（以上同見《大正藏》第五十一冊，第九〇〇—九〇一頁）

新羅人慧超法師，約在公元七二七年西行，他在《往五天竺國傳》中說：「三、迦毘耶羅國，即佛本生城，無憂樹見在，彼城已廢，有塔無僧，亦無百姓，此城最居北，林木荒多，道路足賊，往彼禮拜者，甚難方途。」（《大正藏》第五十一冊，第九七六頁）

公元八世紀，印度婆羅門教古馬雷拉·巴陀（Kumarila-Bhatta），提倡彌曼薩派哲學（Mimansa Philosohpy）為印度教（或興都教 Hinduism）大師，北印佛教受到極大打擊，甚至當時有虐殺佛教徒之事。又過一世紀後，有散卡拉查理亞（Sankarachaya）提倡吠檀多派哲學（Vedantist），他遍遊全印，善說雄辯，信徒眾多，佛教再受到嚴重打擊。公元七三〇至一一九七年，孟加拉波羅（Pala）王朝興起，歷時四百六十七年，諸王篤信提倡佛教，即後期的大乘佛教。佛教在印度的滅亡，為伊斯蘭教勢力在公元十二世紀末統治全印，及波羅王朝的最後傾覆。各地佛教聖跡全部被毀滅或遺棄，以後就長久進入湮沒期了。

法顯和玄奘在印度遊學取經歸國以後，記錄了他們在印度的親身經歷和所見所聞，這對於重新建立印度歷史，具有十分重要的價值。《高僧法顯傳》記載了六根阿育王石柱，而根據《大唐西域記》記載，玄奘見到了十六根，其中有三根在今尼泊爾境內⓯。

印度孔雀王朝第三代帝王阿育王，曾於其執政後二十年（公元前二四九年）巡視今尼泊爾西南部地區，並在三處佛教遺址豎立石柱以資紀念。一根即前記藍毘尼園阿育王石柱；其餘二根石柱對於迦毘羅衛國進一步認定位置可起到旁證作用，今再做進一步探討：

法顯《高僧法顯傳》說：「……城東五十里有王園，園名論民（即藍毘尼園），夫人入池洗浴出池，北岸二十步手攀樹枝東向生太子。」依法顯所記，「城」是指迦毘羅衛城，這說明藍毘尼園是在迦毘羅衛城東五十里之處，迦毘羅衛城則在藍毘尼園之西。如按地理方位來說，迦毘羅衛城似乎是在尼泊爾的一側，但《高僧法顯傳》中未提到藍毘尼園內有阿育王石柱。

玄奘《大唐西域記》卷六說：「城南門外……從此東南三十餘里，有窣堵波，其側有泉……謂之箭泉……箭泉東北行八九十里，至臘伐尼林（藍毘尼園）……有大石柱，上作馬像，無憂王之所建也。後為惡龍霹靂，其柱中折仆地。」所記藍毘尼園方位與法顯的記載大致相符。

但公元一八九八年及一九七二年，在印度一側的畢普拉瓦經過兩次發掘，發現了兩個公元前五世紀的舍利壺，還有一批刻有 Kapilavastu（迦毘羅衛）字樣的封印。這一發現似乎支持了迦毘羅衛王城應在印度一側的畢普拉瓦⑯。

畢普拉瓦遺跡

(1)舍利塔基座遺跡：公元一八九八年，英人地方行政官威廉·佩珀（W. C. Peppe），由文森·史密斯指示，在畢普拉瓦發掘一座巨大的舍利塔基座，後被稱為「畢普拉瓦佛塔」（Piprawa Stupa），直徑約三十五公尺，高約六點五公尺，在距離塔頂約三公尺處，發現了皂石製的小容器，其中裝有和泥土混在一起的水晶、金飾、珠子等。又在塔頂的下方四點五公尺處，發現呈南北向放置的大石棺，棺中放有皂石製的容器四個、水晶製舍利容器一個，還有金、銀薄片及裝飾品、寶石、珠子等許多陪葬品。特別是皂石製的容器，高十五公分，直徑十公分，在蓋子上用婆羅彌文（Brāhmī）刻著：「這是釋迦族的佛世尊的舍利容器，由光榮的兄弟及姐妹、妻子所供奉。」在水晶舍利容器內，有十幾粒如米粒大、用金箔所包的佛舍利，現在收藏在加爾各答的博物館保存。不少學者認為這可能就是在所謂「八分舍利」時，釋迦族分得的那一份。但是容器內的舍利，已經送給泰國國王了。

(2)公元一九七二年，印度考古部從佩珀發掘大石棺之處，進一步又往下挖了六十公分，在一間磚瓦小室中，又發現了兩個放舍利的特製壺類容器，一個直徑九公分，高十六公分，另一個直徑七公分，高九公分。從出土情況判斷，安放這兩個壺的年代約在公元前五至四世紀，但無銘文說明。不久，又在佛塔旁的僧院遺址中發現了四十多枚赤陶製的印章和缽蓋，其中一枚印章上有婆羅彌字體刻文：「唵！迦毘羅城天子寺（Devaputra Vihāra）的比丘僧團」的印章，又一枚可以讀出：「大迦毘羅城的比丘僧團」。另一枚印章上為：「迦毘羅城天子寺的比丘僧團所有物」。此天子寺是指貴霜王朝迦膩色迦王所建造的僧院。

(3)公元一九七五年，在佛塔西南約一公里處，對干瓦利亞（Ganvaria）進行挖掘，知道這是悉達多太子的宮殿，是磚造建築物，三十公尺見方，中庭有三十六個房間；其東北三十公尺處，鄰接有同一建築物，二十六公尺見方，有二十個房間。還發現有圍住兩個中庭和陽台的房間，看似為學校，很明顯應是僧寺的遺跡⑰。

尼泊爾歷史學教授巴哈杜爾．釋迦先生主張迦毘羅衛城在尼泊爾一側，但他又認為此兩說亦可折中，理由是兩地相距甚近，可看作同是一片緊密關聯的地區，即都屬於迦毘羅衛古國。因為當年的迦毘羅衛國面積是比較大的，城池也比較多（據傳釋迦族分為十個城，迦毘羅衛城是王城），但其「王城」和「內宮城」究竟在哪裡，卻很難以確定⑱。

尼泊爾境內的第二根石柱在藍毘尼遺址西北約二十一公里處，現在的地名是尼格里哈瓦（Niglihawa），在今陶利哈瓦鎮（Taulihawa）東北約六點四公里處。公元一八九五年，考古學家在這裡發現了兩截石柱，一截較長，約四點五公尺，仆地，無柱頭；一截較短，斜插土裡，地面部分約長一點五二公尺。這兩截石柱上各有一組銘文，都有一定的歷史價值。一組銘文在較短的一截上，是阿育王時期用婆羅彌字體刻寫的四行俗文，大意是：「天愛喜見王在灌頂十四年後第二次擴大了拘那含牟尼佛塔，並於灌頂二十年後親自前來禮拜，並豎立此柱。」拘那含牟尼佛是過去七佛之第五佛。《高僧法顯傳》中提到了拘那含牟尼佛，並指出其出生之地在迦毘羅衛以西「減一由延」的地方，未提及石柱。但在《大唐西域記》卷六記有兩座舊城，一座在迦毘羅衛城南行五十餘里，一座由迦羅迦村馱佛本生城再東北行三十餘里，所以記載說：「城南行五十餘里至故城，有窣堵波，是賢劫中人壽六萬歲時，迦羅迦村馱佛本生城也。城南不遠有窣堵波，成正覺已見父之處。城東南有窣堵波，有彼如來遺身舍利，前建石柱，高三十餘尺，上刻師子之像，傍記寂滅之事，無憂王建焉。」「迦羅迦村馱佛城東北行三十餘里，至故大城，中有窣堵波，是賢劫中人壽四萬歲時，迦諾迦牟尼佛本生城也。東北不遠有窣堵波，成正覺已度父之處。次北有窣堵波，有彼如來遺身舍利，前建石柱，高二十餘尺，上刻師子之像，傍記寂滅之事，無憂王建焉[19]。」阿育王在灌頂二十年後，前來禮拜和豎立石柱，這可指應於到藍毘尼園同一年及同一行程。

另一組銘文在較長的一截上，是用天城體字母刻寫的六字真言和祝願李布・馬拉萬歲的字樣，共四行，末尾還刻有年份，原文為：「Om Mani Padma Hung, Shri Ripu malla chiran jayatu 1234」。大意是：「唵嘛呢叭咪吽，室利李布・馬拉永遠勝利，一二三四。」尼泊爾沙迦紀年一二三四年，即公元一三一二年。馬拉即在佛經中指古印度及尼泊爾十分著名的「末羅民族」[20]。這一較長的一截上是天城體字體銘文，可推知是後人加刻的另一石柱。

第三根石柱在今尼泊爾陶利哈瓦鎮西南約五點六公里的戈提哈瓦村（Gotihawa）邊。目前，這根石柱殘存半截，約三點五公尺高，無柱頭，陷入地下三公尺，周圍有一磚砌方池，內有積水，見不到銘文。據說石柱原有石基，現已陷入地下。當地人本不知這是阿育王石柱，而把它當作濕婆林加崇拜，不時有人往上灑紅粉。石柱上雖未見銘文，但尼泊爾學界和政府有關部門都堅定地認為這是玄奘記載的另一根石柱——迦羅迦村馱佛塔前石柱。

一般傳說，佛陀晚年釋迦族人曾遭到毘琉璃太子滅族的命運。公元五至七世紀，法顯、玄奘遊學印度時，也曾表示見過「釋種誅滅處」紀念遺跡。但在南傳《大般涅槃經》中記載著，釋迦族曾在佛滅後火化參與分得八分舍利之一，並在迦毘羅衛城建塔供養。對照在畢波羅佛塔所挖掘出土的舍利壺上的刻文，可證實釋迦族人建塔供奉為事實。而且今日我們至印度古代迦毘羅衛城遺跡朝聖時，仍可見到少數釋迦族人的後裔。因此，佛滅前釋迦族是否被誅滅，不免令人懷疑。這或是國與國、種族與種族之間的紛爭，小國被大國併吞了，不一定是全族被誅滅。

（一九六七年初稿，二〇一三年一月增訂）

❶南傳佛教記為娑羅樹（sāla），北傳佛教記為無憂樹（aśoka）。

❷趙伯樂、陳黎著：《走過佛國》，第十二頁。

❸薛克翹著：〈尼泊爾阿育王石柱考察記——兼談迦毘羅衛城遺址問題〉，黃心川、釋大恩主編，《第三屆國際玄奘研討會論文集》，第六六五——六六八頁。

❹佛陀「從右脇出」生，此說有違人的生理，這是依印度古老神話傳說而來。佛經中記有印度四姓出自梵天的傳說，如《摩登伽經》（《大正藏》第二十一冊，第四〇二頁）、《翻譯名義集》一載，此四種人妄計從梵天而生，故又稱梵生四姓，即：婆羅門（指婆羅教僧侶、祭師）自計從梵天之口生，剎帝利（指王族、統治者，管理政治和軍事）自計從肩生，吠舍（指農工商庶民）從臍生，首陀羅（指賤民、奴隸）則從足生，依以上四姓階級而定種姓之貴賤。佛陀出生剎帝利階級，故有傳說佛陀從右脇（右肩）而生。

❺巴利《Dīgha-nikāya 14》，即指《長部．第十四．大本經》（Mahāpadāna Sutta）。見楊郁文編註：《佛教聖地隨念經註解》，第二十四頁。

❻前田行貴著，李鳳媚、吳志揚譯：《印度佛跡巡禮》，第一一九—一二〇頁。

❼前田行貴著，李鳳媚、吳志揚譯：《印度佛跡巡禮》，第一二〇頁。

❽龍樹的心化育資訊網：《聖地介紹——寺院介紹》一文。

❾前田行貴著，李鳳媚、吳志揚譯：《印度佛跡巡禮》，第一二二—一二三頁。

❿龍樹的心化育資訊網：《聖地介紹——寺院介紹》一文。

⓫龍樹的心化育資訊網：《聖地介紹——寺院介紹》一文。

⓬1. 鄢烈山著：《藍毘尼各國寺院一瞥》節錄，出處：http://www.infzm.com/content/59908。
2. 明賢法師：《尼泊爾的萬國佛寺》節錄，出處：http://www.read.goodweb.cn/news/news-view.asp?newsid=86004。

⓭前田行貴著，李鳳媚、吳志揚譯：《印度佛跡巡禮》，第一三一—一三三頁。

⓮全佛編輯部：《佛教的聖地．印度篇》，第二十九頁。

⓯薛克翹著：〈尼泊爾阿育王石柱考察記——兼談迦毘羅衛城遺址問題〉，黃心川、釋大恩主編，《第三屆國際玄奘研討會論文集》，第六六五—六六八頁。

⓰薛克翹著：〈尼泊爾阿育王石柱考察記——兼談迦毘羅衛城遺址問題〉，黃心川、釋大恩主編，

《第三屆國際玄奘研討會論文集》，第六六五——六六八頁。

⓱ 上列(1)、(2)、(3)，見前田行貴著，李鳳媚、吳志揚譯：《印度佛跡巡禮》，第一三二——一三四頁。

⓲ 薛克翹著：〈尼泊爾阿育王石柱考察記——兼談迦毘羅衛城遺址問題〉，黃心川、釋大恩主編，《第三屆國際玄奘研討會論文集》，第六六五——六六八頁。

⓳ 《大正藏》第五十一冊，第九〇一頁。

⓴ 薛克翹著：〈尼泊爾阿育王石柱考察記——兼談迦毘羅衛城遺址問題〉，黃心川、釋大恩主編，《第三屆國際玄奘研討會論文集》，第六六五——六六八頁。

第二章　佛陀成正覺處——菩提伽耶

比丘們啊！我忽然心生一念如下：多麼可愛的地方啊！不但有怡人的樹林，邊上有這條銀色潺潺的河流（尼連禪河），方便易達而令人愉悅；附近也有村莊可以托鉢，好人家子弟有志求道，這地方可謂應有盡有！

比丘們啊！因為那地方的一切都適合修行，於是我在那裡安住了下來。

——巴利《中部・第二十六經》

煩惱悉已斷，諸漏皆空竭，

更不復受生，是名盡苦際。

——《方廣大莊嚴經》卷九

一、菩提伽耶的位置和由來

佛陀成正覺的菩提伽耶（Bodhi Gayā），也稱為佛陀伽耶（Buddha Gayā），又譯為菩提場（Bodhimaṇḍa）。與佛陀出生處藍毘尼園（Lumbinī-vana）、初轉法輪處鹿野苑（Mṛgadāva）、般涅槃處拘尸那（Kuśanagara），同稱為佛教四大聖地。而菩提伽耶聖地，又是古今中外佛教徒最重視和必往朝拜的地方，是世界佛教徒的中心，因為佛陀在這裡成正覺，佛法之光從這裡最初升起，遍照於十方世界。

菩提伽耶在印度比哈爾省（Bihar）伽耶市（Gaya，或譯加雅），從伽耶市往菩提伽耶聖地僅七公里。伽耶市西去貝那拉斯（Benares，即波羅奈 Bārāṇasī，西域記作波羅尼斯）鹿野苑（現稱 Sarnath）二百五十公里，北距王舍城（Rājagriha，現叫巴特那 Patna）的靈鷲山（Gṛidhra-kūṭi）六十公里，鐵路和公路交通非常便利。每年十一月至來年三月，是佛教信眾前往朝聖的旺季，平均從世界各地來的香客，每天都達到二千多人；如逢佛教節日或特別法會，信眾就更多了。其他季節因為天氣太炎熱，前往朝聖者減少很多。

伽耶（Gaya）是印度一古老地名，譯為「象」，是紀念一位古仙人的名字。《名集經》卷二說：「伽耶，或那伽（Nāga）或那先，此云象。」《大唐西域記》卷八說：「渡尼連禪河（Nerañjanā）至伽耶城甚險固，少居人，唯婆羅門有千餘家，大仙人祚胤也。」伽耶是印度教的重要聖地，故又稱梵天伽耶（Brahma Gaya）。

菩提伽耶位於伽耶東南一小山崗之側，佛經及佛教史上都記載說，城名與佛陀成正覺處，都稱「伽耶」；但為簡別佛陀成正覺處，特別是在大覺寺發掘出來之後，就改稱「菩提伽耶」或「菩提場」（此名尤為我國佛教徒所稱）。菩提譯為「覺」或「道」，所以菩提伽耶或菩提場，就是佛陀成正覺的地方。

原始聖典中記述，佛陀初至菩提伽耶時，是一處很幽靜的地方，適合修道，地勢平坦，林木茂盛，氣候蔭涼；靠近尼連禪河，清水緩流，側有優樓頻螺村（Uruvilva）。《方廣大莊嚴經》卷七說：「爾時菩薩出王舍城，與五跋陀羅（Pañcabhadra，譯為五賢，即以後的五比丘），次第遊歷，向尼連河，次伽耶山，於山頂上、在一樹下敷草而坐。」又說：「菩薩出伽耶山已，次第巡行，至優樓頻螺池側東面，而視見尼連河，其水清冷湍洄皎潔，涯岸平正，林木扶踈，種種花果鮮榮可愛，河邊村邑處處豐饒，棟宇相接，人民殷盛。爾時菩薩漸至一處，寂靜閑曠，無有丘墟。」（《大正藏》第三冊，第五八〇頁）。南傳聖典裡也記載，在佛世時為優樓頻螺國（Uruvelā）斯那村（Senānigama），可方便乞食。

佛陀至一畢缽羅樹（Pippala-vṛikṣa，佛陀成正覺後，被稱為菩提樹 Bodhī-vṛikṣa）下，有一擔草人名叫蘇諦耶（Sotthiya），供養八束芒草，敷設為座。《佛所行讚》卷三說：「從彼穫草人，得淨柔軟草，布施於樹下，正身而安坐。」而後佛陀發大誓願說：「我今若不證，無上大菩提，寧可碎是身，終不起此座！」（《方廣大莊嚴經》卷八，《大正藏》第三冊，第五八〇頁）

佛陀在畢缽羅樹下靜坐，集中意志，正念正智，進入甚深禪觀，在一天的黎明時分，證得三智，而成正覺。此是佛滅紀元前四十五年，毘舍法月（Visākhamāsa，即印度六月）十五月圓日。從那天起，世界上有了佛法的真理，光明照耀。據經典記載，佛陀成正覺後，曾在樹下周圍各處，享受解脫禪悅之樂，經過四十九日，然後離開菩提伽耶，前往波羅奈鹿野苑為五比丘初轉法輪，無上甚深的微妙法，向四方傳播。

二、阿育王建寺塔及中國高僧的記載

佛滅後二百多年，印度阿育王（Aśoka）即位二十年後，曾以最虔誠和最盛大的行列親往四大佛跡聖地朝拜，供養興建寺塔紀念，並命令保護。《阿育王經》卷三說：「爾時阿育王，於佛生處、得道、轉法輪、入般涅槃，於一一處，各以十萬金供養。」

阿育王在菩提伽耶菩提樹側，興建寺塔，並在樹下建一金剛座（Vajrāsana）。這一朝拜聖菩提樹的行列，在山崎（Sañchi）古塔浮雕上，有偉大場面的描繪。

在中國古德著作中，對菩提伽耶的歷史更可獲得進一步的了解。約在公元四〇九年，法顯曾到此禮拜聖跡，《高僧法顯傳》記載：「到伽耶城，城內亦空荒，復南行二十里，到菩薩本苦行六年處，處有林木。從此西行三里到佛入水洗浴，天案樹枝得攀出池處。又北行二里，得彌家女奉佛乳糜處。從此北行二里，佛於一大樹下石上，東向坐食糜，樹、石今悉在，石可廣長六尺，高二尺許。中國寒暑均調，樹木或數千歲，乃至萬歲。從此東北行半由延（Yojana，一由延等於十四、十五公里），到一石窟，菩薩入中，西向結跏趺坐，心念：『若我成道，當有神驗，石壁上即有佛影現，長三尺許，今猶明亮。』時天地大動，諸天在空中白言：『此非是過去當來諸佛成道處，去此西南行，減半由延，到貝多樹（即畢鉢羅樹）下，是過去當來諸佛成道處。』諸天說是語已，即便在前唱導，導引而去。菩薩起行，離樹三十步，天授吉祥草，菩薩受之。復行十五步，五百青雀飛來繞菩薩三匝而去。菩薩前到貝多樹下，敷吉祥草，東向而坐。時魔王遣三玉女，從北來試，魔王自從南來試。菩薩以足指案地魔兵退散，三女變成老母。自上苦行六年處，及此諸處，後人皆於中起塔立像，今皆在。佛成道已，七日觀樹受解脫樂處，佛於貝多樹下東西經行七日處，諸天化作七寶堂供養佛七日處，文鱗盲龍七日繞佛處，佛於尼拘律樹（Nyagrodha）下方石上東向坐，梵天來請佛處，四天王奉鉢處，五百賈人授麨蜜處，度迦葉兄弟師徒千人處，此諸處亦盡起塔。佛得道處有三僧伽藍，皆有僧住。眾僧民戶，供給饒足，無所乏少。戒律嚴峻，威儀坐起，入眾之法，佛在世時，聖眾所行，以至于今。佛泥洹已來，四大塔處，相承不絕。四大塔者，佛生處、得道處、轉法輪處、般泥洹處。」

法顯到時，見到很多遺跡，提到八大佛塔的存在，但是相隔二百年後，玄奘到時（六二九—六四五），已產生不少變化。《大唐西域記》卷八摩揭陀國說：「……前正覺山西南行十四五里，至菩提樹。周垣疊磚，崇峻險固。東西長，南北狹，周五百餘步。奇樹名花，連陰接影；細莎異草，彌漫綠被。正門東闢，對尼連禪河，南門接大花池，西阸險固，北門通大伽藍。壖垣內地，聖跡相鄰，或窣堵波，或復精舍，並瞻部洲（Jambudvipa 即印度）諸國君王、大臣、豪族、欽承遺教，建以記焉。」

「菩提樹垣正中，有金剛座，昔賢劫（Bhadra-kalpa）初成，與大地俱起，據三千大千世界中，下極金輪，上侵地際，金剛所成，周百餘步。賢劫千佛坐之而入金剛定（Vajra-samādhi），故曰金剛座焉。證聖道所，亦曰道場（Bodhimaṇḍa）。大地震動，獨無傾搖，是故如來將證正覺也，歷此四隅，地皆傾動，後至此處，安靜不傾。自入末劫，正法浸微，沙土彌覆，無復得見。佛涅槃後，諸國君王傳聞佛說金剛座量，遂以兩軀觀自在菩薩（Avalokiteśvara bodhisattva）像，南北標界，東面而坐。聞諸耆舊曰：『此菩薩像身沒不見，佛法當盡。』今南隅菩薩沒過胸臆矣。金剛座上菩提樹者，即畢鉢羅之樹也。昔佛在世，高數百尺，屢經殘伐，猶高四五丈。佛坐其下成等正覺，因而謂之菩提樹焉。莖幹黃白，枝葉青翠，冬夏不凋，光鮮無變，每至如來涅槃之日，葉皆凋落，頃之復故。是日也，諸國君王，異方法俗，數千萬眾，不召而集，香水香乳，以溉以洗，於是奏音樂，列香花，燈炬繼日，競修供養。如來寂滅之後，無憂王之初嗣位也，信受邪道，毀佛遺迹，興發兵徒，躬臨翦伐，根莖枝葉，分寸斬截，次西數十步而積聚焉。令事火婆羅門燒以祠天。煙燄未靜，忽生兩樹，猛火之中，茂葉含翠，因而謂之灰菩提樹。無憂王睹異悔過，以香乳溉餘根，洎乎將旦，樹生如本。王見靈怪，重深欣慶，躬修供養，樂以忘歸。王妃素信外道，密遣使人，夜分之後重伐其樹。無憂王旦將禮敬，惟見蘖株，深增悲慨，至誠祈請，香乳溉灌，不日還生。王深敬異，疊石周垣，其高十餘尺，今猶見在。近設賞迦王（Sasanka）者，信受外道，毀嫉佛法，壞僧伽藍，伐菩提樹，掘至泉水，不盡根柢，乃縱火焚燒，以甘蔗汁沃之，欲其燋爛，絕滅遺萌。數月後，摩揭陀國補剌拏伐摩王（Purnavarma，唐言滿胄），無憂王之末孫也，聞而歎曰：『慧日已隱，惟餘佛樹，今復摧殘，生靈何睹？』舉身投地，哀感動物，以數千牛搆乳而溉，經夜樹生，其高丈餘。恐後翦伐，周峙石垣，高二丈四尺，故今菩提樹隱於石壁，出二丈餘❶。」

「菩提樹東有精舍，高百六、七十尺，下基面廣二十餘步，壘以青磚，塗以石灰，層龕皆有金像，四壁鏤作奇製，或連珠形，或天仙像，上置金銅阿摩落迦果（āmalaka，亦謂寶瓶，又稱寶壺）。東面接為重閣，檐宇特起三層，榱柱棟樑，戶扉寮牖，金銀彫鏤以飾之，珠玉廁錯以填之，奧室邃宇，洞戶三重。外門左右，各有龕室。左則觀自在菩薩像，右則慈氏菩薩像，白銀鑄成，高十餘尺，精舍故地，無憂王先建小精舍，後有婆羅門更廣建焉❷。」

從以上引文看來，有三樣聖跡最值得注意，即菩提樹、金剛座、大菩提寺三部分組成。

菩提樹

在佛陀未成正覺前，菩提樹原名叫畢缽羅樹（玄奘譯），或叫貝多樹（法顯譯），名稱雖然不同，但所指的都是菩提樹。現在那棵菩提樹，自然不會是佛陀在樹下成正覺的那棵了，據考已為第四代或第五代了，高約一百多呎。依玄奘記載，以前已遭遇三次砍伐，都從第一代幹枝或從母根新芽移植而生。前一棵菩提樹是被大風所拔起，枯萎而死（在十九世紀），後來信徒們從斯里蘭卡那棵菩提樹（僧伽密多從菩提伽耶切下分枝帶至斯國的一棵）上截了一枝，栽植在菩提伽耶。亦有說，前一棵菩提樹被大風吹倒後，在母根處切下分枝栽植在原地長大，就成為現在的這一棵。這種代代衍生的靈跡，被世界上佛教徒及印度政府，認為是最祥瑞的、最珍貴的聖物，受到保護。又據斯里蘭卡佛教史記載，阿育王出家的女兒僧伽密多（Saṅghamittā）至斯里蘭卡傳承比丘尼僧團時，曾帶了菩提伽耶的菩提樹分枝，至斯國栽植，至今二千二百多年，仍有一個枝幹存活著；後來又再分枝各處，至現在已發展到三十二處，而且緬甸和泰國，也有從斯國移植的，都被尊為最受禮敬的聖樹。

在公元二〇〇三年初，印度媒體報導，菩提伽耶的大菩提樹生病了，是由於長期局限在狹窄的環境範圍內，又遭受病蟲侵害及信眾燃點香燭煙霧的熏烤，以及供品中的甜食、奶製品和糖果吸引了成群的螞蟻等，都影響了菩提樹的生長。這則消息發布後，立刻引起佛教界強烈的震驚，關心和設法保護這棵聖樹。後來菩提伽耶管理委員會，經過諮詢和研究，把菩提樹根部的石板挪開，翻鬆土壤，在整棵樹枝樹葉上都噴灑了藥劑，根部塗上石灰粉，在周圍加築欄杆保護，不再讓信眾們擺放供品及靠近菩提樹，只能在較遠處朝拜。萬一聖樹將來枯萎了，就準備從斯國那棵菩提樹再移植一個分枝來栽種。

金剛座

佛陀在菩提樹下成正覺時，鋪設的是草座。但因佛陀精進勇猛修道，終能成等正覺，其心譬如金剛，金剛是世界上最堅固不易毀壞的東西，所以佛陀修道時，坐的雖是草座，而能入甚深金剛定（Vajra-samādhi），所以後來阿育王朝禮聖菩提樹時，在樹下佛陀靜坐禪定處，才建造了這個紅砂石的金剛座，具有孔雀王朝的風格，推定為公元前三至二世紀的作品，長七呎六吋，寬四呎十吋，高三呎，上面刻有幾何圖案及三角形的魚鱗圖案。玄奘到時，金剛座已不見，說為「沙土彌覆，無復得見」了。目前在菩提樹下看到雕刻精美的石金剛座，有說可能是較後期的古物。而一般佛教徒，都認為是阿育王時代（公元前三〇〇），或笈多王朝（四世紀）的遺物。

唐時我國高僧玄照、道希、智光、悟空等十餘人先後至此禮拜金剛座，其中，玄照曾駐錫四年，研習俱舍、律儀等，智光亦留止兩年，研習俱舍、因明等。至五代及兩宋之際，志義、歸寶、蘊述等亦陸續至此，於附近造塔立碑等。

大菩提寺

大菩提寺（Mahā-Bodhi Vihāra）或譯大覺寺，為菩提伽耶最主要的建築物，是一座用砂岩建造的寺塔，由寺和塔組成，上層為塔，做方錐體，下層為寺，如塔的座子，上下兩層，建築結構巍峨高聳，相傳最早為公元前二五四年孔雀王朝阿育王興建。之後，歷經幾次修建，至笈多王朝時，薩姆多羅．笈多王（約三五〇）在原本正方形的底部建築之上，聳立金字的大塔形狀，並在四個角落安置四方形小塔。這是從現在的巴特那（印度北部比哈爾邦的首府）所發現的一小塊約四世紀的陶瓦匾牌上得知的，值得注意的是在這個版本上的建築，上層露台四角上，原來並沒有各建一個小塔的。

現在，大菩提塔下層佛殿內供奉一尊精美的佛陀坐像，是公元九世紀至十世紀波羅王朝的雕刻，原為青黑石質，非常莊嚴，在佛曆二千五百年紀念期間，由緬甸的虔誠信徒貼上金箔，反而失去接近自然優美樸實的元素。上層佛塔是實心的，由大門入口處兩邊的石階扶梯可上，到了上層之後，有一條行道，可以圍繞中心主塔而行，四座小塔與主塔的陪襯，使得整個建築物非常壯麗美觀。階梯盡頭，有一尊波羅王朝十一世紀至十二世紀黑石王冠的佛陀立像。供奉二樓正殿的佛像，也是波羅王朝時代的黑石作品❸。

佛在世時菩提伽耶已建有「道場精舍」（Bodhimaṇḍa-Vihāra），公元二世紀或四世紀建造了大覺寺，形成「大覺僧伽藍」（Mahābodhi-saṅghārāma），法顯及玄奘都曾來此朝拜巡禮過❹。

另有記載說，大覺寺塔為一婆羅門阿摩羅提婆（Amaradeva）所興建，他是摩臘婆國（Malava，今馬瓦 Malwa）毘迦羅摩提多耶王（Vikaramāditaya）的大臣，是在阿育王先建的小精舍對面，建造了這座寺塔，所以玄奘記載：「精舍故地，無憂王先建小精舍，後有婆羅門更廣建焉。」至於現在的寺塔，是否為阿羅摩提婆所建遺留至現今，已很難考證，因為這座寺塔，從歷史上考證已經過數次修理和增建。最近的一次是公元一八七〇年康寧漢勳爵領導的大規模的修建❺。現在塔高二十五公尺，內實兩層，外觀像九層，四面分成很多方格，雕鏤各式不同佛菩薩像、佛龕、花卉等，精緻莊嚴。

距玄奘一百多年後，悟空往印度（七五〇）朝禮聖跡，曾到菩提伽耶及在那裡安居。《悟空入竺記》敘述：「次摩揭陀國，菩提道場成為佛塔；於菩提寺，夏坐安居。」又說：「如是往來遍尋聖跡，與《大唐西域記》說無少差殊。」（《大正藏》第五十一冊，第九八〇頁）

據斯里蘭卡早期佛教史記載，在斯國吉祥雲色王（Sri-Meghavaṇṇa，三六二——三八九）在位時，因斯國佛教徒前往印度各地朝聖，時常發生不便，所以遣使至印度求見沙摩陀羅笈多王（Samudragupta），供獻珍寶方物，請准許在菩提伽耶建造一座斯國佛寺，印度國王同意了❻。唐朝王玄策使印度傳亦記載，因當時斯國比丘往菩提伽耶朝禮聖跡，為當地比丘拒絕接待，所以才在佛陀成正覺處興建斯國佛寺，方位在大塔的西南，為四方形建築物，寺名為「摩訶菩提僧伽藍」（Mahābodhi-saṅghārāma），是一座很莊嚴的建築物，至今寺已蕩然無存，只剩下遺址尚存。

另據《法苑珠林》卷二十九載，唐貞觀十九年（六四五），黃水縣令王玄策曾至此，並於塔西立碑。現存之大塔系公元十二、十三世紀間之緬甸國王所修造者，塔高五十二公尺，外觀九層，內部實僅兩層，四面刻有佛像佛龕，雕鏤精緻莊嚴❼。

菩提伽耶大塔歷經幾次修建，根據玄奘於公元六三五年參拜菩提伽耶的記載，當時的精舍和現在的大塔大致相同。在正方形的底部上，聳立著金字塔的形狀，在四個角落配置的四方形小塔，相傳是笈多王朝開創者薩姆多羅．笈多（三三五—三八五）所建[8]。

總之，大菩提寺塔是經過多次繼續修建，據確實可考的，緬甸蒲甘（Pagan）王朝的江喜陀王（Kyanzittha，一〇八四—一一一二）曾遣人修理。江喜陀王去世後，外孫阿隆悉都（Alaungsithu）繼位（一一一二—一一六八），也遣人往修理。公元十一、十二世紀間，有一位比丘達摩勒棄多（Dhammarakkhita），曾主持修理數次，經費是由沙波達拉沙哈（Sapadalaksaha）的阿輸迦羅羅闍（Asokalla Raja）所施捨的。

公元十三世紀初，阿富汗的巴庫提亞爾．巴魯吉率領伊斯蘭教大軍勢力圍攻比哈爾，佛教受到空前的摧殘，在蹂躪浩劫下，當時佛教徒用土把精舍一帶掩埋起來，偽裝成小山丘，因此菩提伽耶的聖地免於一場被破壞、掠奪的浩劫。在往後的六百多年中，埋沒在大地中，只剩下大塔的第九層[9]。

大菩提寺是印度從笈多時期以來，現存最早的完全用磚建造的佛教寺院之一。菩提伽耶的大覺寺於公元二〇〇二年六月，被聯合國教科文組織列為「世界文化遺產名錄」。

三、菩提伽耶聖地的發掘工作

在公元一八七七年前，菩提伽耶未被發掘前，只是一堆滿目塵封的土墩，四周為叢林所覆蔽，猛獸出入，人煙絕跡。當時菩提伽耶的寺塔，三分之二埋在土中，只尖塔圓頂露在外面，土墩四周掘有一道溝流。附近有一座小神廟，是紀念一位被野獸噬死的隱士。其他佛教聖跡都隱而不見。公元一八三二年，伽耶的一位法官賀頌（Howthorne），往菩提伽耶的叢林中訪古，嚮導達斯（Lachman Dass）便慫恿賀頌向印度政府建議發掘。並且在一次緬甸王往朝聖時，達斯也勸說緬甸王向印度政府建議發掘。公元一八四六年印度政府測量官基兌少校（Major Markham Kito）往勘察，建議發掘寺塔地基，長八百呎。公元一八六一年，康寧漢勳爵到菩提伽耶，達斯的兒子（Iagarnath Dass）做他的嚮導，也慫恿他發掘，並重修寺塔。勳爵便致書密篤博士（Dr. Rajenera Lall Mittor），同時馬德少校（Major Matt）也呈文政府辦理發掘手續。公元一八六三年，密篤博士和馬德少校再往勘察。一年後，密篤博士便印出了他勘察後的報告書。公元一八七一年，康寧漢再至菩提伽耶勘察一次，並向政府遞呈報告書。

修葺工程自公元一八七七年初開始，由工程師培格拉（Beglar）和密篤博士監督進行。開始發掘前，公告人民，可將砍伐木材運走，因此叢林很快就被鏟除了。堆積在寺塔四周的泥土和廢物則拋在西邊。當地印度教摩罕多派（Mahanta）領袖那羅衍基爾（Sri Goswam Hem Narayan Gir，參考本章第六節）對發掘工作的貢獻很多。到公元一八八四年，發掘及修葺工程大致完竣，共花去二十萬盧比。

發掘工作完成後，寺塔全部顯露出來，但四角只有地基而無佛殿，於是重行增建。聖菩提樹和金剛座也重現出來，金剛座在菩提樹和寺塔的中央。聖樹、金剛座、寺塔的四周，除東向大門外，左、右、後三面有石欄杆圍繞，欄高約八尺。

據康寧漢復元古代雕刻的欄杆，剩下位於大塔的南側，連接東西的有九十二根；其中四十根破損，雕刻已經看不清楚，二十八根是熏迦王朝（Sunga Dynasty，公元前一八七—七二）用砂岩製成的作品，其他二十四根由灰色花崗岩製成，是笈多王朝的作品，所以風格各有不同。欄杆上面有刻銘文及精美的圖案，是一般的簡單的故事，有《本生經》、佛傳，在蓮花中的人物胸像及動物等。熏迦王朝及笈多王朝欄杆的原物，已經移走收藏在菩提伽耶博物館陳列，另有一部分存藏於加爾各答的印度博物館，及倫敦的維多利亞（Victoria）和阿爾伯特（Albert）博物博館中。現今在大塔南側的為後來的複製品。整個欄杆以西南面保存得最好，東北面損壞很多。公元一九五六年佛滅二五〇〇年紀念，由印度政府考古局大幅整修⑩，雕刻比較清楚得多，品質也很不錯。菩提樹、金剛座、大菩提寺中央部分，成四方形的低凹地區，四周土墩的地勢高起約十五呎，很像保護聖跡的圍壘。四周所以堆高泥土，為防止雨水入浸到裡面。也有人說，四周的土墩，是在伊斯蘭教勢力入侵印度時，佛教徒為了保護聖跡不被破壞，便發動大批人工運來泥土蓋覆，到發掘時，四周的泥土就被留存下來，而成了土墩。不過從寺塔地勢看來，四周堆土是為了防止雨水入浸的理由為多。因為菩提伽耶整個範圍，均比一般路面低矮深陷五、六公尺，而尼連禪河到雨季時，千百年來，曾遭遇過洪水泛濫挾帶沉積的泥沙沖積，使周邊地面提高不少，特別是在公元十四世紀中的一次。

現在的菩提樹，高約一百呎，基幹約三抱半粗，上有三個分幹，葉子青綠圓小尾長。為了防止分幹下垂會折斷，特用木樁支撐著；聖樹的枝葉，禁止任何人折取，自然掉落下來的，才可拾取。平常是管理人撿起來，經過製乾，或加印佛像在上面，然後送贈香客及出售，朝聖者獲得，都視為珍貴之物。上面已說過，前一棵菩提樹是被風吹倒，那是公元一八七〇年的事，現在這棵是從母根再生的，也一百多年了。為了保護聖樹，樹下已築起四方高壇，下填泥土，上鋪細沙。在寺塔北面約二五〇呎，另有一株菩提樹，那是印度教徒祭拜的，他們對佛教的菩提樹，也非常尊敬和保護，常用牛乳在樹下灌溉。

在金剛座的入口處，有一公元前一世紀簡單而無圖案的佛足印。另在菩提樹右側有一對石刻的佛足印（Buddhapada），雖然有些拙樸誇張巨大，卻能表徵佛陀遊化行腳傳布佛法偉大的一生。

在進入菩提伽耶大塔大門後，如向左行走，會有一處凹陷天井，中間豎立了一根阿育王石柱，是為了紀念佛陀成正覺而豎立的，應有刻文記載有關菩提伽耶的事蹟，惜柱身上截已經斷毀，不知去向，下截表面圓潤光滑，高約六、七呎。傳說這裡是佛成道後，接受梵天之請，答允為眾生說法之處，或佛陀沉思是否要為眾生說法之處。

四、佛陀經行沉思七週的聖跡

菩提伽耶除了主要的大菩提寺塔、菩提樹、金剛座聖跡之外，也有許多其他聖跡經過發掘或修建，如經典上記說佛陀成正覺後，曾在這些地點上經行和沉思等，雖有些說法不同，現經整理，簡介如下：

菩提樹下體會解脫之樂

佛陀成正覺後，並未離開菩提樹，第一週獨自在菩提樹下體會解脫之樂。七天過後，佛陀出定，在初夜時分，順觀緣起：「此有故彼有，此生故彼生。」即以無明為緣而有行，以行為緣而有識……以生為緣而有老死、愁、悲、苦、憂、惱等，這顯示苦蘊之集起。中夜時分，佛陀逆觀緣起：「此無故彼無，此滅故彼滅。」即無明滅則行滅，行滅則識滅……生滅則老死、愁、悲、苦、憂、惱等滅，這顯示苦蘊之滅盡。後夜時分，佛陀順觀、逆觀緣起：「此有故彼有，此生故彼生；此無故彼無，此滅故彼滅。」即以無明為緣而有行，以行為緣而有識……無明滅則行滅，行滅則識滅……這顯示苦蘊之集起和苦蘊之滅盡。

注目塔（Animisacetiya）

位置在大塔的東北，用磚和土灰建築，高約五十五呎，上尖下方，門東向，內為四方形，每邊約十六呎，供有佛像一尊，塔基是建在一個小丘上。佛陀成正覺後，第二週在此處經行，注目菩提樹七日，表示對聖樹的感恩。

經行塔（Caikamanacetiya）

位置在大塔的北邊，佛陀成正覺後，第三週在此處經行七日，後人建塔紀念，塔基高過地面約三呎，東西長六十呎，有用石塊砌成一朵一朵蓮花的小徑，各朵相隔約一步，表示佛陀經行的足跡。從聖跡看，古時本有四根石柱及遮廊，但現在僅存一根石柱了。

寶家塔（Ratanagharacatiya）

位置在菩提樹西北邊，看來像座小佛殿，寬十一呎，長十四呎，用磚建造，已有很大損壞，只留存四壁。在殿的四周，有些小石塔圍繞，其中也有雕刻很精美的。佛陀成正覺後，第四週至此處禪觀七天，思惟高深的法義，從身上放出藍、黃、紅、白、澄、和合色的六種光明。（有說現在斯里蘭卡製成的世界佛教旗幟，就是根據此六色光製作）

附近一榕樹下（Ajapala Nigrodha Tree）

佛陀成正覺後，第五週行至附近一棵榕樹下（有石柱標出），佛陀回答了婆羅門的疑問，說明「人是由其行為，而非由其出生來決定是否為婆羅門」。

目真鄰陀池（Mucalinda-sara）

此處法顯記為「文鱗盲龍七日繞佛處」；玄奘記為「大華池」。但現在菩提伽耶有兩個水池，一是接近大塔的南面，內植荷花，荷花池中，有緬甸佛教徒於公元一九八四年捐贈的目真鄰陀龍王護佛像，因此，被一般朝聖者及遊客認為是目真鄰陀龍王護佛處，池邊有石階為級，可供濯足及沐浴。一是離大塔南邊相隔約一里，此池現在很淺，有不少毀壞的古建築物遺存在池面，多數學者認為這才是「大華池」。此處，佛陀成正覺後，第六週至此坐息七日，適遇寒風帶雨颳起接連七天，此時有目真鄰陀龍（Mucalinda-nāga）來降，在佛背後以身體昂首之勢遮蔽著保護佛陀。

羅闍耶多那樹（Rājāyatana）

佛陀成正覺後，第七週至此樹下坐息七日。曾有二商人名多波沙（Tapussa）及婆利迦（Ballika），從鬱伽羅國（Ukkala）來，見佛陀相好安祥地靜坐在樹下，即往前禮拜，供養隨身攜帶的糕餅及蜂蜜，佛陀為他們說法後，即說：「皈依佛、皈依法」，此為佛陀最初的二皈在家信徒（當時未有僧），及初說五戒十善法。但現在尚未能確定此處就是佛陀為二商人說法處⓫。

五、菩提伽耶周邊的佛跡

牧羊尼拘律樹

牧羊尼拘律樹（Ajapālanigrodha）位在尼連禪河東岸邊，佛陀在未成正覺前，在這裡曾受村長的女兒蘇闍多供養佛陀乳糜。佛陀成正覺後，至此坐息七日。現在朝聖者到達尼蓮禪河東岸，穿過將軍村的農家，在一小山丘，後人建築了蘇闍多小舍（Sujātā kuti）紀念，房屋遺跡為磚造，有挖掘的痕跡。越過小丘沿田間小路步行約二公里，即到達蘇闍多堂（Sujātā Temple），分有正反兩面，正面一間，是緬甸人捐建的，塑有佛陀受蘇闍多供養佛陀乳糜之像；反面一間是藏人捐建的，塑有供養佛陀乳糜的兩女子，一是蘇闍多本人，另一個是女僕富那（Puṇṇā）及母牛和小牛犢的塑像，這是依當地人想像推論的產物，令人有親切懷古之想。

尼連禪河

尼連禪河（梵 Nairañjanā，巴 Nerañjarā），現在已改稱帕爾古（Falgu）河，為恆河的支流，距離菩提伽耶大塔東邊約一二〇〇公尺，到了雨季，有時水卻溢滿兩岸；但在旱季時河水很少，有時會乾旱無水，只是一片白砂，約有四分之三英里寬，可涉足而過，據調查乾旱的原因，是因上流山上，林木被砍伐了，蓄留不住雨水。現在地方政府已建造一道水泥橋樑，可以通過汽車。佛陀在未成正覺前，曾至尼連禪河沐浴，又曾將牧羊女蘇闍多供養乳糜食後的盤子，飄浮在水面上，祝願說：「如我能證悟真理，希望此盤能逆流向上。」結果盤子向逆流飄去，而後沉沒水中。

正覺山和苦行林

正覺山（Prag Bodhigiri）和苦行林（Uruvilva），即佛陀未成正覺前六年修苦行處，是在菩提伽耶較遠的一處山洞，如從伽耶市步行去，約需一小時多，坐馬車要四十分鐘。起程是與往菩提伽耶同一路，然後分路南行。佛在世時是屬優樓頻螺村苦行林範圍內，佛世時稱「象頭山」（Gayāsīsa），現在稱為「怛伽室利」（Tañgasiri），有貧苦農家七、八戶。佛陀也曾在此處度化三迦葉兄弟及其弟子千人。佛陀未到菩提伽耶之前，在這裡進行過長期修苦行，這是當時許多修行者所採取的方法，把生活需求降到最低程度，每天只吃微少食物，甚至一米一麻，因此，佛陀原本相好俊美的相貌都消失了，身體極為衰弱。

在巴利《中部．第三十六經》中有描述說：「我又想：假如我吃很少的食物，例如每次只喝少量的豆子汁、扁豆汁或豌豆汁，那會如何呢？於是我便這樣做了。當如此做時，我的身體變得骨瘦如柴，四肢變得像接合一起的藤條或竹節，只因為我吃得太少。我的臀部變得像駱駝的蹄；隆起的脊椎骨，猶如串起的珠子；肋骨瘦削突出，猶如舊穀倉屋雜亂無章的椽木；眼光深陷入眼窩，猶如深井中映現的水光；頭皮皺縮，猶如因風吹日曬而皺縮凋萎的綠葫蘆。若觸摸肚皮，就能摸到脊柱；觸摸脊柱，就能摸到肚皮。大小便時，頭會向前倒去。當以手搓揉四肢以放鬆身體時，身上的毛髮因根部爛壞而紛紛脫落，只因我吃得太少⓬。」

這樣嚴酷的修苦行，幾乎令佛陀喪命，經過六年苦修，終未能獲得解脫。而後產生懷疑，這種劇烈嚴酷的修持苦行，已達到克制生命的極限，還是不能獲得聖者知見，是否另有覺悟之路呢？他幡然有悟，修行要獲得解脫，也要有較好的體力，達到覺悟境界，是要袪除一切愛欲。

就在此時，佛陀似乎聽到琴師彈出的歌聲：「當琴弦太鬆的時候，彈的聲音就不悅耳；太緊的時候，弦就會綳斷，所以最好不鬆不緊，才會發出美妙悅耳的聲調！」這時佛陀心想，身心如琴弦一樣，只有離開極苦和極樂的兩端，要趣向中道。

於是他放棄了修苦行，去到尼連禪河裡洗淨身垢，接受蘇闍多女的供養乳糜。這時與他一同修苦行多年的五位侍從，對他放棄了修苦行，無法理解，認為他已經退轉到世俗奢侈的生活，便自行離開他，而去到鹿野苑繼續修苦行。當佛陀體力恢復後，便去到菩提伽耶菩提樹下，冥想沉思，精進修習禪定。

近年來佛陀修苦行的山洞，一直由西藏僧人守護著，洞旁建有西藏人的僧舍。但當朝聖者低身爬進山洞裡，卻一片漆黑，前面供著一尊佛陀禪定像。在裡面有時會使人陷入幻覺，感覺佛陀浮現在面前，因此有傳說這個山洞是佛陀現身影窟。

菩提伽耶博物館

離菩提伽耶大塔不遠處，有一附屬於印度考古研究所的菩提伽耶博物館（Archaeological Museum Bodhgaya），公元一九五六年設立，分有兩個展館，館中主要收藏被移來的原安於大菩提寺熏迦王朝與笈多王朝的一些佛像、欄杆、神像等。有些同樣的石柱、佛像，放置在展覽廳裡。也有展覽印度教傳統的生殖崇拜林伽等，這是印度人的習俗。進入參觀要另購門票。

國際佛教中心

國際佛教中心（International Buddhist Center）於公元一九五六年由印度尼赫魯總理提案開始成立。有斯里蘭卡、緬甸、泰國、中國、日本等各國寺院，共同鑄造了一尊二十五公尺高的大佛供奉。因為做為國際會館，有住宿等設備。

菩提伽耶是現今印度佛教聖地中保存較完整的遺跡之一。古代中國許多前往印度求法和禮佛的僧人都曾到此停留，將當時的盛況記載於史傳，近代又有一些漢文碑刻出現，彌足珍貴。公元一九七〇年成立的全印比丘僧伽大會總部也設置於此。

六、印度教徒控制聖地土地權

在往朝拜大塔之前，如從右邊登上高地，會先見到一道高大的圍牆，左面開著一扇大門，裡面建有一所輝煌的神廟（或叫天祠），教派稱為「摩罕多」，在以前菩提伽耶的土地權，是在他們管理控制之下。據考在四百年前，有一位印度教徒拘斯伽曼提羅基爾（Gosenaghamandir Gir）來到伽耶城，見到菩提伽耶地勢優美、寂靜清涼，有意於此隱居，於是建一天祠。由於他的修行，後來得到很多人信仰，並收人為弟子。再後，他的繼承者又得到國王目拘羅（Mokula）的信仰，貢獻很多土地，做為稅收。以後的繼承者十三世（或十四世），已成為比哈爾省收入最多的一位，擁有土地占第二位，共有四百多鄉鎮的收益。後來菩提伽耶的土地權，一直在他們控制之下。

因為菩提伽耶的土地權，歸屬印度教摩罕多派，所以菩提伽耶自開始發掘以來一直到公元十九世紀末、二十世紀中期，佛教徒與摩罕多派為了權益常發生爭執，經過長期艱苦奮鬥，最後才獲得協議解決了糾紛。

名著《亞洲之光》（*The Light of Asia*）的著者阿諾德（Edwin Arnold），在公元一八八五年，菩提伽耶初發掘整修期間，曾往瞻禮，後來並上書英印政府，請求注意保護佛教聖地菩提伽耶，並致書各佛教信仰國家，呼籲共同合作復興聖地，菩提伽耶聖地應該由佛教徒管理和保護，不應該在非佛教徒之手。但這種呼籲，未得到任何方面的反應。

公元一八九一年一月二十一日，達摩波羅居士與他的幾位亞洲佛教徒朋友，抵達菩提伽耶朝聖，見聖地發掘後，非常零落，萬事待興，尤其是聖地在印度教摩罕多派教徒控制下，沒有得到應有的照顧和保護，毀壞的佛像和古代建築物散棄各處。當他走到菩提伽耶大塔，聖菩提樹、金剛座前虔誠五體投地禮拜時，心中深為感動，似有聲音對他說：「達摩波羅（護法）！你來到此處，沒有任何地方比這裡更神聖了，你必須停留在這裡，保護這裡，發揚佛陀的教誨。過去佛陀選擇了此處，在此處成等正覺，真理仍然存在著，但被覆沒了，你應當來開拓，去向世人傳布！」達摩波羅佛曆二四三五年（一八九一）一月二十二日的日記，是這樣的記載著。

自此以後，達摩波羅居士發大誓願，願以其餘生，來復興印度佛教及印度佛教聖地，不計任何艱辛和困難，來進行這一艱巨的工作。不久，達摩波羅返回斯國，禮請著名的佛教徒，於五月三十一日，在「明增佛學院」（Vidayoāya-pariveṇa）召集會議，以善吉祥（Siri Sumaṅgala）長老為主席。在這次的會議上，決定創立「摩訶菩提協會」，其宗旨是向世界宣揚佛教，善吉祥長老被推為首任會長，達摩波羅居士擔任祕書長。

同年七月間，達摩波羅與四位斯國比丘同往菩提伽耶長住。當時印度教摩罕多派的首領那羅衍基羅，心地很好，願意協助達摩波羅，及允許在聖地建築僧房。不幸地，那羅衍基爾不久去世。次年二月，由多耶兒基爾（Kṛṣṇā Tāyal Gir）繼任首領，他心量甚為狹隘，也極不公平，一味維護自己的宗教，而以凶殘的手段對付其他宗教，因此，佛教徒自此以後受到他們的壓迫、排擠和破壞。

公元一八九三年，達摩波羅出席美國芝加哥宗教會議，回程經過日本，與日本佛教徒帶了一尊日本檀香木佛像至菩提伽耶，準備供奉在菩提伽耶大塔的上層。至公元一八九五年二月二十五日舉行典禮，安奉檀香佛像於大寺塔上層，正當眾多佛教徒虔誠誦經時，摩罕多派群眾突然衝來，用暴力奪走了佛像，有些佛教徒被毆打致重傷。此事訴求到法庭，經過多年，初審判決佛教徒達摩波羅勝訴。然後摩罕多派再上訴高等法院，運用各種勢力，結果又判決他們勝訴。如此一來，佛教徒受到驅逐，必須離開聖地。佛教徒雖在法庭上敗訴，但為了保護聖地，在真理及精神上是不接受失敗的。於是達摩波羅居士改變方法，利用報紙向世界公布，敘述佛教徒的理由和意見，說明佛教徒應當保有菩提伽耶聖地的管理權，呼籲民眾及輿論的支援，結果獲得各國佛教徒及非佛教徒的同情和協助。

公元一九〇二年，一位日僧 Okakura 至印度，盡力與摩罕多教徒交涉，希望能在聖地建一座大乘佛寺。但是英印政府因懼怕日本國勢強大，懷疑日僧有政治企圖，努力無效，卻帶來了反效果，英印政府也懷疑達摩波羅是日僧的助手，原來有些人同情佛教徒的，態度也轉變了。

達摩波羅居士為了爭取聖地管理權及復興印度佛教，進一步獻身佛教，後來他發心出家及施捨家產。他對印度、斯里蘭卡及世界佛教的努力，一直至公元一九三五年圓寂為止。並且遺言將希望寄託於亞洲佛教徒。他說：「我已到時了！中、緬、泰、錫蘭、高棉、韓、西藏、尼泊爾……全體佛教徒們，我們應該共同團結一致，來保衛我們偉大的教主成等正覺聖地；亞洲佛教徒們！現在必須從沉睡中驚醒起來，努力爭回我們聖地的管理權！」

達摩波羅圓寂了，他的偉大精神長在人間，他創立的「摩訶菩提協會」，已分布印度及歐美二十、三十多處，依照他的宗旨和遺志進行宣揚佛法工作。也得到了全世界佛教徒以及很多非佛教徒的敬仰。

除了斯國佛教徒的努力，那時緬甸佛教徒，對這件事也很關心，不過他們已淪為英國的殖民地，他們的國王曾起草建議收回菩提伽耶管理權的法律，呈請德里國家議會討論（因當時緬甸受併為印度英政府的一省，有權向上級呈請），但結果反應很小。至於摩訶菩提協會方面，仍繼續努力聯絡政治上有力量的人物，及呼籲全世界各地佛教徒支持，堅持至最後得到勝利為止。由此比哈爾省政府公布法律，並限令摩罕多教派交出菩提伽耶聖地的管理權，由政府協助成立一個管理委員會。起初摩罕多派盡力設法阻止這份法律的公布，幾胎死腹中，最後結果，摩罕多派教徒只好讓步，公元一九五三年四月十五日公布法律，成立了一個九人管理委員會，委員包括佛教徒、印度教徒、摩罕多派、印度政府官員。五月二十八日，是佛教偉大的「佛誕節」紀念，舉行慶祝，管理委員會正式從摩罕多派人接受菩提伽耶聖地的管理主權。此委員會至公元一九五六年時，改名為「國際顧問委員會」（International Advisory Board）包括外國佛教徒代表。

自管理委員會組成，及其後改名「國際顧問委員會」，佛教徒在聖地菩提伽耶，獲得了進一步的自由發展，雖然摩罕多教派信眾在聖地還保有他們的神廟或天祠，甚至有時嫉妒佛教徒，但他們已無法直接干涉佛教了。

七、各國佛寺都獨具特色

菩提伽耶自一百多年前發掘後，除已將各處聖跡修葺維護外，各國佛教徒也很熱心前往建築新道場，尤其是佛教國家，都申請興建了佛寺或精舍，同時也有建築佛塔、禪修中心、食堂、旅館等，都依各國傳統的風格建造，形式各異，獨具特色，為便利自己國家佛教徒前往朝聖，現簡介如下：

摩訶菩提協會

位置近大塔西邊，是一座兩層樓房，為斯里蘭卡摩訶菩提協會（Maha Bodhi Society）所建，也是該會在印度第一所建築物，建於公元一九〇一年，用去一萬五千盧比，目的是為了便利世界各地佛教徒來朝聖，並保護佛教聖地，提倡復興印度佛教。兩層的房屋，中央下層是一所大會議廳，可容納三百人，周圍兩層都是客房，供香客住宿。最初的建築費，是由緬甸和斯國佛教徒共同募集。摩訶菩提協會總部（公元一八九二年由科倫坡遷到加爾各答，並在公元一九一五年在總部加建法王舍利寺），固定輪派有學養的比丘，常住此分會弘法及負責職務。現在伽耶市及菩提伽耶共有兩所摩訶菩提分會，建在伽耶市的稱「沙底加佛堂」（Sautika Hall），朝聖的佛教徒抵達伽耶後如往聯絡，就會獲得他們的接待與嚮導朝禮聖地。建在佛陀伽耶的稱「大覺法堂」（Mahābodhidharmaśala）。兩所分會，都受到伽耶市政府保護。摩訶菩提分會設有圖書室，及出售各種佛教書刊，多數為英文。摩訶菩提協會對菩提伽耶聖地的貢獻和保護工作，貢獻巨大，可歌可泣，已如上節中敘述。

小塔圍繞大塔

菩提伽耶大塔的四周，有一百多座大小不一的小塔圍繞著大塔，多數是石造的，有些雕刻也很精美，據說是前往朝聖香客建了做功德的，或者是還願的，所以又叫「許願塔」。現在大塔範圍內已經不允許再加建小塔了。

緬甸佛寺和舊塔

緬甸佛寺是自菩提伽耶發掘後，最先建築的一所佛寺，時間是在公元一八七四年，而且是由緬甸敏東王（Mindon，一八五二——一八七八）支持下興建的，位於大塔西邊，計有三間大室，供給緬人朝聖住息。當時緬甸王並派有專使及高僧住在聖地，協助聖地發掘和修葺。後來，公元一八九〇年斯國達摩波羅居士（一八六四——一九三三，於晚年發心出家）至印度朝聖，在佛陀成道的菩提樹下，見佛教聖跡荒蕪，心中非常感傷，願盡形壽，從事復興印度佛教，功若未成，決不終止⓭。在未興建摩訶菩提協會前，也是住在此緬甸佛寺和辦公。現在此緬寺只殘存舊塔。緬僧後來又在伽耶市到菩提伽耶之間建築一座新寺院，經不斷擴建，已有了寬暢的佛殿，及供人住宿，設備齊全的客房和食堂。

中華大覺寺

在大塔西南方，較遠，但環境比其他各國佛寺寧靜，空氣新清，中國佛教徒往朝聖，多數住息於此，佛殿與廂房都為中國式樣。開山是永虔法師，曾住過檳城，任檳城佛學院主講；護法創建人是曾任印度國際大學中國學院院長的譚雲山居士。在建寺工程未完成前，永虔法師不幸身先圓寂，後由一位中國超緣比丘尼負責。因為寺中僅一位出家尼師，十分顯得零落。後來由加爾各答悟謙法師兼任住持，在近一、二十年來，由於臺灣、香港及南洋各地華僑佛教徒不斷增加往印度朝聖，中華佛寺才轉為興旺起來。

西藏喇嘛雪謙寺

西藏喇嘛雪謙寺（Shechen Monastery）屬寧瑪派，鄰近在摩訶菩提協會右邊，建築完全採用藏式，外形方正，厚重莊嚴，寺頂為多座塔式，變化萬千，與中國西藏、青海的藏傳佛教寺院相同。佛殿上供佛像，亦供宗喀巴金像，牆上壁畫色彩豔麗，樓下祈禱室建造了一座超過二十噸的大法輪。寺院裡設有會議廳、圖書館和研究所。住有三、四十位喇嘛，他們每天早晚都到大塔前誦經禮拜，極其虔誠。

泰國佛寺

佛曆二五〇〇年（一九五六）時，泰國政府與佛教徒共集資二百餘萬銖，在菩提伽耶興建了一座泰寺（Thai Monastery），建築設計完全採用泰國佛寺形式和藝術，是仿曼谷著名的大理石寺佛殿圖形興建，莊嚴輝煌，為印度境內各國佛寺之冠。佛殿內供奉釋尊聖像，牆壁上有精美圖畫。其次建築又分兩部分，一是僧房，一是朝聖者（多為泰人）住息處。

新塔及法亭

在摩訶菩提分會西面，建有一座新塔，在塔的四面嵌有多塊大理石，選取《法句經》裡的偈頌銘刻在石上，巴利文和英文對照，讓路過的行人閱讀。在近塔的西邊，又有一座建築物，稱為「法亭」（Dharmaśālā），為印度富翁柏拉葉獻建，供香客休息及炊食。

日本佛寺

日本佛寺（Japanese Temple）形式樸實無華，方正結構，平整屋頂，保有中國唐代佛教建築風格，用材考究，給人一種藏而不露的感覺。公元一九八九年更在寺內塑造一尊露天大佛，高達八十英尺，內部有混凝土支柱和多個小間隔，可安置二萬尊小青銅佛像，巨型佛像通體金光閃耀，成為菩提伽耶一個亮點。

不丹皇家佛寺

不丹皇家佛寺（Royal Bhutan Monastery）在菩提伽耶也獨樹一格，主題和圖樣表現該國傳統宗教的象徵，均以明亮對比彩繪來呈現，描繪佛陀一生的經歷。寺內並供奉一尊與人一樣大小的純金佛像。

其他各國佛寺

此外，還有斯里蘭卡、越南、尼泊爾、韓國、孟加拉、臺灣的佛寺，不論大小，都具有各國的特色。

佛教在印度古代文明發展中，占有很重要的地位，深具豐富思想內涵；後來雖然在印度逐漸衰微，最終卻發展到周圍國家，成為世界性宗教，形成「牆內發芽牆外開花結果」的局面，這當然是有歷史因緣形成的。

八、王舍城各地佛教遺跡

王舍城（梵 Rājagrha，巴 Rājagaha）

王舍城是佛陀住世時十六大國之一的摩揭陀國的都城，是當時印度文化、宗教、經濟最繁榮的中心，向東北距菩提伽耶八十一公里，向東南離巴特那一〇三公里。當時王舍城首都以厚達五公尺的石造城壁圍繞起來，全長四十一公里，是印度現存最古老的城壁。隨著摩揭陀國不斷的發展，在北門外又增加了新王舍城。

《大智度論》卷五讚嘆王舍城說：「有五山周匝峻固，其池平正，生草細軟，好華遍地，種種林木，華果茂盛，溫池浴池，有多處佛說法的地方，如竹林精舍、靈鷲山，以及佛入滅後第一次結集的七葉窟等。

竹林精舍

竹林精舍（Veṇuvana）又稱「迦蘭陀竹園」（Kalandaka Veṇuvana）。位於新舊王舍城之間，相傳是迦蘭陀長者皈依佛陀後獻出的竹園。是佛教史上第一座供佛教徒專用的建築物，它也是後來佛教寺院的前身。佛陀住世垂五十年，曾長期在此居住，特別是在冬天，是佛陀宣揚佛法的重要場所之一。

佛陀初住在竹林精舍說法時，舍利弗因見到佛陀弟子阿說示尊者的威儀莊嚴，請示尊者說明佛陀的教法，尊者便念出〈緣起偈〉：「諸法因緣生，是法說因緣，是法因緣盡，大師如是說。」舍利弗聽了立刻得法眼淨，澈見諸法實相。舍利弗迅速回去告訴好友目犍連，一同帶著二百弟子，來到竹林精舍皈依佛陀，不久他們二人成了佛陀的上首弟子。

玄奘《大唐西域記》卷九迦蘭陀竹園說：「山城北門行一里餘，至迦蘭陀竹園。今有精舍，石基甎室，東闢其戶。如來在世，多居此中，說法開化，導凡拯俗。今作如來之身。」

玄奘在迦蘭陀竹園中，又記載了兩件事：一是在佛陀入滅後，有八國國王爭分舍利，阿闍世王分得的一分，在迦蘭陀竹園東邊，興建了一座塔供奉。亦說此塔為阿育王所建，因為在附近有阿育王石柱，柱頭上為大象，可惜尚未發現。二是在阿闍世王在上面的舍利塔旁，又加建一座塔，傳說裡面供奉的是阿難尊者的半身舍利，因為阿難尊者未入滅前，他離開了摩揭國，要去到吠舍離城弘法，兩國為了爭取阿難尊者，遂發生嚴重爭執，將要爆發一場戰爭，尊者不忍人們自相殘殺，於是自行入滅，火化後各分得半身舍利供養。

依據泰國曼谷王朝拉瑪四世（Rama IV，一八五一——一八六八），在未登位前青年時期，曾為比丘二十七年，他對巴利三藏有高深的研究。他在《長部．大本經》中發現記載，佛陀成正覺後第二年，在印度三月的月半，佛陀住在王舍城竹林精舍，有一千二百五十位大阿羅漢，從四方各處不約而同地齊集到竹林精舍，向佛陀禮座，請示佛陀開示法要。佛陀便在這次集會中宣說了著名的〈通誡偈〉：「諸惡莫作，眾善奉行，自淨其意，是諸佛教。」這首偈就成了戒律學的綱要。

竹林精舍也在公元十三世紀佛教衰亡時，歸於荒廢，被任意盜採而滅絕，以致位置都無法查明。公元一九六五年佛滅二千五百慶祝紀念時，由印度政府考古局根據玄奘《大唐西域記》，挖掘出傳說佛陀常說的迦蘭陀竹園水池後，加以復原，而發現公元九世紀石佛遊行像，就安供在池中央。一次被人盜走，之後被查到，真品就收藏在巴特那博物館，如今供奉的是仿製品。另由日本山妙法寺藤井日達，在迦蘭陀竹園北側供奉日本鑄造三公尺釋尊坐像，及在一旁種植菩提樹和無憂樹，又從尼泊爾國境附近移植兩種竹子，經過三、四十年，如今已再呈現竹林園景致⓮。

靈鷲山

靈鷲山（梵 Gṛdhrakūṭa，巴 Gijjhakūṭa），譯音作耆闍崛山，其名之由來，一說山頂一處形狀類於鷲鳥，一說山頂常有眾多鷲鳥在棲息。在二千五百年前，頻婆娑羅王為了聽佛陀說法，動工修建了一條約二、三公里的石頭坡道。山頂上有一佛陀昔日說法台，今僅存紅磚牆基了。

大乘佛典中，尤其《妙法蓮華經》、《大無量壽經》、《觀無量壽經》、《大般若經》，據說都在王舍城靈鷲山宣說。但是這座山自伊斯蘭教入侵以後，佛教就衰亡了。公元一九〇二年，日人大谷光瑞率領探勘隊，對照玄奘《大唐西域記》等記錄，斷定就是靈鷲山遺跡。公元一九〇五至一九〇六年，印度考古局第三任局長喬治．馬歇爾，詳細地調查王舍城的遺跡，確認了大谷光瑞探勘隊的成果，受到國際的承認，查出靈鷲山頂上佛陀曾住過的香室（梵 gandhakuṭī，巴 gandhakuṭi），在其奇巖上有些洞窟，曾是舍利弗、阿難等十大弟子禪坐修行的地方⓯。

七葉窟

七葉窟（Sapta-parṇa-guhā）是第一結集經典之地，在王舍城附近。一般都認為是在印度教溫泉所在的維伊巴拉山一處陡坡之後，由巖窟自然形成，標高三〇五公尺，前方形成長三十六公尺，東邊寬十公尺，西邊寬三點六公尺的台地，因窟前有七葉樹而得名。實際上此處三個巖窟都非常淺小，前方台地也非常狹窄，實在無法容納五百僧人活動和集會。考古學家康寧漢根據《島史》和《大史》的記載，推定在此山南面的松邦達爾（Son Bhandar）才是七葉窟⓰。此處巖窟內部較為寬廣，窟內乾燥，壁上有佛教壁畫多幅，巖窟外邊的平台，及平台前方和左右都很開闊，是在一塊不高的坡地上。著者於公元二〇〇五年冬季，第二次往印度朝聖時，曾前往參觀過。

在佛陀入滅之年（公元前四七七年），由阿闍世王護持，以大迦葉尊者為中心，召集五百位阿漢羅弟子，共推阿難尊者編集經藏，優波離編集律藏，藉由口誦傳承，再經大眾一致同意，時經三月安居完成，七葉窟成為佛教第一結集經典之處，佛陀的根本教法得以流傳於世。

（一九六八年七月初稿，二〇一五年一月增訂）

❶陳飛、凡評註釋；《新譯大唐西域記》第四〇一頁，原文「出一丈餘」，根據註解改為「上出二丈餘」。

❷《大唐西域記》卷八，《大正藏》第五十一冊，第九一五—九一六頁。

❸前田行貴著，李鳳媚、吳志揚譯：《印度佛跡巡禮》，第二十九頁。

❹楊郁文編註：《佛教聖地隨念經註解》，第三十五頁，註六十七。

❺趙伯樂、陳黎著：《走過佛國》，第四十四頁。

❻W. Rahula: *History of Buddhism in Ceylon*，p.97。

❼薛克翹著：〈尼泊爾阿育王石柱考察記——兼談迦毘羅衛城遺址問題〉，黃心川、釋大恩主編，《第三屆國際玄奘研討會論文集》，第六六五—六六八頁。

❽前田行貴著，李鳳媚、吳志揚譯：《印度佛跡巡禮》，第二十八頁。

❾前田行貴著，李鳳媚、吳志揚譯：《印度佛跡巡禮》，第二十八頁。

❿前田行貴著，李鳳媚、吳志揚譯：《印度佛跡巡禮》，第二十八—二十九頁。

⓫以上佛陀經行沉思七週的聖跡，參考《追蹤佛跡》（泰文）。又參考髻智比丘著，釋見諦、牟志京譯：《親近釋迦牟尼佛》，第五十五—五十八頁。

⓬髻智比丘著，釋見諦、牟志京譯：《親近釋迦牟尼佛》，第三十九頁。

⓭ 于波著：《美加華人社會佛教發展史》，第十一頁。

⓮ 前田行貴著，李鳳媚、吳志揚譯：《印度佛跡巡禮》，第五十六頁。

⓯ 前田行貴著，李鳳媚、吳志揚譯：《印度佛跡巡禮》，第四十五—四十六頁。

⓰ 藍吉富主編：《中華佛教百科全書》二，第七十三頁。中國佛教名學者楊郁文所著《佛教聖地隨念經註解》，第一二六頁亦拍攝圖片二幅，註明為七葉窟。著者亦曾參訪此七葉窟。

第三章　佛陀轉法輪處——鹿野苑

如是我聞：一時，佛在波羅棕斯城近郊的鹿野苑，世尊告五比丘言：「諸比丘，出家人應捨棄兩邊：一、沉緬於色聲享受，此為卑賤、低下、庸俗、無益。二、執迷於自我折磨，此為痛苦、可辱、無益。拋棄此兩個極端，如來了悟中道、增長知見、趨向安樂、智慧、菩提和涅槃。

——巴利《相應部．第五品．轉法輪經》

如是我聞：一時，佛住波羅棕國仙人住處鹿野苑中。爾時，世尊告：「諸比丘！若善男子正信非家，出家學道，彼一切所應當知四聖諦法。何等為四？謂知苦聖諦，知苦集聖諦，知苦滅聖諦，知苦滅道跡聖諦。是故比丘於四聖諦未無間等者，當勤方便，修無間等。如此章句，一切四聖諦經應當具說。

——《雜阿含．第十五卷．三九三經》

一、鹿野苑名稱的由來

鹿野苑（梵 Mṛigadāva，巴 Migadāya）是佛陀成正覺後初轉法輪的地方，位於印度今之北方邦印度教聖城的瓦拉納西（梵 Varanasi，即古波羅奈國，巴 Bārāṇasī），近世稱為貝那拉斯之西北距離十公里，有一小鎮沙爾那斯（Sārnāth，Deer Park）向西一點六公里處。鹿野苑又譯作鹿野園、鹿野、鹿苑、仙苑、仙人園，具稱仙人住處鹿野苑（Ṛsipatana Mṛgadāva）。《雜阿含經》卷二十三說：「此處仙人園鹿野苑，如來於中為五比丘三轉十二行法輪。」這裡是世人心中綻放「法之光明」的神聖地方。佛陀在這裡第一次明晰地闡釋自己所覺悟的真理，而初次聽聞到這至善之法的人，就是憍陳如、阿說示、跋提、十力迦葉、摩訶男五人，聽了佛陀說法之後，證悟真理，成為佛陀最初出家的聖弟子。

鹿野苑這個名稱的由來，據《六度集經》等記載，過去波羅奈國王因喜愛打獵，曾在這裡捕獲鹿群千餘頭。有靈性的鹿王為了保護鹿群，獨自去向國王請求，希望國王釋放鹿群，日後牠將每天送一頭鹿來給國王享用。一次，輪到一隻懷孕的母鹿，母鹿求救於鹿王（sāranga nāta，Sārnāth 的地名就從鹿王而來）。鹿王不忍，自願代死。國王對於鹿王的勇氣與仁慈，大為感動，不但釋放所有的鹿，更從此不許人民來這裡狩獵，這裡便成了鹿群悠遊林野的鹿野苑。一說這裡是辟支佛仙人住處，常同野鹿棲宿。釋迦牟尼即將成道時，辟支佛聽到訊息後，率先成佛，故稱仙人住處鹿野苑。

二、初轉法輪的內容

佛陀在菩提伽耶成等正覺後，對於是否要向人們傳道說法而感到猶豫，因認為自己覺悟的真理，太微妙甚深了，世人大多貪欲很重，是不能了解和接受的。但又想到有部分利根的人，貪欲甚少，或可接受佛法，這就像蓮花生於汙泥，有些會浮出水面盛開一樣，不受汙染，他們是有智慧而能信解佛法的，於是就決定開始向世人說法了。

佛陀在菩提伽耶悟道成佛後，西行約二百五十公里，來到鹿野苑。當五人看到佛陀從遠處走來，就先相約不要去向他禮敬，不要起立迎接，不要去接拿他的衣鉢。如果他願意的話，可準備一個座墊讓他坐下。但是當佛陀逐漸走近時，他們看到佛陀莊嚴圓滿的儀態，都不由自主地向前去迎接，從佛陀手中接過衣鉢，鋪設座位，為佛陀取水洗足，但仍以朋友稱呼佛陀。他們迎接佛陀的地方，後世建立起佛塔，成為今日所謂的「五比丘迎佛塔」。

佛陀在說四聖諦法之前，先向過去和他一起修苦行的五位侍從說：「捨離二邊，而行中道。」二邊是指二種極端修行的方式——樂行與苦行；捨棄二邊後，應依道諦中的八支聖道而修持。如《中阿含經》卷四十三中說：「莫求欲樂、極下賤業，為凡夫行，是說一邊；亦莫求自身苦行、至苦、非聖行、無義相應者，是說二邊……離此二邊，則有中道（聖道八支），成眼、成智、自在成定，趣智、趣覺、趣涅槃者。」（《大正藏》第一冊，第七〇一頁）

接著佛陀宣說四聖諦的教法，是佛陀成道後第一次說法，佛教史上稱為「初轉法輪」（Dharmachakra Pravartana），因佛陀對四聖諦法分三個層次講說，故亦稱「三轉法輪」。「法輪」是一種比喻，意指佛教的正法之輪，輾轉向前，能破敵致勝，無堅不摧，能摧毀一切邪惡。

所謂最初的「三轉法輪」，第一次為「示相轉」，是將四聖諦的定義加以解說。內容為：「此是苦，逼迫性；此是集，招感性；此是滅，可證性；此是道，可修性。」

第二次為「勸修轉」，是勸導弟子修持四聖諦的法門，以斷除煩惱，獲得解脫。內容為：「此是苦，汝應知；此是集，汝應斷；此是滅，汝應證；此是道，汝應修。」

第三次為「作證轉」，佛陀告誡弟子，自己證悟的四聖諦，勉勵弟子們只要勇猛精進，必能證悟四聖諦。內容為：「此是苦，我已知；此是集，我已斷；此是滅，我已證；此是道，我已修。」

所謂三轉法輪，是佛陀以三轉十二行相來說明四聖諦法。三轉是指對苦、集、滅、道四行的「示相轉」、「勸修轉」、「作證轉」三個階段。每一轉都包含苦、集、滅、道這四行，一共有十二行。

四聖諦中的道聖諦，所指的是八正道。《雜阿含經》第七五〇經中佛說，必須修習八正道，才能解脫無明集聚的煩惱眾苦，獲得清淨寂滅的境界：「若諸善法生，一切皆明為根本，明集、明生、明起。明，於善、不善法如實知者，罪、無罪，親近、不親近，卑法、勝法，穢汙、白淨，有分別、無分別，緣起、非緣起悉如實知，如實知者，是則正見。正見者，能起正志、正語、正業、正命、正方便、正念、正定。正定起已，聖弟子得正解脫貪、恚、癡，貪、恚、癡解脫已，是聖弟子得正智見：『我生已盡，梵行已立，所作已作，自知不受後有。』」

四聖諦是佛法的綱領，佛教所有的聖典，不管千經萬論都是以四聖諦為基本。今天在世界上所流傳的巴利語系的南傳佛教，漢語系的北傳佛教，以及藏語系的藏傳佛教，教理都依四聖諦做為綱領；因為三藏十二部演繹出來的佛法經義，都是用四聖諦做為這許多法義的綱目，由此可見四聖諦的重要性。

三、鹿野苑的興衰歷史

佛陀在菩提樹下覺悟後不久，開始了偉大的傳教使命。最初，他想到他過去的兩位老師，即阿羅邏迦羅摩和優陀伽羅摩子，後來知道他們都已經去世了。最後，佛陀想到曾陪伴和照顧他一同修苦行的五位侍從，知道他們在離波羅㮈不遠的鹿野苑，繼續精進修習苦行，應該先去度化他們。於是佛陀風塵僕僕地從菩提伽耶西行二百五十公里去到鹿野苑，為五比丘做初次說法。

佛陀在鹿野苑的第一次說法，以四聖諦法度化了憍陳如等五人出家為僧，證得阿羅漢果。至此佛（Buddha）、法（Dharma）、僧（Saṅgha）三寶具足，佛教正式創立了，教團由此開展，至後世遍布世界各地，利益無量無邊的眾生。

佛陀與五位比丘在鹿野苑期間，生活雖清苦而覺得怡然快樂，心境解脫。當兩位比丘出去托鉢乞食時，佛陀就為三位比丘說法；當三位比丘出去托鉢乞食時，佛陀就為兩位比丘說法，以輪流說法的方式勉勵比丘們精進修學佛法。

不久，波羅奈城一位青年富翁之子耶舍（Yasa），過厭了世俗家庭歡樂的生活，從家中出走，卻巧在途中遇到佛陀。佛陀方便為他說法後，解除了他心中的煩惱，生大歡喜，請求出家。之後，耶舍的父母也皈依了佛陀為優婆塞（近事男）、優婆夷（近事女），成為佛陀最早的在家弟子。耶舍有五十四位青年貴族好友，也跟著發心出家，精進修行，很快地證得聖果。此時佛陀有了六十位聖弟子，就派遣他們去各處弘法，讓佛法的光輝遍照人間。

依據《佛本行集經》卷三十九記載，佛陀成正覺後，在波羅奈鹿野苑內的根本香室精舍（Mūlagandhakuṭī Vihāra），佛與比丘們，自六月十六日安居修行，至九月十五日，共有九十三人解夏。而現在於鹿野苑根本香室精舍的廢墟東面，也標有佛陀第一次雨季安居駐錫地。依於此說，佛陀成正覺後，遊化說法四十五年，第一次安居三個月，就在鹿野苑中度過❶。

佛陀與一群比丘離開鹿野苑後，各自向不同的方向去傳教，佛陀自己亦回到摩揭陀國王舍城，因為王舍城是當時印度政治、宗教、文化的中心。佛陀在王舍城附近的優樓頻螺村，度化了結髮外道三迦葉兄弟及其弟子一千人出家。又在王舍城內，度化了舍利弗和目犍連二人及其學生二百五十人出家。

佛涅槃後一、二百年，約公元前二七〇年左右，印度摩揭陀國孔雀王朝第三世阿育王（Aśoka），統一全印，開始大力護持佛教，以佛教正法理念治國，結集經典，派遣傳教師至各地弘法，使佛教成為世界性的宗教。阿育王非常仰慕佛陀的聖德，在即位二十年後，親往各地朝拜佛陀聖跡。鹿野苑為佛陀初轉法輪處，阿育王在這裡修建了多座佛塔及寺院。在鹿野苑一處重要的遺址上，現在保存一支斷裂五截的阿育王石柱，是在阿育王朝拜鹿野苑時，為了紀念佛陀在此初轉法輪，及成立僧團，所豎立之標幟石柱。更有許多四、五層重疊的寺院和僧房遺址，這都說明在歷史上反覆曾多次修繕建造過。據考有一座磚造結構的佛塔建於公元前二百年。

在經律中記載，阿育王大力護持佛教後，曾有很多外道混進佛教中出家，最多時達六萬人，造成對佛法思想的分裂，僧人素質下降。於是佛教長老們向阿育王建議，召開僧伽會議，清除淘汰「賊住」比丘。這次會議後，阿育王頒布了詔敕，用婆羅彌文字刻在石柱上，是關於出家戒律應注意的事項：「在鹿野苑的僧團中，如有不遵守戒律的比丘和比丘尼，將自僧團中擯出，使之還俗。」等事❷。這可見當時鹿野苑的繁榮和受到重視。

公元三、四世紀時，佛教在塞族（Saka）及貴霜（Kṣāṇa）王朝護持下，對鹿野苑的擴建修築，已成為重要的藝術中心。

公元五世紀初，我國東晉高僧法顯至印度求法時，在《高僧法顯傳》中說：「復順恆水西行十二由延到迦尸國波羅㮈城，城東北十里許，得仙人鹿野苑精舍。此苑本有辟支佛住，常有野鹿棲宿。世尊將成道，諸天於空中唱言：白淨王子出家學道，卻後七日當成佛，辟支佛聞已，即取泥洹，故名此處為仙人鹿野苑。世尊成道以後，人於此處起精舍……佛於此東向坐始轉法輪度拘隣（即憍陳如）等五人處，其北二十步佛為彌勒授記處，其南五十步翳羅鉢龍問佛，我何時得免此龍身，此處皆起塔見在，中有二僧伽藍，悉有僧住。」

印度笈多王朝時期（Gupta，四至六世紀），歷代國王傳統上都信仰印度教，對其他宗教也很寬容維護。根據玄奘《大唐西域記》卷七說：「婆羅痆斯國（即波羅奈），周四千餘里，國大都城西臨殑伽河，長十八九里，廣五六里。閭閻櫛比，居人殷盛，家積巨萬，室盈奇貨。人性溫恭，俗重強學，多信外道，少敬佛法……伽藍三十餘所，僧徒三千餘人，並學小乘正量部法。天祠百餘所，外道萬餘人，並多宗事大自在天，或斷髮或椎髻，露形無服，塗身以灰，精勤苦行，求出生死。」到公元三世紀時，鹿野苑已經成為重要的藝術中心，在笈多王朝時期（四世紀到六世紀），達到鼎盛。

到公元五、六世紀，佛教發達在鹿野苑達到了頂峰。一座最壯觀醒目又最震撼人心的建築，這就是達密克塔（Dhamekh Stupa）了，它是一座實心塔，高三十三點五公尺，底部直徑約二十八點五公尺，分上下兩層。據考它是建築在一座古塔的地基上。下層由巨大的石塊建造，略呈八角形，八面凹進的龕室內，都安供著真人大小雕刻的佛像，而佛像早已不知去向。目前塔身仍殘留部分浮雕裝飾，有花卉、人物、飛鳥等，還有印度宗教普遍使用的「卍」字造形，圖案雕刻非常精美。上部是較凸的圓錐形，用磚砌而成，整體顯得崇高偉大。

公元六四〇年間，玄奘至鹿野苑朝聖，在《大唐西域記》卷七記載：「婆羅痆河東北行十餘里，至鹿野伽藍，區界八分，連垣周堵，層軒重閣，麗窮規矩。僧徒一千五百人，並學小乘正量部法。大垣中有精舍，高二百餘尺，上以黃金隱起作菴沒羅果，石為基階，磚作層龕，龕匝四周，節級百數，皆有隱起黃金佛像。精舍之中有鍮石佛像，量等如來身，作轉法輪勢。精舍西南有石窣堵波，無憂王建也。基雖傾陷，尚餘百尺。前建石柱，高七十餘尺，石含玉潤，鑒照映徹……是如來成正覺已初轉法輪處也。其側不遠窣堵波，是阿若憍陳如等見菩薩捨苦行，遂不侍衛，來至於此，而自習定……側有窣堵波，是梅呾麗耶（即彌勒）菩薩受成佛記處。」

在《大唐大慈恩寺三藏法師傳》卷三，對鹿野苑也有這樣的記載：「至鹿野伽藍，台觀連雲，長廊四合。僧徒一千五百人，學小乘正量部。大院內有精舍，高百餘尺。石階磚龕，層級百數，皆隱起黃金佛像。室中有鍮石佛像。量等如來身，作轉法輪狀。精舍東南有石窣堵波，無憂王所建，高百餘尺。前有石柱，高七十餘尺。是佛初轉法輪處。」

當時玄奘所見到的鹿野苑，範圍廣闊，殿宇莊嚴，僧眾有一千五百人；可見當時佛教隆盛的情況。可是，隨著時光的推移，到公元八世紀末九世紀初，印度教吠檀多派哲學家商羯羅（Śaṅkara），他採用大乘佛教思想及耆那教部分教義，開始吸納佛教，佛教在印度本土的勢力就逐漸式微。印度教當時為了說服更多佛教徒改信印度教，印度教僧侶公開宣稱佛祖釋迦牟尼是印度教三大主神之一的保護神毘濕奴（Viṣṇu）的第九化身。這在印度宗教史上，不同宗教互相把對方的教主或神明納入本宗教，並使之處於附屬地位，是司空見慣之事。除了印度教把佛陀列為毘濕奴第九化身以外，稍早佛教也把毘濕奴列入護法神的行列，稱為「遍入天」。

公元九、十世紀後，伊斯蘭教漸入侵印度境內，其間在以米希拉庫為首領的遊牧騎馬民族匈奴族人入侵之際，鹿野苑遭到強奪；之後，公元一〇一七年定都在阿富汗的加茲尼、奴隸出身的國王馬哈茂德的軍隊，在侵入瓦拉納西時，鹿野苑也受到極大的破壞，但每次都由印度各地虔誠的佛教徒修復起來。最後在德里開創伊斯蘭教王朝奴隸出身的將軍庫德夫．瓦提．阿伊巴克（Qutab-ud-Din Aybak）率領伊斯蘭教大軍攻進鹿野苑，化為灰燼，成為無人的荒野❸。

伊斯蘭教徒入侵印度統治後，到處徹底摧毀了佛教，佛法在印度流傳一千七百多年，從此就滅絕消失了。鹿野苑及其他所有聖地，都退出歷史的舞台，漸漸被人遺忘了。

鹿野苑被荒廢後，長期仍繼續遭到破壞，異族占領者及當地居民們，將殘餘傾毀的磚石一塊塊拆除，搬走做為房屋和商場的建材，只殘留深層的地基。

阿育王在世建塔無數，在鹿野苑興建的寺塔僧舍應該不少，但留存下來的極少。依玄奘《大唐西域記》卷七所記：「精舍西南有石窣堵波，無憂王建也。基雖傾陷，尚餘百尺。」公元十九世紀時，在達密克塔西方大約五十公尺處，考古人員發現了一座磚造的圓形高台遺跡，為一座覆缽形的古塔基座，從其底座直徑約十三點五公尺看，這是一座非常壯觀的大塔，最早的寺院修建於孔雀王朝阿育王時代，笈多王朝時曾予重修，莫臥爾時期阿克巴大帝曾予再修，包括增加塔身的高度，修建環繞塔身的石欄楯，及四座大型塔門，供人繞塔經行步道。

這是一座極為重要的寺塔，因此學者們認為這應該是佛陀初轉法輪之地的「法王塔」（Dharmarajika-stupa），在公元十八世紀以前，此塔還是大致完整無損的。然而，現在只剩下一座圓形的平台了。這是由於幾次伊斯蘭教徒入侵時受到破壞，特別在公元一七九四年時，一位貝那拉斯藩王的宰相賈卡特．辛，下令拆除法王塔的遺址，將它的磚石材料，移去做為建築一個商場之用，就使這座近兩千年的古塔徹底摧毀了。本來達密克塔也會遭到同樣的命運，但因以石材建築堅固難拆，而保存了下來。

在公元一七九四年，拆除法王塔的時候，當時從地下九公尺處，卻意外發現滑石製和大理石製的兩個舍利容器，其中有放置佛舍利以及陪葬品黃金箔及貴重寶石等物品，因當時人不知道是舍利，當為是人骨就丟到恆河裡去❹，這真是愚蠢而可惜的事。

在上列發掘石匣的周圍，有很多塊浮雕石板，再往深處挖掘，又發現了兩尊巨大的雕像，一尊是笈多王朝初期的佛陀初轉法輪像；另一尊推測應為貴霜王朝時期的紅砂岩菩薩像❺。這一重大發現，可惜當時並未受到重視和保護，以致後來不知道古物的去向。

公元一七九四年，殘存的達密克塔，又遭到一次破壞，貝那拉斯的行政長官巴布·賈迦特（Babu Jagat）下令建造「賈迦特甘商場」（Jagatganj），又想到這座千年以上古蹟的石塊，要拆除運走做為建材。所幸這些石材是用非常堅硬的金屬固定著，不易拆除；由此我們得知公元十二世紀末伊斯蘭教大軍攻擊中，為什麼達密克塔仍能屹立保存的原因❻。

鹿野苑的荒蕪，一直到公元一八三五年，英國考古學家亞歷山大·康寧漢領著一支考古隊來到鹿野苑進行發掘調查工作，佛陀初轉法輪聖像才重見天日。當時康寧漢依據文獻報告，發現以前出土的文物中，只有石匣內的舍利寶物交給政府，其他佛像等重要物件都不知去向。後來費力終於找到一位曾經參與拆除工作的老工人，他說只記得石匣子放回原來的位置。於是康寧漢與考古隊終於在法王塔遺跡的殘磚瓦礫中，找到已破毀的石匣和佛像。目前，石匣收藏於加爾各答博物館，而佛陀初轉法輪像則陳列在鹿野苑博物館內。

公元四世紀初，笈多王朝征服了北印度全境，建立了印度人統一的大帝國，並在四世紀末到五世紀中葉國力達到鼎盛。笈多王朝主要信仰印度教，但不排斥佛教等其他宗教，所以佛教藝術和印度教藝術都在這一時期達到鼎盛，並確立了印度古典主義審美思想和藝術規範。這一時代的佛像雕刻取得了十分卓越的成就，以秣菟羅（Mathurā）和沙爾那斯（Sārnāth）兩個地方的作品最為出色。這尊鹿野苑初轉法輪像，就是沙爾那斯式佛像中最著名的代表作。佛像的基座正面浮雕中間刻有法輪，兩側跪拜著兩隻鹿、五比丘和一對母子信徒，表現出佛陀在鹿野苑初次的說法。這尊雕像是笈多王朝最著名的雕塑作品之一，與秣菟羅佛陀立像並稱為印度古典主義藝術的雙璧。

公元一八九一年，斯里蘭卡人達摩波羅居士成立了「摩訶菩提協會」，他發願要重興印度佛教，首先是保護好印度境內各處佛教聖地。公元一九〇五年，考古人員在法王塔北邊不遠的僧院遺跡中，發掘出數塊巨大阿育王石柱斷塊，據判斷可能是遭雷擊所致，亦有說是遭到凶狠敵人的惡意摧毀，斷裂成五截。後來被考古學者建築一石亭，將斷截的柱身用鐵欄杆包圍保護起來，而將柱頭四獅連背像移到鹿野苑博物收藏和展示。這就是前面玄奘提到的：「前建石柱，高七十餘尺，石含玉潤，鑒照映徹……。」在一斷截的柱身上，刻有阿育王勸誡僧尼遵守戒律的敕文。

從挖掘鹿野苑過程中，發現大片廣闊的僧院，都有四、五層殘跡，由佛殿、佛塔、僧房等，層層堆疊起來，總共約三十多座。其中有一間特別寬長，含有一〇四個小僧房及一座大佛殿。所有僧院都被敵人掠奪和燒毀；而且後來殘存的遺跡，磚石都被拆除運走做為其他建材之用。

鹿野苑後來成為佛教正量部的一個中心，但在鹿野苑也發現了黑嚕迦明王（Heruka）與度母（Tara）的古蹟，這說明佛教的金剛乘也在此傳播弘揚過。

在鹿野苑也有一棵很大的菩提樹，是達摩波羅從菩提伽耶的大菩提樹上折枝移植而來。

在距鹿野苑遺跡公園西南方約一公里處，一小山丘上有座八角形的塔樓，傳說就是五比丘迎佛的地方。據玄奘的描述：「窣堵波，高三百餘尺，基趾廣峙，瑩飾奇珍……。」原是一座高約三百餘尺覆缽式佛塔，建於笈多王朝五世紀，為紀念五比丘成為第一批僧伽，後毀於伊斯蘭教徒。公元一五八八年，地方官員為迎接莫臥爾王朝大帝阿克巴（Akbar）的蒞臨，特別在土丘上用磚建築了這個目前八角形塔樓為瞭望台。在這八角形的瞭望台上，可以看到錯落在綠色樹林的鹿野苑的達密克大塔、斯里蘭卡新建的根本香室精舍（即古初轉法輪寺）、鹿野苑博物館等。現在這個塔樓一直被稱為喬坎提塚（Chaukandi Stupa），而被佛教徒稱為「五比丘迎佛塔」。在瞭望台的中心部分，亞歷山大．康寧漢挖掘出恰似水井的深穴，在此發現了彌勒菩薩和觀世音菩薩的石像❼。

公元一九三一年冬，鹿野苑舉辦一次盛大的典禮，由摩訶菩提協會從斯里蘭卡的菩提樹上截取一枝，移栽在鹿野苑內，同時開始籌畫興建一座全新壯麗的寺院，命名為「根本香室精舍」，這與佛陀二千多年前度過第一次安居的精舍同名，也可能在同一個地點上。當年佛陀在這裡初轉法輪，將佛法比喻如車輪般的輾轉傳布於世。同時也象徵佛法在印度衰微已久，又再重新啟動了法輪。

根本香室精舍是模仿菩提伽耶大塔而建，整體結構以石材為主，樸實而典雅，殿內供奉的佛像是仿造鹿野苑博物館中著名的初轉法輪像。佛像下方的一間小密室內，供奉著分別從印度西北方塔克西拉（Taksasila）和南印度的龍樹丘（Nagarjunakonda）所掘出來的佛陀舍利，成為最神聖之處。公元一九三二年，達摩波羅主持了落成典禮。精舍四周配以花圃草地樹林，是座花園式的寺院。寺東約六十公尺，有一株大菩提樹，枝葉繁茂，鬱鬱蔥蔥，有石欄圍護。圍繞著石欄，有許多用玻璃罩保護的青石板，上面用漢語、巴利語、梵語等十多種語言刻著《轉法輪經》。

次年一月，達摩波羅出家為比丘，三月即在鹿野苑圓寂。佛殿三面的牆壁上，由日本藝術家野生司香雪（Kosetsu Nosi）精繪的壁畫，是描述佛陀一生的重大事件，自公元一九三二至一九三六年，共花四年時間完成這份傑作。殿內左邊，設有英文佛書閱讀及銷售處。

近年斯里蘭卡佛教徒，在根本香室精舍的菩提樹下，塑造了「佛為五比丘說法塑像」，佛陀坐在中間，前面坐著五位聆聽教法的五比丘。塑像比人體稍大，具有象徵意義，可惜手藝粗糙，不夠精緻莊嚴。

在根本香室精舍前面長廊走道的右側，後來塑有達摩波羅法師的大理石像，石像下有碑銘，簡介他一生的略歷和紀念復興印度佛教的功勞，讓朝聖者步行到石像前，佇足閱讀，不禁生起無限的崇敬。

近二十多年，印度政府終於認識到鹿野苑的重要性，可帶來大批朝聖者和觀光客，獲得經濟上的收益，而展開修復維護工作。目前鹿野苑出土的大片遺址，四周已建造一道圍牆保護起來，成為一處環境清幽的「鹿野苑遺跡公園」，對達密克塔遺跡，將剝落、腐蝕的石壁表面，依循古法，仿造舊有的雕刻風格，做了較為完善的處理，還給它舊有的原貌。並在公園內建造一座「鹿野苑博物館」，收藏及陳列將近三百尊佛像及碑文等古物。

因為鹿野苑的名稱起源有關鹿的故事，所以當地政府也在苑中開闢一個四面環湖的「鹿園」，放養了一群鹿在那裡生活，供遊客漫步觀賞，可引起人們對過去歷史的回憶。

從過去歷史上的波羅奈國，到現在的貝那拉斯，一向都是印度各種宗教聖地。特別是貝那拉斯恆河沐浴及火葬宗教信仰的風俗，長久不衰。所以在鹿野苑出土的文物，有部分印度教的古物，也在鹿野苑博物館中陳列。尤其在鹿野苑中，還有一座耆那教的教堂存在，據說是為了紀念耆那教第十三位聖者 Sreyamsanatha 在此出生而建造紀念，鮮黃色的塔身高高伸展在藍天之間，引人注目。

此外，每年五月間佛誕節，有許多來自各地的佛教徒，在這裡舉行盛大慶祝，舉辦祈福、禪修、演說、表演等活動。十一月的月滿之夜，摩訶菩提協會在根本香室精舍，都舉行建寺周年紀念。

四、鹿野苑博物館

鹿野苑博物館（Sarnath Museum）建成於公元一九一〇年，是所有聖地中最值得參觀的地方之一，在這裡總共挖掘出將近三百尊佛像與重要碑文等古物，雖然有許多精品已被送往加爾各答及德里等大都市博物館收藏，但這裡仍然留有獨一無二的「鎮館之寶」，足以傲視全印度，這就是當人們一踏進博物館大門，首先見到的阿育王石柱獅頭頂冠，高二點三一公尺，它已於公元一九五〇年一月二十六日，成為印度國徽的印記，在紙幣及海關官防上都可看到它的身影。柱頭包括四部分，底座是鐘形，覆以內捲的蓮葉雕刻；其上是圓形的石座，刻有牛、馬、獅、象四種奔跑的動物（印度尊為四聖獸），每一動物間以二十四根輻條法輪隔開；再上是雕刻著四隻背對背相連的威武坐獅，分別向四方怒吼；頂部四隻獅子背上頂著一座巨大的法輪。石柱由灰色大理石雕成，打磨精細，光滑鑑人，造型逼真，是鹿野苑中最古的遺物，為孔雀王朝時美術不朽的傑作之一。

另一件則是笈多王朝時期的初轉法輪像，屬灰質砂石雕像，高一五九公分，約創作於公元五世紀，現收藏於鹿野苑博物館。它的珍貴除了保存狀態奇蹟似地相當完好之外，圓潤純熟的雕刻技法亦是懾服人心之處，從主像、光背到座台上的五比丘像，無不流暢自然。光背是由兩層圓構成的蓮花圖案，左右有飛天，光背下方浮雕有傳說中的怪魚馬卡拉，其下是有翼的獅子，說明印度與希臘的藝術交流。佛陀低垂慈悲的眼目、微微上揚的微笑、放鬆自然的雙肩、結著法輪印的雙手彷彿完全未使力，輕輕地互相碰觸……，柔光下的佛陀是如此沉穩靜悅，似乎在告訴人們：這就是解脫束縛後的寧靜輕安！在佛座下中央有法輪，右側是憍陳如、婆破、跋提伽三比丘，左側是摩訶男、阿說示二比丘，還有一對供養婦人與小孩，合掌聆聽佛法。這座佛像位置在展覽館最深處的內室中，以無與倫比的魅力，吸引著人們來到他的座前，瞻仰聖像，流連忘返，有不捨離去的感覺。

除此之外，館內所收藏許多文物都值得細細品味；如同樣優雅細緻的各式佛像、巨大的石雕法輪與貴霜王朝文字的石刻碑文……，館藏豐富，不勝枚舉，對歷史文物有興趣的人，具有很大的吸引力，可多做欣賞瀏覽。

鹿野苑之所以會挖掘出這麼多精美的雕像，乃是因為它在笈多王朝時期是一個著名的佛教雕刻中心。鹿野苑學派獨特的雕塑風格：特意不刻畫衣服的皺褶紋理，使得佛像所著的袈裟彷若一匹薄紗，密實地貼緊身體，如此雕像的體態曲線與人體肌理就會被細膩地表現出來。除此之外，這裡出土的佛像，面部表情所散放出的無法言喻的輕安寧靜，引領人們趨向於對解脫的境界，也是其能成為一大藝術宗派的主要因素之一。

五、各國的佛教寺院

緬甸法輪寺

是鹿野苑中最早建立的外國佛寺，建於公元一九〇八年，早期曾負責接待一部分朝聖者及旅遊的工作。

斯里蘭卡佛寺

即根本香室精舍，公元一九三一年由斯里蘭卡佛教徒依據古老名稱重建，全寺用青灰色的砂岩砌成，古樸莊嚴。摩訶菩提協會也設在裡面辦公。該會並在苑內附近開辦一所佛教學校，包括小學和中學。根本香室精舍因在前文中已多處敘述過，在此從略。

中華寺

鹿野苑中華佛寺，據說唐朝時，由中國高僧在此建立。但不幸於七百年前印度伊斯蘭教戰爭時，毀於伊斯蘭教徒之手。到了公元一九三一年，我國道階法師至此朝聖，發心在原址重建中華寺，不幸在工程未完成時就圓寂了。後由門徒德玉法師繼承遺志，公元一九三九年終得到新加坡富商李俊承居士發心獨資捐建完成。寺院建築基本上為中國風格，裡面陳設大部分也為中國樣式，共有二十餘間房屋。佛寺外觀有高大的三門，整齊的圍牆，分前殿、後殿、僧房組成。佛殿頂部為塔形，是用石砌成，殿內供奉的是一尊緬甸玉佛，四面牆壁有壁畫，地鋪大理石，甚為莊嚴。中華寺建成後，後由廣清法師住持，師為雲南鹽封縣人，曾在緬甸住六年，抗戰勝利後三年到印度[8]。由於在印度各聖地華僧缺少，鹿野苑中華寺，自公元一九九七年起已由泰國僧團接手管理。

西藏佛寺

寺內設西藏高等研修學院，稱為「鹿野苑金剛智慧佛學院」（Vajra Vidya Institute,

Sarnath），有相當多的西藏學僧。他們大都十幾歲到二十歲出頭，印度話和英語都很流利，並且熱心助人。在印度前總理尼赫魯和達賴喇嘛的倡議下於公元一九六七年興建，發展至今，規模宏偉，由印度教育部文化局資助。佛殿內牆壁的壁畫，以現代手法描述佛陀生前在鹿野苑說法的場景。公元二〇〇〇年時，西藏白教青年精神領袖噶瑪巴出走至印度，就住在此寺裡。

日本佛寺

寺名叫日月山法輪寺（Nichigatsuzan Horinji），是日本日蓮宗的寺院，清淨莊嚴。佛殿分上、下兩層，建築在略高的基台上，殿內供奉仿造的初轉法輪像，寺院四周植以草坪花卉樹木，非常幽雅精緻。

泰國佛寺

泰國佛寺（Thai Buddha Vihar）面積有二點五公畝，看起來如一座公園，一進去遠遠就看到一尊二十多公尺高的巨大石雕立佛，是以沙岩雕刻而成，從公元一九九七至二〇一二年，經十四年完工，經費二億印度盧比，都是來自信徒的捐贈。

還有韓國佛寺等，因資料缺乏，不多作介紹。

（二〇〇六年初稿．二〇一三年增訂）

❶《佛本行集經》卷三十九載：「是時，世間凡成九十三阿羅漢，第一世尊乃至最後及娑毘耶。爾時，世尊成道之後，在波羅奈鹿野苑內……六月十六日安居，至九月十五日，合九十三人解夏。」

❷前田行貴著，李鳳媚、吳志揚譯：《印度佛跡巡禮》，第一〇二頁。

❸前田行貴著，李鳳媚、吳志揚譯：《印度佛跡巡禮》，第一〇一——一〇二頁。

❹前田行貴著，李鳳媚、吳志揚譯：《印度佛跡巡禮》，第一〇二頁。

❺林許文二、陳師蘭著：《印度聖境旅人書》，第八十五頁。

❻林許文二、陳師蘭著：《印度聖境旅人書》，第八十三——八十四頁。

❼前田行貴著，李鳳媚、吳志揚譯：《印度佛跡巡禮》，第九十四頁。

❽星雲大師等著：〈印度之旅〉，收在《佛光山印度朝聖專輯》，第一三二——一三三頁。

第四章　佛陀涅槃處——拘尸那

佛告：「諸比丘！汝等若於佛、法、眾有疑，於道有疑者，當速諮問！宜及是時，無從後悔，及吾現存，當為汝說。時，諸比丘默然無言。」（如是重複三問，諸比丘皆默然）……阿難白佛言：「我信此眾皆有淨信，無一比丘疑佛、法、眾，疑於道者……是故，比丘！無為放逸！我以不放逸故，自致正覺，無量眾善亦由不放逸得；一切萬物無常存者。此是如來末後所說。

——《長阿含．遊行經》

汝等比丘，常當一心，勤求出道。一切世間動不動法，皆是敗壞不安之相。汝等且止，勿得復語，時將欲過，我欲滅度。是我最後之所教誨。

——《佛遺教經》

一、大般涅槃——偉大的逝世

印度佛教四大聖地中，最令佛弟子們感傷的地方，就是拘尸那（梵 Kuśinagara，巴 Kusinārā）的佛陀涅槃處了！

Kuśinagara 音譯拘尸那、拘尸那羅、拘尸那竭羅、拘夷那竭、俱尸那羅等，意譯上茅城、香茅城等。拘尸那是古印度恆河平原十六大國中末羅國（Malla）的一個小城，末羅意思為「力士」，亦有音義合稱為末羅力士國。它位於現在印度北方邦哥拉克浦縣（Gorakhpur）凱西（Kasia）之北，今名摩達孔瓦爾（Matha Kunwar）。這裡在現今印度人看來是個很尋常的地方，而在全世界佛教徒眼中卻是極為重要的聖地，因為佛陀最後的生命在此處大般涅槃——偉大的逝世。目前在這裡四處分散的佛塔基座及寺院殘跡，都為早期印度歷代王朝所建築，表明佛法曾經在這裡興盛過。

在經律中記載，當佛陀八十歲時，覺得身體日漸衰弱，雖然心力還是像以前一樣堅毅，預感將要入滅，便帶著少數弟子從王舍城外出發，向故鄉附近的祇園精舍做最後的遊行，路途經過那爛陀、華氏城，渡過恆河，到了跋耆國的首都毘舍離，佛陀曾在這裡多次說法及住過。在雨季安居中，佛陀忽患劇痛痢疾，幾乎殞命，但能攝心住念忍受，漸病癒起來，繼續為眾說法。一次佛陀對阿難說：「阿難，我今年已老矣，衰耄矣，壽命將盡。我行年八十，譬如舊車方便修理，尚勉強可行。」（巴利《大般涅槃經》第二章）

一天，佛陀獨自在一棵樹蔭下靜坐，以心觀察自己「捨壽因緣」，預感將要入滅，便對阿難說：「阿難，此後三月，如來即將入涅槃。」

為了前往舍衛城祇園精舍，一日清晨佛陀著衣持缽去毘舍離乞食，食畢。從城中托缽歸來時，即回身以眼顧視毘舍離，並告訴阿難說：「阿難，此為如來之最後顧視毘舍離！」毘舍離是佛陀說法教化很深的都城之一，人民信樂佛法，有些不忍離去。

行行復行行，渡過根德格河（Gandak R.）到達波婆村（Pāvā），住息在金匠之子淳陀（Cunda）的芒果園附近。據《長阿含．遊行經》卷三記載，次日早晨，淳陀在供養的粥中，摻有一種栴檀樹耳，似為菌類，可能因為發霉的關係。南傳律中說是碎豬肉❶，佛陀食後消化不良，開始感到劇烈的腹痛，引起血痢，比前次更加嚴重，而強自堅毅忍受。淳陀見此情形，非常恐慌，深感自責，佛陀仍安慰淳陀說：「不要難過啊！淳陀，你供養的栴檀耳粥，就像當初在我成正覺前，牧羊女蘇闍多供養我的乳糜一樣，都是出於至誠至善之心，因此這是無上尊貴的供養啊！」佛陀的慈悲，更令淳陀崇敬和悲痛。

再前行，渡過尼連禪河，到達末羅族拘尸那城外的娑羅樹林，佛陀覺得不能再向前行了，便對阿難說：「阿難，請為我在那兩棵娑羅樹中間，準備睡臥的地方，我覺得很疲倦了。」阿難鋪置完，佛陀即右側吉祥臥在袈裟上，心境非常地安穩。

阿難見佛陀即將入滅，避開佛走到一處，哭泣而自念言：「現在我還是一個聲聞，未獲道果，而慈愍的導師即將入涅槃了！」佛陀知道後，便令人呼喚阿難來，對阿難慰勉說：「阿難啊！不要悲傷，也不要哭泣，我於往昔不是曾告訴你，萬物實性如此，與我們最親近者終將要與我們分離？當一物既生而形成，即具分離的必然性，不要其捨離，怎麼可能呢？且必無此理。阿難，很久以來，你以慈和善良的身行、語言、意念親近於我，心意堅定且無法計量，甚堪嘉勉。阿難啊！你當善自精勤，不久將獲得漏盡。」（巴利《大般涅槃經》第五章）

這時，有一位外道遊行者蘇跋陀羅正在拘尸那，聽說佛陀今夜三更時分將入無餘涅槃，即來求見，相信佛陀能解除他心中的疑惑。阿難因見佛陀極為疲弱，婉拒了他的打擾，爭執時而被佛陀聽到，即令阿難讓他進來求見，佛陀便為他說法釋疑，允許他出家，成為佛陀最後的得度弟子。

佛陀對阿難說：「阿難，汝等中若有人作如是思維：『導師的教言已畢，我們無復有導師。』實非如此，不應作如是觀。阿難，我為汝等所建立的法與戒，於我去世後應為汝等的導師。」「阿難，你們要作自己的明燈，皈依自己，不要尋求別的皈依，以真理為你們的明燈和皈依處，不要在別處尋求皈依。」（《大般涅槃經》第六章）這可印證佛陀住世時，從未承認自己是教團的領袖，也未選定繼承者，而告誡弟子們，只要依法奉行，持律謹嚴，然後決定遵從。

北傳《佛遺教經》中亦記載說：「是故當知，世皆無常，會必有離，勿懷憂惱，世相如是。當勤精進，早求解脫，以智慧明，滅諸癡暗……汝等比丘，常當一心，勤求出道。一切世間動不動法，皆是敗壞不安之相。汝等且止，勿得復語，時將欲過，我欲滅度，是我最後之所教誨。」

最後，佛陀安然地進入大涅槃，這是公元前五四五年（北傳佛教記載為公元前四八六年）五月的月圓之夜，人間覺者偉大的導師——佛陀，在古印度末羅國寧靜的小城拘尸那離開世間，光輝的明燈熄滅了；但法燈，就是佛陀的教誨，仍然長存在世，永遠照耀，令無量眾生獲得「滅苦之道」。

二、中國佛教古籍的記載

關於拘尸那佛教聖地，長久以來早被世人所忽視和遺忘，只有在中國早期高僧求法者西行記錄中，才發現它的名字和蹤影，為近代印度考古學家提供了重要依據，證明佛教在印度歷史上的痕跡。

拘尸那是佛陀入涅槃的地方，四大聖地之一，受到全世界佛教徒的重視和朝拜。在這裡古代曾建築了多座佛寺、佛塔等紀念物，公元前二、三世紀時，阿育王曾在此豎立二根石柱及建紀念塔，以及後代所有建築物，都在公元十二世紀遭到伊斯蘭教徒徹底的毀滅。

公元一八五二年西方學者開始在此進行發掘，時斷時續，至公元一九一二年停止，歷時六十年，取得了不少成果。現已發掘出來的遺跡有大涅槃堂（亦稱臥佛殿）、大涅槃塔、安伽羅塔和聖者殿等，以及不少佛像。現有的遺跡分散不大，比較集中；不過尚有大片遺跡仍埋在塵土之下，有待未來繼續發掘。公元二十世紀以來，在印度政府和各國佛教徒投資修復，新建了不少佛寺佛塔，薈萃各國風格。該地已成為世界佛教徒重要朝聖之地，吸引了各國的香客和遊人。

公元五世紀初，中國東晉法顯至印度求法時，在《高僧法顯傳》記載：「到拘夷那竭城（即拘尸那城），城北雙樹間希連禪河邊，世尊於此北首而般泥洹，及須跋最後得道處，以金棺供養世尊七日處，金剛力士放金杵處，八王分舍利處，此諸處皆起塔，有僧伽藍今悉現在。其城中人民亦稀曠，止有眾僧民戶。」（《大正藏》第五十一冊，第八六一頁）這表示當時已呈現荒蕪的景象。

公元七世紀上葉，玄奘來到這裡，在《大唐西域記》卷六記載說：「拘尸那揭羅國，城郭頹毀，邑里蕭條。故城磚基周十餘里。居人稀曠，閭巷荒蕪。城門東北隅，有窣堵波（塔），無憂王所建，准陀之故宅也。宅中有井，將營獻供，方乃鑿焉，歲月雖淹，水猶清美。城西北三四里，渡阿恃多伐底河，西岸不遠，至娑羅林，其樹類槲，而皮青白，葉甚光潤，四樹特高，如來寂滅之所也。其大磚精舍中作如來涅槃之像，北首而臥。傍有窣堵波，無憂王所建，基雖傾陷，尚高二百餘尺。前建石柱，以記如來寂滅之事，雖有文記，不書日月……精舍側不遠，有窣堵波，是如來修菩薩行時，為群雉王救火之處。」

「金剛躄地側，有窣堵波，是如來寂滅已七日供養之處……停棺側有窣堵波，是摩訶摩耶夫人哭佛之處……城北渡河三百餘步，有窣堵波，是如來焚身之處。地今黃黑，土雜灰炭，至誠求請，或得舍利。」（以上見《大正藏》第五十一冊，第九〇三—九〇四頁）從這段文字記載，盡管拘尸那城已破敗，而紀念佛陀的各種建築仍然很多；經過一千多年後尋找和發掘，很多東西已經蕩然無存了。

公元八世紀中葉，新羅僧人慧超也到過拘尸那，在《往五大竺國傳》中說：「至拘尸那國，佛入涅槃處，其城荒廢，無人住也。佛入涅槃處置塔，有禪師在彼掃灑，每年八月八日，僧尼道俗，就彼大設供養。」

三、拘尸那的聖跡

在拘尸那佛陀入涅槃處，至今所發現的古蹟，有下列幾處，簡介如下：

佛陀大涅槃遺址園區

拘尸那佛陀涅槃處，它現代的歷史，始自公元一八五二年英人康寧漢前往該處考察，公元一八五三年在加萊里（M. A. C. Carlyle）的監督下開始發掘工作，至公元一九一二年最後結束。現在園區內的重要遺跡，亦如其他重要佛教聖地一樣，已劃分為一個廣濶的園區，主要遺跡包括涅槃堂、涅槃塔、斷垣殘壁的僧院、記載刻文、古佛像……，在園區各處遺跡之間，修建了多條磚石行道，空地上遍植花草樹木，或綠茵草坪。

大涅槃寺

大涅槃寺（Mahaparinirvana Temple）是一所近代建築白色粉刷的小佛殿，殿內供奉著一尊由加萊里於公元一八五三年開始從希拉尼亞瓦提河床挖掘出來的長六點一公尺、寬約二公尺的巨大涅槃像。從台座的刻文推定，是公元五世紀笈多王朝的作品，屬赤砂岩的秣菟羅佛像系統，古樸而圓潤莊嚴。據說公元十二世紀時，為了躲避伊斯蘭教徒的破壞，人們將它埋在地底。後來被挖掘出來已有多處破損，加以拼合修復供奉在這裡❷。但在佛滅兩千五百年（一九五六）紀念時，緬甸人將石像漆成金色，其後西藏佛教徒又在佛身上覆蓋黃色袈裟，反而顯得失去原有藝術的自然樸素。這座巨大的涅槃雕像，是用整塊石頭做成，枕著右手側身吉祥而臥。台座長七點三二公尺、寬一點七一公尺、高零點六四公尺，台座與佛像原為一整塊之石，現改由石和磚混合砌成。在床榻基座上雕有阿難（Ānanda）、須跋陀羅（Subhadra）、末羅酋長瓦吉拉婆尼（Vajrapāni）、枕頭下方是懺悔的純陀之雕像，及另外四位不知名的信眾像，每人均是雙手合十，神情哀傷。此外，在床座上也刻了當初的捐獻者與雕刻匠的姓名：「這是摩訶寺（Mahā vihāra）哈利巴拉．薩彌（Halibala Svami）的宗教獻禮。這尊佛像雕刻者是秣菟羅的迪那（Dina）。」這一雕像形式和記載刻文的發現，非常重要，指出捐獻者及雕刻者姓名，應是公元五世紀笈多王朝時期的作品❸，涅槃寺內的佛陀涅槃像，頭部朝北，身披袈裟，後人塗上金色，即玄奘曾目見過記載的如來涅槃之像，可確定此處即為佛陀大般涅槃紀念塔。

大涅槃寺透光性極佳，在不同的時間陽光會在室內產生光影變化作用，立在不同角度，佛像會呈現出不同的表情。如從頭頂往腳部看，佛陀的表情是微微地笑著；立在中央瞻仰，就會發現佛陀的表情轉為安詳的沉思；若是從腳部往頭頂看，佛陀的面容又變得莊嚴肅穆。

在公元一八五三年加萊里監督之下開始發掘過程中，在寺院內外發現燒過的物品和人骨，這說明涅槃寺和涅槃塔等被摧毀時，事件是突然發生的。寺中居住的人，當時似乎被敵人攻擊中燒死❹。

大涅槃塔

在大涅槃寺的後方，接連著就是大涅槃塔（Mahaparinirvana Stupa），呈圓形覆缽樣式的白色屋頂，塔頂上置有三層精緻的傘蓋，極為莊嚴。現在的大涅槃寺和大涅槃塔，都是在緬甸佛教徒吳波開（U po Kya）的熱心發願下，募集了二萬盧比，將涅槃塔和涅槃寺重新修復；後來又花了一萬一千盧比為紀念塔全身鍍金，在公元一九二七年完成。大涅槃塔在未修復以前，只是一片廢墟之地，後來繼續發掘，塔中發現很多貴重物品，其中有一個銅製盤子，裡面裝滿古物，銅盤上刻有清晰的銘文，經過考古學家解讀，記載是：「這是哈利巴拉．薩彌的獻禮，這個銅盤是放在大涅槃塔內。」這與前面所說捐獻塑造大涅槃像是同一人，證明此處即是佛陀入滅紀念塔。另外還有一枚鳩摩羅笈多時代（Kumara Cupta，四一三—四五五）的銅幣。在佛滅兩千五百年（一九五六）紀念時，由印度政府再加改建，成為先前白色的樣式❺，塔高五十點九公尺，塔身上下遍體懸掛鍍金片，在陽光下金光閃爍，像一團火焰的發光。

公元一九一一年康寧漢一行人發掘，在大佛塔遺跡中，發現涅槃處有刻著婆羅彌文，三十七公分見方青銅容器，也發現描繪在兩棵娑羅樹間有石棺的赤陶印章，上面刻有「涅槃寺」，這與玄奘所記錄的幾乎完全吻合❻。

玄奘《大唐西域記》卷六記載說，大涅槃塔前尚有石柱存在，但至今還未發現任何石柱的痕跡。

在涅槃寺和涅槃塔的前方，左右有兩棵高瘦的娑羅樹（Salā），這是後人栽植的，約有三、四十年，一高一矮，表示佛陀涅槃時於娑羅雙樹間。

園區內寺塔遺址

大涅槃寺前庭院及中央參拜道上兩邊，種植了許多成排的無憂樹，長得整齊茂盛。大涅槃寺的園區，有許多散落在草地裡的磚造殘跡，這包括少數寺院的遺址及石室；也發現一些古物上的刻文，記載了大涅槃寺的修建及其他寺院的名稱。

在涅槃塔後邊有阿難尊者塔，只是一個稍大隆起的磚堆，其後還有純陀紀念塔、須跋陀羅紀念塔，這些說法是否確實，已很難考了。其他還有若干不知時代留下來的磚砌僧舍和小塔地基，也都受到保護起來。

摩他庫聖殿

在大涅槃寺南方一百尺，有一精舍遺跡上，現在建了一座小寺院，稱為摩他庫聖殿（Mathakuar Shrine），安供著一尊佛陀降魔成道觸地印黑岩坐像，高五點六英尺，此像是在一個小丘中發現，為公元五世紀左右作品，據說佛陀曾在這裡對比丘們做最後的教誨。聖殿門口有一水池，池邊種有浮水蓮花。沿著聖殿道路下去，就是各國佛教在此聖地新建的寺院了。

亦有傳說，此摩他庫聖殿為「摩耶夫人」聽到佛陀（釋尊）入滅後，從天上下來哀慟哭泣的地方。

總之，拘尸那的遺址公園，因有比丘駐錫的緣故，整理得相當清幽寧靜，整體環境保持優美潔淨。雨季時，雨水充足，池塘有各色盛開的蓮花，伴以浮萍和池邊香茅草，若經行或散步其間，不時傳來蟬音蛙鳴，令人心淨意閑。

荼毘塔

在拘尸那園區外邊東方約一公里半處，有一座荼毘塔（Ramabal Stupa），高約十五公尺，直徑四十公尺，是佛陀涅槃後荼毘之處，即火化佛陀遺體的地方，本來是天冠寺的遺跡。當地人今稱之為蘭巴爾佛塔（Rambhar Stupa），塔中貴重物品，已被盜掘一空，因在塔邊留有一條掘洞，通到塔的底部。這座塔的建築被認為不會早於公元三世紀，塔下發現有孔雀王朝時期的小僧院與殿堂殘跡，可見這是後世在更早期的佛塔地基上，再重建的紀念物。久經歲月無人照顧，塔身已破敗不堪，長滿雜樹野草，但各國佛教徒還是來到這裡朝拜，經常有人帶走一撮泥土或小磚塊做為紀念。信眾們的虔誠，也給古塔造成了損毀的災難。

在上世紀中期，有一位中國善修比丘，在塔頂一棵長得很茂盛的菩提樹上結茅蓬居住，苦修二十多年，力行禪三昧，人們稱他為「鳥巢善修和尚」，得到當地人的尊敬。後來當地政府派有專人管理，清除了塔上的雜樹野草，設置了圍欄保護起來，用人工種植一些花草樹木。不過印度人在塔身破損的地方，又用現代的紅磚去修補，或在塔旁加建些小建築物，對古蹟來說卻顯得有些新舊極不協調。

八分舍利

據經律中記載，佛陀遺體荼毘後，各國王族為了爭奪佛陀的舍利遺骨，幾乎引發戰爭，後經一位香姓婆羅門頭那（梵 Droṇa，巴 Doṇa）對集會的大眾說（《長部．第十六經》用偈頌文）：

大德們請聽我言，我等覺者說忍辱。
因分無上者舍利，彼此爭奪不相宜。

我等應融洽和好，同意舍利分八份，
各建佛塔遍四方，眾生信依具眼者❼。

說後，頭那婆羅門並將遺骨舍利分成均等八份，分別為：摩揭陀的阿闍世王、毘舍離的離車族、迦毘羅衛的釋迦族、阿羅迦波的跋離族、羅摩伽摩的拘利族、波婆的末羅族、拘尸那的末羅族，他們都屬於剎帝利種姓，吠多底波婆羅門也分得了一份，這便是佛教史上著名的「八分舍利」事件，他們紛紛帶回國建塔供養。頭那自己也留下了荼毘用的器皿；畢鉢的孔雀族人來晚了一步，只得到了柴燃後灰燼。因此最初共建了十座塔：八座是佛骨舍利塔、一座器皿塔、一座灰塔❽。

四、新建的各國佛寺

中華雙林寺

該寺在公元二十世紀上葉時由中國湖南瀏陽縣果蓮尼師發心施造。因佛陀涅槃於娑羅雙樹下，中國佛教徒在拘尸那聖地建寺，所以取名為中華雙林寺（Linh-Son Temple），經過八年多辛勞，於公元一九五六年完成。當時因中、印邊境戰爭，中國人民及佛教徒就極少至印度。雙林寺有寬大的院落，莊嚴的佛殿，佛殿旁是寮房、客堂、飯廳、廚房等。當有中國佛教徒去朝聖，大多在此寺掛單住宿。果蓮比丘尼在國內時曾遍訪各地佛教名山，後至印度朝聖，留住在拘尸那，籌建此寺。在她圓寂後，由一位越南胡志明市去印度的尼師代為管理，但她的父親是廣東人，母親是福建人。

日本佛塔

亦稱釋迦本堂，是日本日蓮宗創建的，紅磚建造，全塔為印度覆鉢式，塔頂上配有火焰型裝飾，構圖精巧，塔內是中空的，中央供奉著松日尚之製作的釋尊像，四周牆面上由芹澤銈介氏設計的十大弟子像。離開行道往北走不遠，是以本化妙宗聯盟名義蓋的祈願塔。

緬甸佛寺

緬僧是近代在拘尸那聖地最早建造佛寺，在上世紀中期，有一位北印度人，曾至斯里蘭卡研究佛學和巴利文，後來做了比丘，法名摩訶毘羅（Mahāvīra）。他回到印度後，是第一位在拘尸那建築佛寺的人，奠定了聖地佛教活動的基礎，他的俗家離拘尸那不遠。當時有另外一位緬甸比丘名旃陀羅摩尼（Ven. U Chandramani），與斯里蘭卡達摩波羅居士曾同在印度研究梵文及印度文，因受達摩波羅發願要在印度復興佛教的熱誠所感，決定留在印度拘尸那，與摩訶比爾一起工作，後來摩訶比爾去世，就繼承了他的責任。近年來此寺又在寺旁加建一座緬甸式雄偉的金塔，公元二〇〇一年六月才落成。

其他還有泰國佛寺，是較具規模的一座寺院。韓國佛寺，不是很大，寺中住有一位韓國僧人。斯里蘭卡和西藏人也建有佛寺，但詳情不甚了解。

（二〇〇六年九月初稿，二〇一三年增訂）

❶ 髻智比丘著，釋見諦、牟志京譯：《親近釋迦牟尼佛》，第三七八、四〇三頁，註七。

❷ 前田行貴著，李鳳媚、吳志揚譯：《印度佛跡巡禮》，第一一一頁。

❸ 趙伯樂、陳黎著：《走過佛國》，第九十八—九十九頁。

❹ 方之著：〈印度佛教聖跡簡介〉，收在《佛光山印度朝聖專輯》一書，第五十三頁。

❺ 方之著：〈印度佛教聖跡簡介〉，收在《佛光山印度朝聖專輯》一書，第五十一頁。

❻ 前田行貴著，李鳳媚、吳志揚譯：《印度佛跡巡禮》，第一一二—一一三頁。

❼ 髻智比丘著，釋見諦、牟志京譯：《親近釋迦牟尼佛》，第四〇〇—四〇二頁。資料出巴利《長部·第十六經》。

❽ 趙伯樂、陳黎著：《走過佛國》，第九十六頁。

參考文獻

《大正藏》第三、四、五十一、五十二、五十三冊。
前田行貴著，李鳳媚、吳志揚譯：《印度佛跡巡禮》，臺北：十方禪林文教基金會，二〇〇一年。
髻智比丘著，釋見諦、牟志京譯：《親近釋迦牟尼佛》，臺北：橡樹林，二〇〇六年。
淨海法師著：《南傳佛教史》，臺北：法鼓文化，二〇一四年。
趙伯樂、陳黎著：《走過佛國》，雲南：雲南人民出版社，二〇〇一年。
楊郁文編註：《佛教聖地隨念經註解》，臺北：甘露道出版社，二〇〇〇年。
平川彰著，釋顯如、李鳳媚譯：《印度佛教史》，嘉義：新雨雜誌社，二〇〇一年。
于凌波著：《美加華人社會佛教發展史》，臺北：新文豐出版社，一九九六年。
《佛光山印度朝聖專輯》，高雄：佛光山出版社，一九八〇年。
陳師蘭、林許文二著：《印度聖境旅人書》，臺北：柿子文化，二〇〇八年。
《佛教的聖地．印度篇》，臺灣：全佛出版社，二〇〇七年。
陳飛、凡評註釋：《新譯大唐西域記》。
許雲樵著：《天竺散記》，新加坡：青年書局，一九六四年。
《DN.14》（指巴利《長部．第十四．大本經》）

Raven-Hart: *Trod Where the Buddha*, Colombo.

Government of India: *The Way of the Buddha*, 1956.

W. Rahula: *History of Buddhism in Ceylon*.

《追蹤佛跡》（泰文）。

《印度之遊》（泰文）。

《往印度——錫蘭》（泰文）。

黃心川、釋大恩主編：《第三屆國際玄奘研討會論文集》，成都：四川辭書出版社，二〇〇八年。

鄢烈山著：《藍毘尼各國寺院一瞥》一文，出處：http://www.infzm.com/content/59908。

明賢法師：《尼泊爾的萬國佛寺》一文，出處：http://www.read.goodweb.cn/news/news-view.asp?newsid=86004。

第二篇

印尼古代佛教史考

第一章　佛教的傳入（公元二世紀初至七五〇年）

一、中印文化對印尼的影響

印度尼西亞（Indonesia），簡稱印尼，位於印度洋和大西洋之間，北緯六度南緯十一度，東經九五度至一四一度，占東南亞海島國家的大部分，由大小三千多個島嶼所組成，總面積為一九〇點四三平方公里，人口現已達兩億四千多萬。

今日印尼是一個伊斯蘭教勢力國家，這是自十三世紀後葉才開始。在這以前，佛教曾在印尼興盛達七、八百年之久，婆羅門教也很流行，可惜印尼早期歷史記載很少，或者煙沒了。現在可以根據三方面資料來補充印尼古代佛教史的重建：一是中國古籍中的一些記錄，二是印度古典文學詩歌中的傳說，三是印尼及東南亞古代遺跡及碑銘的發現，經過現代學者對印尼古代史的研究考證。依據這三方面資料來編寫這篇《印尼古代佛教考》，當然也不太可能求得其史實完整性和時間連貫性。

公元前三世紀，印度阿育王為了統一全印，將勢力伸向南印度，攻打羯陵伽國（Kalinga），在公元前二六一年攻克羯陵伽時，屠殺了十五萬士兵，俘虜為奴亦約十五萬人。這使得羯陵伽人大批逃亡到外國去，據稱有逃到下緬甸得楞族的，與當地孟族人混血起來；也有逃亡到馬來西亞和蘇門答臘北部的，與當地的部落居民混血起來。印度人以蘇門答臘為金洲，以印度支那半島為金地。這一戰爭打開印度人向東南亞移民運動，開闢與中國的貿易往來，跟著佛教和婆羅門教也傳到東南亞[1]。

印尼古代史無可考。但因東南亞介於中、印兩大國之間，為古代中、印海上交通所必經之地，印尼為重要中心地點之一。到公元一世紀前後，中國人和印度人已抵達印尼，建立了外交和商業的關係，公元一世紀初，印度教和佛教已傳入印尼[2]。中國通過使節不斷地往返，而印度移民卻直接帶進他們的文化和宗教，因此在早期的印尼史上，曾先後建立許多個印度化國家，影響最為深遠。

中國與印度的交通，起源極早。尤以佛教的傳入，自漢朝以迄唐代，其所經通道，不外乎西域和南海兩道。今就南海而言，當時我國高僧往印度求法，或由南方來華譯經的外國沙門，其行程多經海道。中國史籍中所稱的南海或南洋，大致即指現在的東南亞一帶。

印度人對東南亞的認識，在公元前二世紀完成的《羅摩衍那》（*Rāmāyana*）史詩中，就記有大麥島（Yava-dvīpa）和金銀島（Suvrṇa-rūpyaka-dvīpa）二地名[3]。據學者考證，前者指今日印尼的爪哇（Java）或蘇門答臘（Sumatra），後者指今日緬甸至馬來亞一帶。到公元一、二世紀，印度移民更開始大量湧入東南亞，從事商業活動和文化宣揚。

史詩中所稱的大麥島，是由梵文 Yavadvīpa 組成：Yava 譯為穀粒、大麥，dvīpa 譯為島、嶼、洲，合譯為大麥之島。這可能是印度人初到印尼時，見到島上有長著許多麥粒而起的名稱。又梵文 Yavadvīpa，古爪哇語轉讀為 Javadvipa，所以後來 Java 中譯為爪哇。

據萊佛士所著《爪哇史》（*History of Java*）記載印尼古代建國傳說：「訶陵（Kling，即 Kalinga）昔曾遣戶口二萬往爪哇島，彼等既至，人口增加，日趨繁榮，其時人民尚未開化❹。」訶陵建國約在公元初，建國者是來自南印度的羯陵伽（《大唐西域記》作羯餕伽）族人，因印度人移殖到外國時，常以本國地名為新到之地所起名稱。所以現在印尼人仍有沿稱印度人為羯陵伽人。

另據《爪哇史》傳說：公元七十八年有一印度人阿提沙迦（Ādisāka）至爪哇，統一全島，為第一位開國君主❺。

公元前二世紀至公元二世紀，佛教在印度興起，而婆羅門教仍舊盛行，在南印度的羯陵伽及注輦（Coḷa，亦譯朱羅）等地，則為婆羅門教勢力的根據地，佛教徒常受到壓迫。當南印度人移居印尼（等地）時，自然就帶進了他們的婆羅門教，據此推測這是婆羅門教比佛教傳入印尼更早的原因。

但現代學者研究認為，是佛教先傳入，之後則為婆羅門教，因為婆羅門教注重師承及種族階級，這可從印尼古代遺物考察出來。由於阿育王統一印度後，以佛教為國教，乃傳播佛教於海外。據斯里蘭卡《大史》記載，阿育王曾派遣九組僧團赴外地傳教。其中有摩哂陀至斯里蘭卡，須那（Soṇa）與鬱多羅（Uttara）二人到金地。金地有學者指出大約是現在的緬甸、泰國至馬來亞一帶。在印尼從遺物中考察首先傳入的也是佛教，之後才為婆羅門教，再後是佛教與婆羅門教混合並存❻。

中國與東南亞海上的交通，為時很早；有關和印尼的來往，首先記載的是《後漢書．南蠻傳》卷一一六：「順帝永建六年（一三一）日南徼外葉調王便遣使貢獻，（帝）賜調金印紫綬❼。」這裡的葉調，即爪哇島，是梵文Yavadvīpa的對音。其後如《高僧法顯傳》稱耶婆提，《宋書》作闍婆婆達，《高僧傳》作闍婆，都可與梵文對音。直至元代《島夷志略》一書，才新譯為爪哇。這些不同的譯名，在歷史上都泛指現在印尼的爪哇或蘇門答臘，這因為政治勢力和國土範圍，時常有發生變動。古時亦有稱爪哇島為大爪哇，蘇門答臘為小爪哇。這在以下文中，還要提到這些不同的譯名。

公元二世紀後葉，希臘地理學家陀利彌（Ptolēmēe）著《地理志》（*Gesgraphike Syntaxis*）一書，卷五至卷七志亞洲地理，卷七中說：「耶婆調（Iabadiou）此言大麥島，地土饒沃，多產金。」此耶婆調一名，與梵文 Yavadvīpa 對音亦相合❽。

公元三九二年，迦留陀伽在東晉譯出的《十二遊經》中說：「海中有二千五百國……五國王，一王主五百城……第一王名斯黎國，土地盡事佛，不事眾邪。第二王名迦羅……第四王名闍耶（即爪哇），土地出華茇胡椒。」這是佛經中最早提到南海中的爪哇❾。據學者考證，這些在海中的國家，斯黎國或即斯里蘭卡，全國信佛。迦羅（Kala）即馬來半島的吉打。闍婆則為爪哇無疑，因華茇，即為長胡椒，是爪哇的出產❿。

在印尼曾發現各種不同的佛陀像，在爪哇的任抹發現一尊銅像，高四十二公分。還有一尊更大佛像，在蘇拉威西的西海岸錫肯登地方發現，從頭部至大腿有七十五公分。在巴鄰旁（Palembang）附近的西貢唐山上發現一尊佛陀石像。這些佛像藝術風格是屬於公元二、三世紀印度阿摩羅鉢底派（Amarāvatī）的作品。如果說這些銅佛像是在三世紀以後從外地帶來，而巨大的石佛像，依當時情形則不可能從印度用船運來⓫。

印尼最古老的國家，除前述爪哇的訶陵以外，還有從碑銘可證知的兩個古國，其一是在加里曼丹的古戴王國，其二是在西爪哇的多羅磨王國。在古戴王國一帶發現有公元四世紀的四塊石碑，這些石碑用梵文記載了一個由印度人或印度化的王族統治的國家。國王以印度式名字結尾為跋摩（Varman），記述了兩次由祭司們提供的婆羅門教的獻祭，還記述了國王慕拉跋摩賜給僧侶土地二百零一畝與黃牛一千頭，這裡的僧侶是指婆羅門。銘刻用的為南印度文字，與統治東南印度的跋羅婆王朝（Pallava，公元三〇〇至八〇〇年）所用的格蘭塔字母（Grantha Alphabet）基本一樣，而中心在印度馬德拉斯一帶，盛行婆羅門教，以濕婆教為主，碑銘中未提到佛教。

其次，約在公元四〇〇年，印尼最早古國多羅磨（Taruma）建立，據有西爪哇沿海一帶；因在茂物（Bogor）附近的巴都都里斯（Batutulis）發現一塊巖石，上面刻有二足印，並附梵語銘文說：「此乃以忠誠無敵之多羅磨國補羅那跋摩（Pūrṇavarman）陛下之御足印跡。陛下爰舉義師，助摧敵。」從這簡短的刻文，可知當時印尼的西爪哇，有好幾個國家，時常戰爭，而以多羅磨國最強。並且國王補羅那跋摩為一梵名，來自印度，或是早期印度人移往爪哇的貴族後裔⓬。

多羅磨國信奉婆羅門教，今雅加達海口附近的杜固（Tugu），亦發現補羅那跋摩王豎立一塊石碑，紀念開鑿運河的事，灌溉無數良田，國王曾布施一千頭黃牛給婆羅門僧人，表示向神謝恩，所祭之神為毘濕奴（Viṣṇu，印度教三大神之一，司守護）⓭。

佛教也在公元一世紀時傳入印尼，在蘇門答臘的巴鄰旁（亦譯巨港）、爪哇和蘇拉威西，都曾發現三世紀前的印度風格的銅佛像和石佛像⓮。在加里曼丹卡普斯地區，發現一幅在岩壁上的佛塔雕刻畫，雕刻得十分優美，畫裡還有些梵文，是用五世紀跋婆羅字體書寫的，其中有些佛教經典的句子。同樣在中爪哇的馬吉冷區梅巴巾附近，有一條土克馬斯河，在上游的岩壁上刻有大約是五世紀梵文跋婆羅字體的宗教頌讚，其意說：「這條淨潔的河水，是來自岩石和有許多白蓮花的沙洲。它從這裡經流出來，已經成為一支導引灌溉河渠……像恆河一樣。」並且在岩上還刻有三齒輪、淨瓶、法螺、法輪和開放著的蓮花，這些是受到佛教影響的產物⓯。

後魏楊衒之《洛陽伽藍記》卷四曾記有南海中有歌營國云：「南中有歌營國，去京師甚遠，風土隔絕，世不與中國交通，雖二漢及魏，亦未曾至也。今始有沙門焉子菩提拔陀（Bodhibhadra，亦有稱佛陀跋陀羅〔Buddhabhadra〕，中譯覺賢）至焉。自云：北行一月至勾稚國，北行十二日至孫典國。從孫典國北行三十日至扶南國，方五千里，南夷之國最為強大，民戶殷多，出明珠、金、玉、及水精（晶）、珍異，饒檳榔。從扶南國北行一月至林邑國。出林邑，入蕭衍（梁武帝）國。」歌營亦稱加營，這個國家或有佛教的存在，但地理位置尚未考定確實，伯希和、馮承鈞認為是爪哇，許雲樵、王任叔認為是蘇門答臘，藤田豐八等認為是在南印度⓰。按佛陀跋陀羅於後秦弘始十年（四〇八）頃已抵達長安，由此看來，菩提拔陀到達歌營，又略早於法顯到達耶婆提（Yavadvipa，即爪哇）數年。後在廬山慧遠處數年，譯出《達摩多羅禪經》。義熙十一年（四一五）至南京，翻譯佛經，與法顯合譯《摩訶僧祇律》、《大般泥洹經》，又獨譯出《大方廣佛華嚴經》六十卷等，凡十三部，一二五卷[17]。

法顯法師，於晉朝隆安三年（三九九），遵陸路往印度求法，在外十五年，義熙十年（四一四），循海道歸國。他於東晉義熙八年（四一二）離開斯里蘭卡歸國途中，遇到颶風，船漂至耶婆提，也有人推測或許在印尼的加里曼丹或蘇門答臘，總之都不出印尼一帶。《高僧法顯傳》記述如下：「即載商人大船，上可有二百餘人……如是大風，晝夜十三日，到一島邊，潮退之後，見船漏處，即補塞之。於是復前……九十日許，乃到一國，名耶婆提（Yava- dvipa）。其國外道婆羅門興盛，佛法不足言。停此國五月日，復隨他商人大船……東北行趣廣州[18]。」

從上面碑文和《高僧法顯傳》記載，在公元四一二年前，當時印尼的爪哇、蘇門答臘等地，是盛行婆羅門教，佛法不足言。可以推知，佛教已經傳入，但未得到發展，是屬於少數，影響力不大，而婆羅門教興盛，所以才說佛法不足言。大約到了五世紀，佛教才逐漸獲得發展。

二、小乘佛教的傳入

在法顯法師之後，有罽賓國（Kaśmir，今克什米爾）三藏法師求那跋摩（Gunavarman）

抵達印尼，度化王母及國王皈依佛教，佛法就開始盛行起來。依《高僧傳》卷三〈求那跋摩傳〉記述如下：「求那跋摩，此云功德鎧……二十出家受戒……至年三十……辭師違眾，林棲谷飲，孤行山野，遁跡人世。後到師子國（斯里蘭卡），觀風弘教，識真之眾咸謂已得初果，儀形感物，見者發心。後至闍婆國（Yava），初未至一日，闍婆王母，夜夢見一道士飛舶入國，明旦果是跋摩來至。王母敬以聖禮，從受五戒。母因勸王曰：宿世因緣，得為母子，我已受戒，而汝不信，恐後生之因，永絕今果。王迫以母勅，即奉命受戒，漸染既久，專經稍篤。頃之鄰兵犯境，王謂跋摩曰：外賊恃力，欲見侵侮，若與鬥戰，傷殺必多，如其不拒，危亡將至，今唯歸命師尊，不知何計。跋摩曰：暴寇相攻，宜須禦悍，但當起慈悲心，勿興害念耳。王自領兵擬之，旗鼓始交，賊便退散，王遇流矢傷腳，跋摩為咒水洗之，信宿平復。王恭信稍殷，乃欲出家修道，因告群臣曰：吾欲躬棲法門，卿等可更擇明主。群臣皆拜伏，勸請曰：王若捨國，則子民無依，且敵國凶強，恃險相對，如失恩覆則黔首奚處，大王天慈，寧不愍念，敢以死請，申其悃愊。王不忍固違，乃就群臣請三願，若許者當留治國。一願凡所王境，同奉和尚；二願盡所治內，一切斷殺；三願所有儲財，賑給貧病。群臣歡喜，僉然敬諾，於是一國皆從受戒。王後為跋摩立精舍，躬自引材，傷王腳指，跋摩又為咒治，有頃平復。導化之聲播於遐邇，鄰國聞風，皆遣使要請。時京師名德沙門慧觀、慧聰等，遠挹風猷，思欲餐稟，以元嘉元年（四二四）九月，面啟文帝，求迎請跋摩。帝即敕交州刺史，令汎船延致觀等。又遣沙門法長、道沖、道儁等往彼祈請，並致書於跋摩及闍婆王婆多伽（Wathaga）等，必希顧臨宋境，流行道教。跋摩以聖化宜廣，不憚遊方，先已隨商人竺難提船，欲向一小國，會值便風，遂至廣州……元嘉八年（四三一）正月，達於建鄴（今南京）⑲。」

從上面引文中，我們可以知道在公元五世紀初，求那跋摩至印尼傳播佛法，是非常成功的，得到王母和國王婆多伽的皈依，求受五戒，建立精舍，護法弘揚佛法，最後全國人民都信佛受戒了。

但依王任叔著《印度尼西亞古代史》說，求那跋摩由印度到斯里蘭卡轉程至闍婆（爪哇），時在公元三九六年，在闍婆已住了二十年左右，勸說闍婆國王信佛。這一闍婆國，大概不在蘇門答臘，因為在這時期，蘇門答臘的佛教國家，在南部有呵羅單、幹陀利，在北部有婆利，而求那跋摩勸說闍婆國王改信佛教，必是沒有佛教的爪哇，闍婆也成為中爪哇第一個佛教國家。求那跋摩於四二四年離開闍婆國，隨商人竺難提船船，稍後抵達廣州⑳。

公元四三五年，印尼曾派遣使者來中國宋朝入貢，《宋書・闍婆婆達》卷九十七說：「闍婆婆達國，元嘉十二年（四三五）國王師黎婆達拖阿羅跋摩遣使奉表曰：宋國大主大吉天子足下，敬禮一切種智，安隱天人師，降服四魔，成等正覺，轉尊法輪，度脫眾生，教化已周，入於涅槃，舍利流布，起無量塔，眾寶莊嚴，如須彌山，經法流布，如日照明，無量淨僧，猶如列宿……王有四海，閻浮提內，莫不來服……我雖在遠……常遙臣屬……今奉微物，以表微心。」表文之中，多用佛教之語，可證知當時闍婆王是信仰佛教的。

考闍婆婆達國名，稍晚的《高僧傳》卷三始去其衍文「婆達」而稱闍婆（Yava，轉讀 Java），或稱闍婆達（Yavadvipa，Javadvipa）亦可，「婆」字為重出。同時在宋書中又記載，在闍婆王師黎婆達拖阿羅跋摩奉表之前後，又有訶羅單國、槃皇國、槃達國，數往中國朝貢，可證當時印尼不止一個國家。

《宋書．訶羅單》卷九十七記載，公元四三〇至四五三年通使中國，說它統治闍婆洲，那麼這個國家不是在爪哇，就是在蘇門答臘。它是一個佛教國家，因為在一些表文中常使用「如來」、「舍利」、「正覺」、「須彌山」等詞。這個訶羅單在三世紀時，也許是合併了歌營和諸薄兩國，是在占碑和巴鄰旁一帶㉑。

《宋書》卷九十七，記載在公元四五五年，南海有幹陀利國派使者通好中國，至五二〇年復遣使貢獻方物。這個幹陀利大致肯定在巴鄰旁一帶，起初可能是印度人的一個商業居留地。公元二、三世紀時，已有佛教的傳播，如前所說在巴鄰旁的西貢唐山上已有巨大的石佛像，具有阿摩羅缽底的藝術風格，而為當地的印度石工所雕刻的，不可能從印度運來。《梁書．幹陀利傳》卷五十四說它或者不久之後，竟征服訶羅單有之，在南海洲上，其俗與林邑、扶南同。可能是印度人建立的佛教國家[22]。

前節中所說的訶陵國，到了公元六四〇年，在中爪哇日漸強盛起來，為諸國之首。《新唐書．訶陵傳》卷二二二說：「訶陵（Kling，即羯陵伽 Kalinga）亦曰闍婆（Java）、曰社婆（Java），在南海中，東距婆利（Bali，今峇里），南瀕海，北真臘（Kamboja，今柬埔寨）……王居闍婆城，其祖吉延東遷於露伽斯城，旁小國二十八，莫不臣服[23]。」

公元七世紀時，曾在印度那爛陀寺大學任教三十年的達摩波羅（Dharmapāla），從康居到蘇門答臘弘法[24]。

訶陵為一印度化國家，當時佛教已流行，以小乘為主，依唐義淨法師所著《大唐西域求法高僧傳》一書可獲得證實，今節錄其中經印尼求法的高僧如下：

有新羅僧二人，自長安出發，後汎舶至室利佛逝國（Śrivijaya，初建國蘇門答臘島的勃淋邦 Palembang，今巴鄰旁）西婆魯師國（蘇島西岸），遇疾同亡。

常慜禪師，并州人，附舶往訶陵國（Kalinga，Java），又往末羅瑜（Malāyu，今蘇島中部的占碑），欲詣印度，途中舟沉身亡；有弟子一人亦同亡。

明遠法師，益州清城人，先至交趾，得交州人窺沖為弟子，同船至訶陵國，次至斯里蘭卡和印度。後在印度而終。

會寧律師，成都人，麟德年中（六六四—六六五），汎舶至訶陵（宋《高僧傳》二，亦作波淩），停住三載，與訶陵國多聞僧人若那跋陀羅（Jñānabhadra，此云智賢），共譯《大般涅槃經後分》（二卷），遂令小僧運期奉表齎經往中國，後還訶陵，回復智賢、會寧，於是會寧方往印度，後客死。

運期法師，交州人，與曇潤從智賢受具。旋迴南海十餘年，善崑崙音㉕，頗知梵語，後便還俗，住室利佛逝國。

曇潤，洛陽人，南行交趾，欲往印度，船舶至訶陵北渤盆國，遇疾而終。

彼岸、智岸二法師，同是高昌人，少長京師，後欲往印度，與使人王玄廓（應是王玄策之訛）相隨，汎船海中，遇疾而亡。所帶漢本瑜伽等經論，留在室利佛逝國。

無行禪師，江陵人，與洛陽智弘律師為伴，汎船至室利佛逝國。國王見大唐天子處來，倍加欽敬。後乘王舶，經十五日達末羅瑜州，又十五日到羯荼國（Kedah，今馬來西亞之吉打），後至印度。

以上節錄求法高僧十四人：計新羅二人，中國九人，交趾二人，訶陵國一人㉖。他們比義淨時間稍早。所應注意的，當時印尼（訶陵）有一位多聞博學高僧若那跋陀羅

（智賢），及室利佛逝國王對華僧的禮敬，可見當時印尼佛教的盛行。

義淨法師，年十五便萌志西遊求法，至三十七乃成行，咸亨二年（六七二）初發足番禺（今廣東省縣名），得法侶數十人，及將登舶，餘皆退罷，淨奮勵孤行，備歷艱險，經二十五年，歷三十餘國，於證聖元年（六九五）歸國㉗。

《大唐西域求法高僧傳》卷下記述行程說：「於時咸亨二年（六七一）……至十一月遂乃面翼軫，背番禺……未隔兩旬，果之佛逝（Śrivijaya，今 Palembang），經停六月，漸學聲明，王贈支持，送往末羅瑜（Malāyu，今 Jambi；原註說：今改為室利佛逝也）。復停兩月，轉向羯茶（Kedah），至十二月舉帆還乘王舶，漸向東天矣。從羯茶北行十日餘，至裸人國（Nicobar 島）……從茲更半月許，望西北行，遂達耽摩立底國（Tāmralipti），即東印度之南界也……十載求經，方始旋踵言歸，還耽摩立底……過羯茶國，所將梵本三藏五十萬餘頌，唐譯可成千卷，權居佛逝矣。」

同書卷下貞固傳說：「淨於佛逝江口升舶……遂以永昌元年（六八九）七月二十日達於廣府……所將三藏五十萬餘頌，並在佛逝，終須覆往……有僧貞固……斯為善伴……即以其年十一月一日附商舶去番禺，望占波（越南）而陵帆，指佛逝以長驅。」

從上面兩段引文中，我們可以考察義淨往印度求法，曾三次在印尼（佛逝國）停留，時間共達十年以上：第一次於公元六七一年冬自廣州出發，在佛逝經停六月，先學聲明（梵文），至次年十二月乘王船往印度。第二次在求經十載後，經還佛逝權居，約在公元六八三至六八九年之間，然後返廣府。第三次六八九年再往佛逝，目的為取回三藏經論，至公元六九五年始歸國。

義淨法師在佛逝居留十年以上，對當時南海各國情形，尤其是佛教，必知道很詳細，可惜沒有留下專書記載。但我們從他所著的《大唐西域求法高僧傳》和《南海寄歸內法傳》兩書中，仍可獲得概要的描述。

首先關於室利佛逝國（Śrivijaya）的起源，有一考察的必要。室利佛逝譯名不一，或作尸利佛逝，或簡作佛逝（《唐書》）、佛誓（《冊府元龜》），或作三佛齊（《宋史》）等。室利佛逝為蘇島一印度化古國，公元五、六世紀常遣使朝貢中國；一般學者認為初建國於蘇島巴鄰旁；至七世紀後葉，勢力漸強大，向外擴張，征伐巴鄰旁，公元六七二年，室利佛逝之名，才為義淨所知。其次也可從出土四塊碑銘獲得證實，碑刻是用爪哇語（亦稱古馬來語），為一種梵文和古爪哇語的混成文字，但字體很近一種南印度文。

第一塊碑銘是在巴鄰旁附近凱杜肯布吉（Kedukan Bukit）出土，刻文記述為六八三年，國王於四月十三日出兵二萬，乘船向末羅瑜（今占碑）進攻，至五月八日戰勝㉘。

第二塊碑銘是公元一九二〇年於巴鄰旁之西塔廓土島（Talang Tuwo）發現，誌明立於公元六八四年正月十七日，敘述闍耶那沙王（Jayanāśa）曾命令建一所「祇樹給孤獨園」（即僧人莊園，亦有譯放生園），名叫室利剎多羅（Śrīkṣetra）。碑上並附有祈願文；「一切眾生，常行布施、持戒、忍辱，修習精進、禪定、智慧。」又說：「彼等正見堅固，得大士金剛身（Mahāsattva vajraśrīra）、無比力，勝利、宿命智、諸根不缺，身相完滿、安樂、欣悅、安靜、正直、梵音。又彼等生男子，皆獨立生存；成如意珠寶藏（Cintāmaṇinidhāna）；戰勝生（死）、業、煩惱，成無上現正等覺。」從祈願文考察，當時室利佛逝亦流行大乘佛教。而且這種僧人莊園的出現和組織，似乎是從室利佛逝國開始，尤盛行於八、九世紀的爪哇，是屬不納稅的自由土地區，以供給出家人生活[29]。

又有學者從碑文中證知，公元六八三至六八四年間，闍耶那沙王虔信佛教，熱心佛教教育，曾正式皈依三寶[30]。

另兩塊碑文，都是公元六八六年立，一在占卑發現，譴責邦加島（Banka）等地，藐視王法。一在邦加島出土，記述闍婆國（中爪哇）不肯輸誠，室利佛逝誓師越海征討。

現在我們再來回顧義淨法師在印尼所見的佛教情形，《南海寄歸內法傳》卷一記當時印度及南海佛教，主要分為四部，即大眾部（Mahāsaṅghika）、上座部

（Sthaviravāda）、根本說一切有部（Mūlasarvāstivāda）、正量部（Sammatīya）。關於南海佛教又說：「然南海諸洲有十餘國，純唯根本有部，正量時欽，近日已來，少兼餘二。（原註云：從西數之，有婆魯師洲、末羅遊洲〔即今尸利佛逝國是〕、莫訶信洲、訶陵洲、呾呾洲，盆盆洲、婆里洲，掘倫洲、佛逝補羅洲、阿善洲，末迦漫洲，又有小洲，不能具錄，斯乃咸遵佛法，多是小乘。唯末羅遊少有大乘耳。諸國周圍，或可百里，或數百里，或可百驛，大海雖難計里，商舶串者准知[31]。）」

依日人高楠順次郎英譯《西域南海求法高僧傳》（J.Takakus: *A Record of the Buddhist Religion as Practised in India and the Malāy Archipelago*. 1896），其中「導言」第三十九頁解說國名及推定方位如下：婆魯師洲（Baros）在蘇島的西岸；末羅遊洲（Malāyu，即室利佛逝）在蘇島東岸的巴鄰旁一帶；莫訶信洲（Mahasin）在爪哇中部；呾呾洲（Kelantan）是今馬來西亞吉蘭丹；盆盆洲（Pranpuri）在汶萊島南岸；婆里洲（Bali）即今峇里島；掘倫洲（Gurun）在孟加錫海峽之沿岸中心地方；佛逝補羅洲（Vijayapura）在汶萊島北岸；訶善洲在汶萊島東北岸；末迦漫洲在汶萊島東北岸中部[32]。

義淨居住於佛逝期間（六八七—六九五），在《南海寄歸內法傳》卷一中，對南海諸洲情況頗有所報導外，同時對南海半島（印支半島）各國，亦略有提及，同書卷一註中有云：「從那爛陀東行五百驛，皆名東裔，乃至盡窮，有大黑山，計當吐蕃（西藏）南畔。傳云：是蜀川西南行可一月餘，便達斯嶺。次此南畔，逼近海涯，有室利察呾羅國，次東南有郎迦戍國，次東有社和鉢底國，次東極至臨邑國，並悉極遵三寶㉝。」室利察呾羅國在緬甸勃朗和庇古一帶，大致指下緬甸；郎迦戍國即狼牙修國，在馬來西亞吉打和吉蘭丹及泰國南部；社和鉢底國即墮羅鉢底，在泰國中部華富里和佛統一帶；臨邑即林邑，在越南南部古占婆國。

再考義淨所譯《根本說一切有部百一羯磨》卷五中夾註說：「從斯（南印度）兩月汎舶東南到羯荼國（馬來西亞之吉打），此處佛逝……到末羅遊洲，今為佛逝多國矣……又南海諸洲咸多敬信，人王國主崇福為懷。此佛逝廓下僧眾千餘，學問為懷，並多行鉢，所有尋讀，乃與中國（此指印度佛化的中國）不殊，沙門軌儀，悉皆無別。若其唐僧，欲向西方為聽讀者，停斯一二載，習其法式，方進中天，亦是佳也㉞。」

又《南海寄歸內法傳》卷四敘述印度、中國各地著名三藏法師，其中有：「南海佛逝國，則有釋迦雞栗底（Śākyakīrti，中譯釋迦稱）（原註云：今現在佛誓國），歷五天而廣學矣。」當時有很多學僧前往研究佛法；義淨亦曾親筵學習㉟。釋迦雞栗底與當時印度羯羅陀寺、那爛陀寺大德齊名，並通因明、瑜伽、中觀、有部諸學，著有《手杖論》，公元七一一年，義淨譯成中文一卷，現存《大正藏》第三十二冊，第五〇五—

五〇七頁[36]。同書又說南海十洲，齋供更比（印度及華夏）殷厚[37]。南海諸國，亦有尼眾，居尼寺，並皆乞食資身，居貧守素，但利養稀少[38]。

《大唐西域求法高僧傳》中，與義淨同在佛逝，或有法侶關係者，記有五人。

大津法師，澧洲人，公元六八三年振錫南海，汎船達尸利佛逝。停留多年解崑崙語，頗習梵書。公元六九一年五月十五日，義淨遣其歸國，附新譯《雜經論》十卷，《南海寄歸內法傳》四卷，《大唐西域求法高僧傳》兩卷。

貞固律師，鄭地滎州人，公元六八九年，與義淨同往佛逝，收取所齎梵本；公元六九五年同返廣府。

貞固弟子一人，俗姓孟，名懷業，隨師至佛逝，解崑崙語，頗學梵書，後戀居佛逝，不返番禺。

道宏者，汴州雍丘人，與義淨、貞固等共至佛逝；同返廣府。

法朗者，襄陽人，隨義淨同舶至佛逝。學經三載，梵漢漸通，往訶陵國，在彼經夏遇疾而卒[39]。

綜觀前文，可得知一概要。自公元四二四年（可能更早些），罽賓（亦稱迦濕彌羅）國求那跋摩至印尼遊化，佛法遂開始盛行。再從義淨各種著錄，及印尼本身出土碑文，得知室利佛逝於七世紀後葉，乃漸強盛，為南海各國中稱雄，勢力範圍包括今日印尼本國各島，亦伸展至馬來半島和婆羅洲。而當時十餘洲（國），咸遵信佛法，多是小乘，且以根本有部為主，正量部亦受到尊敬，亦兼研究大眾部和上座部。其中室利佛逝佛法更是興盛，僧眾千餘人，以研究教理為重，且有一位著名三藏法師釋迦雞栗底，當時有許多僧人前往親近就學。義淨更勸誡中國西行求法華僧，應先停經佛逝（印尼）一、兩年，學習軌儀及梵文，然後再往印度，可見當時佛教的盛況。

三、大乘佛教的傳入

如前面所述，義淨說南海諸國，「斯乃咸遵佛法，多是小乘；唯末羅遊少有大乘耳」。此一末羅遊，在室利佛逝未強大前，應為一獨立國家，位置在今蘇島占碑（Jambi，載籍作詹卑）。曾在公元六四四年遣使至中國進貢，據《冊府元龜》記載：「貞觀十八年（六四四）十二月，摩羅遊國遣使貢方物[40]。」此摩羅遊，應即義淨所說之末羅瑜（或末羅遊）。義淨約在六七二年，由佛逝至末羅瑜，停留兩月。此外求法高僧經末羅瑜的，還有常愍、無行、智弘等。

義淨記述南海諸國，多是信奉小乘，唯末羅遊少有大乘，可見大乘佛教亦由印度傳入當時印尼的占碑等地。末羅瑜的衰亡，是由於室利佛逝的興起。前節第一碑文，曾證明室利佛逝國王於六八三年發兵二萬，而戰勝末羅瑜。《南海寄歸內法傳》亦說：「末羅遊洲，即今尸利佛逝國是。」證明已被兼併。

又今日考古發掘所得的證據，末羅瑜和室利佛逝二國，當時中心地是在占碑和巴鄰旁，已無疑義㊶。如果前者被後者所吞滅，並占有其土地，則大乘佛教亦在室利佛逝繼續流傳。

再證之前節第二塊碑銘祈願文，修學六波羅蜜，而至最後證得無上現正等覺，這都是大乘佛教思想的傳播。尤其有「大士金剛身」等語，更與密宗有關係。

同時在布吉西甘坦（Bukit Seguntang）一地發掘出一尊南印度樣式的大佛像，下面亦刻有如前節第二碑銘的祈願文，亦可證明室利佛逝有大乘佛教的流傳㊷。

義淨在《南海寄歸內法傳》的〈受齋規則〉說，南海諸洲供僧的情況，比印度更為豐盛。他說南海齋僧習俗，於前一天便送來「檳榔一顆及片子、香油並米屑少許」。還用金瓶盛水，灑洗於地。第二天則「擊鼓樂，設香花，延請尊儀。棚車輦輿，幡旗映日，法僧雲奔，引至家庭」。家中擺設極為華麗，「張施帷蓋，金銅尊像，瑩飾皎然，塗以香油。」於是「盛設香燈」，請和尚上座說法。第三天又請僧人往家供齋，肴饌至少也有二、三十種。並說「此乃貧窶之輩也。若是王家及餘富者，並授銅盤銅碗及葉器，大如席許。肴饌飲食，數盈百味。國王乃捨尊貴位，自稱奴僕，與僧授食，虔敬徹到」。據稱供食如有剩餘，僧人有隨從者可帶回住處[43]。

密宗傳入印尼，始於何時不可考。但來中國傳密宗之金剛智，曾經室利佛逝等國。《宋高僧傳》卷一〈金剛智傳〉說：跋日羅菩提（Vajrabodhi），此云金剛智，南印度摩賴耶國（Malaya）人。遍聽十八部律，學小乘諸論，及瑜伽三密陀羅尼門，全通三藏。曾遊至獅子國，登楞伽山，泛海東行佛誓裸人等二十餘國，公元七三二年卒於洛陽，年七十一。

又阿目佉跋折羅（Amoghavajra），此云不空金剛，略稱不空，北印度人。幼隨叔父來中國觀光，年十五師事金剛智。智歿，空奉遺旨令往五印度及獅子國。公元七四三年冬，與弟子含光、慧辯等二十七人附舶經訶陵而達獅子國，久遊五印度境。公元七四六年返京，公元七七四年卒，年七十[44]。

金剛智和不空，當時經過佛誓、訶陵等國，當然會在沿途各地傳播密教。因此，我們從各種記載推測，其時室利佛逝國境內，分別有小乘佛教、大乘佛教和密宗流行，但以小乘根本有部為主；同時婆羅門教亦存在。

本章敘述古代印尼佛教的情形，大多是根據中國史籍，特別是佛教史傳部分，為最珍貴的資料。至於佛教怎樣由印度傳入印尼，或當時所稱的南海諸國，現在再做一簡單的探討。

公元二、三世紀，印度佛教正興，位於印度東岸基斯特那河（Kistna R.）流域的古國案達羅（Andhra），為南印度人所建，是當時向外國傳布佛教的中心。公元三世紀前葉，案達羅滅亡，印度東南跋羅婆國（Pallava）興起，據建志補羅（Kāñcīpura）為都城，亦為當時佛教中心。而移殖東南亞的印度人，大多是印度東南隅之人。在公元五世紀時，建志補羅小乘佛教更盛行，印度佛教文化和藝術，由建志補羅越過孟加拉灣而向東南亞傳播。跋羅婆國人在東南亞勢力的影響直至公元七五〇年止。求那跋摩出生及出家於迦濕彌羅（罽賓），向為有部學派重地，求那跋摩雖然學通大、小乘三藏，但推測可屬小乘有部系統，所以公元五世紀初前後抵闍婆開教，弘揚根本有部教義。義淨抵爪哇時，各洲已咸遵佛法，多是小乘，而純以根本有部為主。至於義淨多種譯著，尤與迦濕彌羅有部系（根本有部）有深切關係。公元七五〇年前後，爪哇大乘佛教漸興，則是傳自東印度的波羅王朝（Pāla）[45]，到下章再做敘述。

❶王任叔著：《印度尼西亞古代史》上冊，第二五三頁。

❷《簡明不列顛百科全書》中譯本，第九卷，第五九八頁。

❸《羅摩衍那》（Rāmāyana）為印度二大史詩之一，長二萬四千頌，分為七章。第四章四十．三十中

記載：「至大麥島七寶莊嚴，金銀島金礦為飾。」又說：「大麥島有七個國家，富於金礦。」見許雲樵著《南洋史》上冊五十三頁。及龍山章真著：《南方佛教的樣態》（日文），第二三七頁。此二史詩中的地名，有學者將前者 Yavadvipa 譯為金銀島，後者 Suvarupyak-dvipa 縮譯為金地，因古時下緬甸、泰、爪哇、蘇島都出產金銀。

❹ 許雲樵著：《南洋史》上冊，第一二四頁。

❺ 阿提沙迦（Ādisāka）曾為印度象邑王般陀羅（Pandara）的宰相；傳說於大曆元年（印度曆法一種，稱塞伽〔Śaka〕，遲於公元七八年，曾輸入東南亞，稱為大曆）至爪哇為王。

❻ 王任叔著：《印度尼西亞古代史》上冊，第二八二頁。

❼ 《後漢書》卷六帝紀引註中，亦有類同記載。

❽ 龍山章真著：《南方佛教的樣態》，第二三八頁。又許雲樵著：《南洋史》上冊，第五十三頁。

❾ 《佛說十二遊經》，《大正藏》第四冊。

❿ 王任叔著：《印度尼西亞古代史》上冊，第三〇六—三〇七頁。

⓫ 同上，第三一五—三一六頁。

⓬ 1. 許雲樵著：《南洋史》上冊，第一七〇頁。
2. 王任叔著：《印度尼西亞古代史》上冊，第三二九—三三一頁。

⓭ 1. 許雲樵著：《南洋史》上冊，第一七〇頁。

2. 王任叔著：《印度尼西亞古代史》上冊，第三三一—三三二頁。

⑭ 賀聖達著：《東南亞文化發展史》，第一一七頁。

⑮ 王任叔著：《印度尼西亞古代史》上冊，第三三七—三三八頁。

⑯ 1. 王任叔著：《印度尼西亞古代史》上冊，第三一八—三一九頁。

2. 許雲樵著：《南洋史》上冊，第九十八—九十九頁。

⑰ 慈怡主編：《佛光大辭典》中，第二七三九頁。

⑱《大正藏》第五十一冊，第八八六頁上。

⑲《大正藏》第五十冊，第三四〇頁。

⑳ 王任叔著：《印度尼西亞古代史》上冊，第三四一—三四三頁。

㉑ 王任叔著：《印度尼西亞古代史》上冊，第三四六頁。

㉒ 同上，第三四七—三四九頁。

㉓《舊唐書》卷一九七〈訶陵傳〉，有類似之記載，但較簡略。

㉔ 慈怡主編：《佛光大辭典》上，第二二〇五頁。

㉕ 崑崙音即崑崙語，是當時做為了解印度梵文的溝通語，流行於南海，包括占婆、扶南、馬來亞、印尼，見王任叔著：《印度尼西亞古代史》上冊，第三七〇頁。

㉖ 以上十四高僧，詳見《大正藏》第五十一冊，第二—九頁。

㉗義淨所述行程，見《大唐西域求法高僧傳》卷下，《大正藏》第五十一冊，第七——八頁，又貞固傳，見同書第十一頁。

㉘碑文記明佛逝於公元六八三年四月十三日戰勝末羅瑜，所以義淨於六七二年，曾由「王贈支持送往末羅瑜（原註云：今改為室利佛逝也）」；及南海諸洲條「末羅瑜洲，即今尸利佛逝國是」，是記六八三年以前事，當時末羅瑜國還存在，到六八三年，末羅瑜被佛逝兼併，遂改稱室利佛逝，所以義淨所記是不矛盾的。

㉙1.龍山章真著：《南方佛教的樣態》，第二四九——二五〇頁。

2.王任叔著：《印度尼西亞古代史》上冊，第三七四——三七五頁。

㉚慧海譯：〈印尼之佛教〉一文，收在《現代佛教學術叢刊‧東南亞佛教研究》，第三一三頁。

㉛《大正藏》第五十四冊，第二〇五頁。

㉜龍山章真著：《南方佛教的樣態》，第二四三頁註（一）。

㉝義淨法師著：《南海寄歸內法傳》，見《大正藏》第五十四冊，第二〇四——二三四頁。

㉞《大正藏》第二十四冊，第四七七頁下。

㉟《大正藏》第五十四冊，第二二九頁下。

㊱宋立道編著：《世界佛教》，第一六七頁。

㊲《大正藏》第五十四冊，第二〇九——二一一頁，〈齋供規則〉條。

㊳《大正藏》第五十四冊，第二一六頁，〈尼衣喪制〉條。

㊴以上五人，詳見《大正藏》第五十一冊，《大唐西域求法高僧傳》卷下，第十——十二頁。

㊵許雲樵著：《南洋史》上冊，第一八二頁。

㊶許雲樵著：《南洋史》上冊，第一八二頁。

㊷龍山章真著：《南方佛教的樣態》，第二五五頁。

㊸王任叔著：《印度尼西亞古代史》上冊，第三八三——三八四頁。

㊹金剛智傳、不空傳，詳見《大正藏》第五十冊，第七一一——七一四頁。

㊺淨海法師著：《南傳佛教史》初版序，第四——五頁。

第二章　佛教興盛時期（公元七五〇至一二三二年）

一、嶽帝王朝大乘佛教的興盛

公元七五〇年前後，在印尼中爪哇興起一個強盛的國家，這就是嶽帝（Sailendrs，音譯夏連特）王朝❶。這一王朝與大乘佛教傳播有很深的關係。

在這以前，公元七三二年，中爪哇東部先有一個馬打藍王國（Mataram），國王山闍耶（Sanjaya）是位濕婆教（Śiva，濕婆為婆羅門教三大神之一，司破壞）信仰者。在中爪哇帝巖高原（Dieng Plateau）上留下多座公元八世紀前葉婆羅門教神廟的遺跡。據在瑪琅（Malang）附近笛那耶（Dinaya）發現一梵文石碑，立於公元七六〇年，內容記述一位伽闍耶那王子（Prince Gajayana）建一寺紀念南印度婆羅門教著名僧侶阿伽斯耶（Agastya）❷。但過了不久，中爪哇發生政治變動，別有一信奉佛教的嶽帝王朝興起，馬打藍即淪為附庸，從帝巖高原東移至三寶瓏（Semarang），於是二王朝同時存在於中爪哇，一為濕婆教王朝山闍系，一為佛教王朝嶽帝系。

大乘佛教在整個東南亞擴大傳播，成為公元八世紀下葉的一件大事，這與公元八世紀中葉南印度波羅王朝在孟加拉和摩揭陀的興起同時發生，有學者研究認為，兩處都受了那爛陀寺的影響。傳入東南亞的大乘佛教，如像在孟加拉一樣，顯示為佛教與印度教信仰的混合，含有真言宗神祕的傾向。佛教傳到印尼嶽帝王朝也在同一個階段出現的[3]。

嶽帝王朝既興，中心位於帝巖高原，而東境達到泗水（Surabaja）。嶽帝王朝世系可考的為跋奴王（Bhanu），據沙拉笛加（Salatiga）附近頗波難村（Plumpunan）一塊刻於公元七五二年的梵文石碑，記載他曾建一座佛寺。繼承者為毘濕奴（Vishnu，七七五—七八二），亦稱法勵（Dharmatunga），這時山闍耶之子波能迦蘭王（Panangkaran，約七六〇—七八〇），承認嶽帝王朝為宗主國。同時嶽帝又與蘇島室利佛逝通過婚姻的聯繫，發生了極為密切的關係[4]。

室利佛逝先曾兼併了占碑和邦加島，控制了馬六甲南端，繼又向北伸張，將馬來半島淪為屬地；公元七七五年時，更征服了洛坤（Ligor，現屬泰國南部）。據泰國南部洛坤於公元七七五年出土之一碑石記載，在正面有梵文十偈，稱讚室利佛逝國王室利毘舍耶因陀羅羅闍（Śrivijayendrarāja）建築了三座優美的佛塔，供奉釋迦牟尼佛（碑文刻著能殺魔者 Māraanisūbana）、蓮華手（Kajakara）菩薩、金剛手（Vajri）菩薩。在反面已經殘缺，僅存四行偈文，是稱頌嶽帝國王毘濕奴戰勝敵人的功勳[5]。

毘濕奴王是一位建築佛塔和陵廟的推動者，公元七七五年，在中爪哇馬吉蘭（Magelang）南面一山麓上，動工開始建築世界著名雄偉的婆羅浮屠佛塔（Borobudur），以後經過四十多年才完成。又據一碑文記載，他曾於公元七七八年命令興建迦羅珊（Kalasan）佛塔，位於日惹（Jogjakarta）郊外西北方四十二公里，供奉多羅（Tāra，密宗救度母之意，認為是觀音化身之一）菩薩，並在附近建有僧院。這一建築工程，是由屬國馬打藍國王波能迦蘭來執行，建築形式及浮雕畫面，都具有印度藝術的風格❻。在同一地區的伽盧拉克（Kelurak），又發現一塊梵文石碑，說明有一來自印度孟加拉的大乘法師鳩摩羅瞿沙（Kumāraghoṣa），建築一寺供奉文殊師利菩薩，刻文記明是公元七八二年。此二碑文，均以梵文天城字體以前的一種文字（Pre-Nāgari Seript）書寫，可證明是受到孟加拉文化的影響❼。

毘濕奴死後，由子因陀羅（Indra，亦稱 Sangrama-dhanamjaya，七八二—八一二？）嗣位，繼續婆羅浮屠的工程，另外又完成了門突（Mendut）和巴宛（Pawon）兩座塔寺，都在日惹馬吉蘭，離婆羅浮屠佛塔不遠。關於印尼佛教的藝術，見本章第三節。

嶽帝王朝由跋奴至因陀羅期間，曾多次對外執行擴張政策，更武裝侵略東南亞陸地國家。如《安南通史》載：「丁未（七六七），崑崙、闍婆來犯陷城，闍婆陸接真臘，西近東天竺，北挾林邑，東南界海。闍婆來犯，經略使張伯儀乞援於武定都尉高正平，破闍婆軍於朱鳶。」所誌地名，大約為現今柬埔寨、泰、緬一帶❽。又如《占婆史》說：「七七四年，賊侵占婆之古笪，其人產於異地，黑瘦兇暴如鬼……賊以舟來掠釋利商菩神祠，取諸神物飾品，金銀、寶石……以去，神居既空，以火焚之。」又說：「七八七年，馬來海盜又入占婆，焚毘羅補羅（Virapuro）西方神祠，掠其寶物。其他戰士奴婢，皆為殺掠❾。」很顯明地，這些入侵的軍隊是來自爪哇。

又建中初（七八一），訶陵國僧辯弘從其本國來華，將銅鈸一具奉上長安聖佛院，螺兩具、銅瓶四，奉上惠果阿闍梨，求授胎藏毘盧遮那大法（見《大唐青龍寺三朝供奉大德行狀》）。這是有印尼僧來中國學習密教的記載❿。

因為嶽帝王朝的政治勢力拓展至東南亞大陸，沿馬來西亞、泰南而達柬埔寨及越南沿海一帶，所以這時大乘佛教，也在這些國家傳布。嶽帝王朝信奉的大乘佛教，是傳自東南印度波羅王朝，含有密宗的教義及形式，那時，東南亞這些國家亦同受影響⓫。

因陀羅約死於公元八一二年，或說公元八四二年，其子三摩羅東伽（Samaratung，八一二？—八三二？）嗣立，是為爪哇嶽帝王朝十一世，也是一位熱心建築者。當他在位時，婆羅浮屠佛塔完工落成。

二、三佛齊（室利佛逝）王朝的佛教

室利佛逝為蘇島一印度化古國，在前面第一章中已詳說。但至公元七七五至八六〇年間，史蹟不詳，只知爪哇嶽帝王朝時期，與室利佛逝雙方通好和親，關係密切。尤其到了公元八五〇年，嶽帝後裔王子婆羅補多羅，繼承了室利佛逝的王統，兩個王朝結合為一。

唐時稱室利佛逝，或略稱佛逝；至公元九〇四年以後，史籍中就只稱三佛齊了。其實三佛齊與室利佛逝都是梵語 Śrivijaya 的音譯，在歷史上應是同一個王朝。即中譯前期稱室利佛逝，後期稱三佛齊⓬。

爪哇自嶽帝王朝衰亡後，馬打藍山闍耶系王朝便統治了中爪哇大部分，這一變動，使一時興盛的大乘佛教為之中止，婆羅門教獲得復興。雖然佛教仍繼續存在，而重要的中爪哇濕婆教替代了佛教。在昔日嶽帝王國中心的普蘭巴南（Prambanan）附近，曾發現建立於公元八六二年崇拜濕婆神的碑文⓭。

爪哇婆羅門教復興後，佛教信仰並未從此絕跡，而是婆羅門教，特別其中濕婆神的崇拜，與佛教漸有混合的趨勢，以致後來形成一種濕婆佛陀（Śiva-Buddha）的信仰。今日在普蘭巴南附近發掘的結果，證明婆羅門教的得勢，佛教失去民眾支持而致沒落的過程。其中也象徵了佛教被印度教（公元五世紀後葉，婆羅門教經過改革形成印度教）同化吸收，認為佛陀也是毘婆奴神的化身⓮。

所以在上列普蘭巴南建築群中，也有兩座寺院是佛教的，這就是普勞散寺（Plausan，或 Plaosan）和沙濟萬寺（Sajiwan）。普勞散寺由於奇特而引人注意，地方很是狹窄。兩所寺院各有三個房間，每一個房間的靠後都有座壇供奉佛像。房間的外面的牆壁上有浮雕畫像，刻著國王和王后，還有武裝的隨從。此外還有高僧像，由一人撐著一幅傘蓋。又有一個戴僧帽的僧人和九個婆羅門教徒，從這幅像對比也可見到佛教的衰落⓯。

公元九世紀中葉，蘇島三佛齊已強大，成為海上霸王。日後阿拉伯人蘇萊曼（Sulaiman，九一六年）記述道：「（Zabag，闍婆，即爪哇）城主曰摩訶羅闍（Mahārāja）……王亦為其他各島之君主……所君臨諸地中，有國曰三佛齊（Srivijaya），有小島曰羅彌（Rami），指蘇島北部之亞齊（Acheh）……以及海國哥羅（Kalah，吉打），乃大食與中國交通之半途。凡往來亞曼（Oman）之船，皆至此。」另一阿拉伯人馬修帝（Masudi，九四三年）亦記述道：「闍婆島之王所經臨之地，有哥羅、蘇門答臘，以及南海中其他各島。此摩阿羅闍之國，人口眾多，勝兵無數。即航行最速之船，亦不能於兩年內遍歷各島⓰。」

據此當時吉打已成為三佛齊的第二個國際大商港，可能還包括今日霹靂的一部分。在霹靂的堅打區的邦加蘭地方，曾掘到一尊八世紀時室利佛逝的銅佛像，與巴鄰旁河發現的類似，和銅佛像同時掘到的還有一個銅製佛座。另一事件，三佛齊又曾征服真臘，可見當時的強大⑰。

三佛齊自公元九世紀中葉至十世紀中葉，雖多次遣使至中國貢物，但關於政治及宗教的情況，記載不詳。

至於中爪哇的馬打藍王朝，到了申鐸王（Sindok，九二九—九四七）時代，政治中心已由中爪哇遷移至東爪哇，統治區域包括現今泗水南部，諫義里（Kediri）北部及瑪琅一帶。在那裡從事海外貿易和海上勢力的發展，而與三佛齊抗衡。申鐸是一位濕奴神信仰者。在附近的婆里（即峇里）仍為一獨立國家，佛教和濕婆神同被崇拜；公元九八五至一〇〇六年間為馬打藍所統治⑱。

申鐸王留有一塊碑銘，是由一系列梵文詩和古爪哇文做註解構成的。梵文詩是從佛經抄錄下來的，都是有關密宗的理論和要點。碑銘還提到申鐸王是一位佛學通家，對後來東爪哇大乘佛教的興盛是有關係的，看來對收容來自中爪哇的佛教徒，做了避難的措施⑲。

公元九八三年，有高僧法遇自印度取經，回經三佛齊，遇印度高僧彌摩羅失黎

（Vimalaśri），表示願來中國譯經。《宋史．天竺傳》卷四九〇說：「（太平興國）八年（九八三）僧法遇自天竺取經回至三佛齊（都城在 Palembang），遇天竺僧彌摩羅失黎，語不多，令附表願至中國譯經，上優詔召之。法遇後募緣制龍寶蓋袈裟，將復往天竺，表乞給所經諸國敕書，遂賜三佛齊國王遐至，葛古羅（Kākula）國主司馬佶芒，柯蘭（Kūlan Quilon）國主讚坦羅，西天王子謨馱仙書以遣之[20]。」

公元一〇〇三年，三佛齊遣使至中國，《宋史》卷四八九記載說：「咸平六年（一〇〇三）其王思離咮囉無尼佛麻調華（Śrī Cūḷamunivarmadeva）遣使李加排副使無陁李南悲來貢，且言本國建佛寺以祝聖壽，願賜名及鐘。上嘉其意，詔以承天萬壽為寺額，並鑄鐘以賜[21]。」

公元九九〇年後，三佛齊和東爪哇為了互爭霸權，兩國常發生戰爭。但在公元一〇〇六年，三佛齊出兵擊敗東爪哇，占其國都，夷為平地，東爪哇名王達摩溫夏（Dharmma-vaṃśa，九九一——一〇〇七）亦陣亡。如此三佛齊在公元十一世紀初，就成了海峽各島區域的霸主。

公元一〇〇六年，三佛齊與南印度的注輦人關係尚友善，曾在科羅曼得海岸納格巴登（Negapatam）建造一佛寺，名朱羅摩尼跋摩寺（Cūḷamunivarman-vihāra），為摩羅毘舍耶東伽跋摩王（Māravijayotuṅgavarman）所建，是為紀念父王的，寺即冠以父王名。

不久兩國為了海上商業競爭，公元一〇二五年注輦即遣軍遠征三佛齊及其屬國，幸注輦軍勝利擄掠後，便即回師。

當公元十、十一世紀三佛齊最盛的時代，佛教亦大興，如日中天，而這時印度的佛教已受到排擠，中國佛教亦日趨式微，所以三佛齊成為各地佛教徒前往研究佛法的中心，佛教立為國教，地位極高，名聲遠播，在朱羅摩尼跋摩干（即《宋史》稱思離咮囉無尼佛麻調華）治世時，三佛齊曾出現一位傑出高僧法稱（Dharmakiri），他出身三佛齊王族，出家後赴印度留學，在菩提伽耶於吉祥寶（Śrirayna）門下受教。學成歸國後，致力宣揚佛法，他可能就是促使三佛齊佛教興盛的人物，根據西藏大藏經的資料，法稱論著有如下四種翻譯成藏文。

1.《現觀莊嚴般若經注難解語義疏》（日本東北大學《西藏大藏經總目錄》，第三七九四號）
2.《入菩提行論三十六攝義》（同上目錄，第三八七八號）
3.《入菩提行論攝義》（同上目錄，第三八七九號）
4.《集菩薩學論現觀》（同上目錄，第三九四二號）

上列四種論著，第一種為主要論著，是對彌勒《現觀莊嚴論》般若經注難解語的解說。其餘三種為小部著作[22]。

又印度著名的高僧阿提沙（Atiśa，即 Dipaṅkara Śrījñāna）亦在法稱的許可及贊助下，前往金洲（Suvaṇadvipa，此指蘇島三佛齊）研究佛法，師事法稱十二年，時間是在公元一〇一一至一〇二三年。學成回國後，一〇二六年為印度恆河超巖寺（Vikrama-śila）主僧，與當時那爛陀寺同為佛教教學中心。後來受請至西藏弘法，成為最重要的佛教改革者。法稱的論著被譯成藏文，與阿提沙的傳承亦有重要的關係㉓。

到了公元一〇二八年，東爪哇又逐漸恢復國力，這是由於王子愛兒稜加（Airjangga，一〇一九—一〇四二）的努力從廢墟中建立起來，當他復國後，他採取與三佛齊維繫友好的關係，並且通過婚姻結為盟友。他又將當時的佛教徒與婆羅門教徒的矛盾調和起來。興建廟宇，豁免僧人稅收，使他們傾心國王。不過愛兒稜加卻自稱是毘濕奴神的化身，先在其王陵中安置一自己的塑像，象徵著毘濕奴神，供後人祀拜㉔。

愛兒稜加時，有一件重要的事，是對宗教實行國家管理。同時對給予僧團莊園加以限制，再沒有僧人接受土地的贈賜。東爪哇有三個正統教派，即濕婆教、佛教、婆羅門苦行僧派。濕婆教和佛教各設有一個高級官吏負責指導。有一位名叫摩訶難陀（Muliawan Mahānanda）的人，做為所有僧團的首腦。這樣，神權政治便在封建時期逐漸消失，而轉變神和宗教為世俗政權服務了㉕。

公元一〇四二年，愛兒稜加將國土分給兩個兒子，成立兩個王國，一為諫義里

（Kediri），後漸壯大；一為章迦拉（Janggala），後漸無聞。經過約一百年，諫義里到了闍那婆耶王（Jayabaya，一一三五—一一五七），便日漸強大，農業和海上貿易都很發達，並以通過婚姻關係，兼併了章迦拉。闍那婆耶是個毘濕奴教徒，與佛教無緣。

自公元一〇七八年，三佛齊屢遣使至中國，這時三佛齊是最繁榮的時期，阿拉伯人伊德里西（Idrisi，一一四五年）記載：此時東非與三佛齊的貿易非常活躍，中國和其他外國人經常停留在三佛齊境內從事貿易。趙汝適《諸蕃記》（一二二五年著）亦記述說：「其國（三佛齊）在海中，扼諸蕃舟車往來之咽喉。」《諸蕃記》卷上又記載說：「（三佛齊）有佛名金銀山，佛像以金鑄。每國王立，先鑄金形以代其軀。用金為器皿，供佛甚嚴。其金像器皿，各鐫誌示後人勿毀[26]。」

然而自公元一一七八年以後，諫義里的勢力更淩駕於三佛齊，有一支海上強大的兵力，沓里、小巽他群島一部分、婆羅洲西南岸、西里伯南岸，都隸屬其範圍內。依周去非的《嶺外代答》（一一七八）記述：在南海商業的勢力，第一大食（阿拉伯），其次闍婆（東爪哇諫義里），再次三佛齊。

三、印尼佛教的藝術

（一）婆羅浮屠大塔及其附近寺院

婆羅浮屠（Borobudur）的名稱，有學者考為「最勝佛陀」之義，由梵文 Pra-buddha 轉為土語 Bara-budur，又再轉為 Borobudur。亦有考為「丘陵上的寺院」，由 Vihāra → byara → bara → Boro 義為寺，budur 義為山嶽或丘陵。近來認為後者解釋較合理，因為印度人宗教思想，以須彌山（Meru）為世界中心，神居其上，人們遂崇拜祖先與重視山嶽，選擇在高地丘陵上建築王宮、神廟、城市、塔寺等，表示崇高神聖。而且神廟或塔寺之下，亦為君王死後葬身陵墓，這種思想在古代東南亞一些印度化國家，也有這種情形。如「嶽帝」一名，即有「山王」之義。

婆羅浮屠是建築於堅固的岩基山丘（bedrock hill）上，其主要的材料是以黑色的火山岩石，堆砌成蓮花形的建築物。它以密教大乘佛法的「金剛界曼陀羅」（Vajra Dhātu-Maṇḍala）為建築架構，凸顯出密教大乘佛法之世界觀及解脫觀。以鳥瞰的角度，可以看到正方形的外圍塔基，塔身由五層逐漸縮小的正方塔台構成，四邊皆有入口；塔頂是三個逐層縮小的同心圓，至中央的圓形佛塔。從外至內，代表欲界、色界及無色界。整座婆羅浮屠，共有五百零四尊黑岩佛像，以及二千六百七十二塊石壁浮雕。

婆羅浮屠佛塔，是仿效印度的窣堵波，它沒有內部空間，連基層在內共分十層，地基（一層）面積約有十畝，成四方形，每邊約一百二十公尺。地基上面共分九層，先是依次遞減的五層正方形平台，第一層正方形距地基邊緣約七公尺，由第一層至第五層往上，平台每層每邊依次內縮兩公尺。每層正方形平台的邊緣，都建有很高的護欄，護欄和上層正方形平台之間形成寬約二公尺的的迴廊。每層之間都有台階可上，通往各層迴廊，迴廊兩邊石壁上，刻有無數精美的佛教浮雕，浮雕內容主要是：佛陀生平事蹟、《本生經》故事、善財童子五十三參圖像等，每間隔數步即設有一佛龕，內供一佛像，全部四百三十二尊。

再上三層是圓形的平台，也按面積遞減的設計，其直徑依次為五十一公尺、三十八公尺，二十六公尺。建有七十二座鐘形鏤空佛塔，計下層三十二座、中層二十四座、上層十六座。每一塔內也供有一尊石佛坐像，共計七十二尊。最上一層是直徑九點九公尺的大佛塔，亦做鐘形，但塔內沒有供奉大佛像，或已經失去不知去處。十層共高達五十五點七五公尺。

公元一八八五年，在整修拆卸佛塔的地基時，偶然發現「隱藏的基層浮雕」，此層有一百六十塊浮雕，描述因果業報的故事。

婆羅浮屠共有五百零四尊佛像，在正方形平台五層佛龕中有四百三十二尊；在圓形平台三層佛龕中有七十二尊。所有佛像看來大同小異，只手臂分有六種姿態，表示出不同含義。在正方形平台佛塔中的佛像，下面四層，東面的為阿閦如來，做觸地印；西面的是阿彌陀如來，做禪定印；南面的是寶生如來，做施願印；北面的是不空成就如來，做無畏印。在第五層正方形平台佛塔的佛像，不分任何方向，一律是大日如來，做說法印。在圓形三層平台佛塔中的佛像，則完全是釋迦如來，做轉法輪印。

從這些佛像的藝術來觀察，它們與公元四世紀印度笈多王朝鹿野苑和秣菟羅的雕刻完全一樣，線條樸素，體態雄健豐滿，溫柔親和，手工精妙，而帶有莊嚴超脫的神情[27]。

據日本學者山本智教（Chikyo Yamamoto）的英譯著作《佛教藝術簡介》（*Introduction To Buddhist Art*）第一一一頁的說明：(1)最底層走廊之浮雕：描繪眾生依業受報，輪迴苦海的因果業報；(2)方形平台上第一層的浮雕：解說釋迦牟尼佛的生平故事；(3)從第一層至第二層的浮雕：述說《佛本生經》中，釋迦佛因地修行菩薩道的感人故事；(4)從第二層至第四層的浮雕：寓意《華嚴經》善財童子為學習大乘菩薩道，參訪了五十三位大善知識的過程；(5)第四層的主牆浮雕：是描寫善財童子，最後參訪了普賢菩薩，修學了普賢菩薩的十大願王，而悟入法界。這是普賢菩薩所嚮往的毘盧遮那佛之清淨法身功德，即密乘佛教中毘盧佛的金剛界（Vajra Dhātu）。如把這些浮雕故事全部連接起來，長度可達二點五公里[28]。

婆羅浮屠於公元十四世紀後，漸漸地被世人所遺棄。由於印尼有很多火山，婆羅浮屠曾一度被火山灰及森林所覆蓋起來，直到公元一八一四年被英國殖民地官員萊佛士（Thomas Stanford Raffles）所發掘。公元一九〇三至一九一一年，進行第一次修復，拆除並重建三個圓台和頂端鐘形佛塔。公元一九七二年，聯合國文教科組織（Unesco）與印尼政府，向世界發出拯救婆羅浮屠呼籲，從公元一九七五至一九八二年進行第二次維修此塔的工程，費用總計二千五百萬美元。公元一九八五年，回教激進派份子炸毀其中九座佛塔。公元一九九一年被聯合國文教科組織審定為「世界文化遺跡」（World Heritage site）。當婆羅浮屠修復後，再度重現昔日的風華，吸引全世界佛教徒和觀光客絡繹不絕光臨，一睹它的光采和神聖。據公元二〇一四年官方統計，觀光人數達到三百三十六萬人次[29]。

當人們在繞行婆羅浮屠時，可見到許多佛像的頭部都已不見了，這是由於在火山爆發時被震斷。另外，在公元一八九六年泰王朱拉隆功訪問印尼時，荷蘭殖民政府將八個貨櫃的婆羅浮屠佛像，作為禮物送給泰國，現存於曼谷的國家博物館[30]。也有被歐洲殖民政府的官員盜走，安放在歐洲的國家博物館中。加以現在觀光客不斷地增多，而公共設施不足，維護不周，也造成遺跡的破壞。

婆羅浮屠附近的兩座建築物，就是巴宛佛塔（Pawon）和門突佛塔（Mendut），三座佛塔同在一條直線上，巴宛居中。門突佛塔距離婆羅浮屠大塔約三公里，是一座非優美的建築，地基成四方形，寬廣十四平方公尺，高二十六公尺，上面的冠狀屋頂已頃毀。佛殿內有三尊巨大佛像，中央是釋迦如來，高三公尺，雙手做說法印，面頰豐滿圓潤，雙眼下垂，神態莊嚴中帶有安詳和超脫，最獨特的是佛像未做盤腿，而將雙足自然地放於地面上；右脇侍是觀世音菩薩，採趺跏姿勢，高二公尺半；左脇侍採半跏而坐（右腿半跏，左腿垂放在地上），亦高二公尺半。在殿堂內牆壁上，原有浮雕板七塊，現只保存了幾尊佛像雕刻[31]。在門突佛塔入口處有鬼子母及半支迦夜叉雕像。

巴宛佛塔距離婆羅浮屠大塔一點七五公里，規模比門突佛塔小很多，也有認為巴宛佛塔是供奉因陀羅王骨灰的佛塔。佛塔入口處的門框上方雕有卡拉馬卡拉（Kala Makara）像，門右側雕有財神（Kuwera，佛教公認的毘沙門天王）。另外，根據卡朗登加出土的碑文（Karangtengah inscription）記載：菩薩雕像放射出光芒。判斷空的方形室內，原本應該供奉有銅塑的菩薩像。巴宛佛塔所有的浮雕都在外牆，南、北兩面牆上類似的浮雕，有仙女、天神、生命之樹（Kalpataru）、緊那羅和乾闥婆。由於建築簡單，對稱和諧，也被譽為「爪哇寺廟建築的一顆明珠」[32]。

（二）普蘭巴南的佛教寺院群

據三摩羅東伽（Samaratungga）於公元八二四年所立之卡朗登加（Karangtengah inscription）碑文，自謂國運興隆，山闍耶王系屈服於嶽帝王朝。碑文分兩種語言；上段為梵文，歌頌嶽帝諸王、塔寺的興建、大乘佛法的輝煌；下段為古爪哇語，附庸國王波多般（Patapan）所立，施割土地興建佛寺。波多般是山闍耶的後裔，為濕婆教徒，他的施地建寺，是懾於嶽帝王朝之威。但公元八三二年，三摩羅東伽已死，其女波羅無陀跋馱尼（Pramodavardhani）繼位，而後嫁給波多般之子畢迦丹（Pikatan）。這種國勢的變動，或是通過婚姻的關係，山闍耶王系的力量竟凌駕於嶽帝王朝以上，統治中爪哇各地，並且推行濕婆教代替大乘佛教的信仰。畢迦丹嗣位（八三八—八五一？）其妃嶽帝女王於公元八四二年曾施田地若干畝予婆羅浮屠佛塔，而她仍然保持佛教信仰，這種施捨的行為是極不尋常的，只有在王朝更迭時才有這種現象[33]。

公元八五六年，嶽帝王朝滅亡，山闍耶王的後裔畢迦丹信仰印度教，於普蘭巴南建造了巍峨華麗的印度教廟宇。由八座主廟和兩百五十多座小廟組成，是東南亞最大的印度教廟宇。其中三座主要神廟（Trisakti）分別供奉印度教的三位主神：濕婆（毀滅之神）、毘濕奴（秩序之神）和梵天（創造之神）。濕婆神廟位於正中，有東、南、西、北四個石室。其中主室供奉一座三公尺高的濕婆像。神廟迴廊的浮雕描述了印度史詩《羅摩衍那》的故事。不過經過一千多年天災和戰亂，已經殘破不堪，直到公元一九三七年才逐漸修復，重現昔日的光彩。

離印度廟周邊不到一公里有三座佛教寺院，這三座寺院遺跡，包括塞烏寺（Sewu Temple）、倫邦寺（Lumbung Temple）、伯布拉寺（Bubrah Temple）等。這也顯示印度教與佛教並存的現象。

建於公元八世紀末，位於普蘭巴南寺廟南方約八百公尺的塞烏寺，被聯國教科文教列為世界遺產，也是印尼僅次於婆羅浮屠的第二大佛教寺院群。依據塞烏寺附近出土，刻於公元七九二年的文殊師利碑文（Manjusrigrha inscription），描寫國王百姓，歡慶供奉文殊師利菩薩的佛寺已經完工的情景，推斷塞烏寺興建的時間，比普蘭巴南印度廟宇群早七十年，比婆羅浮屠佛塔早三十五年，而且可能是當時國王舉行重大儀式的寺院。Sewu 意為千寺，建築群占地東西寬一百六十五公尺，南北長一百八十五公尺，包括中央一座主佛塔，及周圍環繞的二百四十八座小佛塔，依佛教曼陀羅的規格分布，今大部分已經毀壞，只有少數保存下來。修復後的主佛塔塞烏寺，造型優美，它的塔頂濃縮了曼陀羅的構想，最下層是一方台，上面托起環立著一圈覆缽形小塔的圓台，圓台中央升起一座大的覆缽形佛塔。寺院佛像及外壁門楣的女神浮雕，手持蓮花，頭、胸、腰等部裝飾華麗，雖造型有些稍差，臉上透露出中爪哇特有的安詳，柔和的微笑。

伯布拉寺位於塞烏寺的南方，規模很小，坍塌嚴重，現在只存一點塔基。倫邦寺也是在塞烏寺南方數百公尺的寺院群，由十七個寺院所組成，入门朝東的主殿在中央，其餘十六座小寺院分東西南北方圍繞著主殿。小寺院的入口也都朝向主殿，門框上雕有卡拉馬卡拉像，塔頂由數層方形塔基堆疊，塔基四角及塔頂有覆缽式的佛塔。主殿的建築已嚴重損毀，殿內三面牆上九個佛龕內的佛像已遺失[34]。

卡拉珊寺（Kalasan Temple）也是普蘭巴南地區的佛教寺院，依據刻於公元七七八年的卡拉珊碑文（Kalasan Inscription）記載，嶽帝王朝的國師，建議信奉濕婆教的山闍王朝國王波那卡拉那（Panankarana），興建供奉多羅（Tara，度母）菩薩的佛寺與供養僧人居住的僧房。卡拉珊寺即為供奉多羅菩薩的佛寺，依刻寫碑文的年代，也可知卡拉珊寺是普蘭巴南地區最早的佛寺。現存遺跡為八五〇年所重建。

卡拉珊寺座落在正方形的平台上，殿堂四面各探出一個門廊，沿著外牆，有許多巨型佛龕，佛龕上方有雕刻精美的卡拉馬卡拉像及佛塔，但佛龕內的佛像已遺失。多角型塔頂基座分上下兩層，兩層的每個角落，都有一個稍小的佛龕，佛龕內仍保存著莊嚴的佛像，佛龕上方矗立一覆缽式的佛塔。整座佛寺中央最高處的佛塔已崩塌。方形的主殿內，西面的石牆上有個巨大的佛龕，判斷供奉的青銅多羅菩薩像應有六公尺高，可惜佛像已不可見。

室利寺（Sari Temple）距離卡拉珊寺約三公里，依卡拉珊碑文記載，室利寺即為與卡拉珊寺同時興建的道場，主要是供僧人修行居住的僧房。室利寺為左右寬十七點三公尺，前後深十公尺的兩層樓建築，依室內的分隔及窗戶的開設，判斷應為六個房間的僧房。室利寺的外牆，有各種與卡拉珊寺類似的浮雕，包括三十六尊優美的持蓮花菩薩像，每尊菩薩像的身體有三處彎曲的地方，此種「三屈姿態」是中爪哇期的藝術傑作之一。另外還有各種精緻的裝飾圖案與乾達婆、緊那羅，以及雕有卡拉馬卡拉像的佛龕和門框、窗框。為了保存及讓石雕發亮，卡拉珊寺與室利寺興建時，外牆都塗上一層發亮的石膏〈Vajralepa〉。室利寺矩形的屋頂平台上，還有整排精美的小佛龕及佛塔。

普勞珊佛塔（Plaosan Temple）在普蘭巴南之南的平原上，分有南、北二群建築物，以一街相隔，共有一百七十四棟建築，一百一十六座佛塔和五十八個小龕室。如今多數已變成廢墟，只修復了北普勞珊佛塔群的二主殿之一。

根據刻於公元八四二年的 Kahulunan 碑文記載，北普勞珊佛塔群是由嫁給畢迦丹國王的波羅無陀跋馱尼公主所捐建。該主殿外牆精美細緻的雕刻、裝飾都與室利寺和卡拉珊寺相仿。被修復的主殿，是一棟矩形平面的二樓建築，有向外的窗戶，流通光線和空氣，所以樓上被認為是藏經樓或僧房；樓下主殿應供奉有三尊佛像，而中央釋迦如來聖像已遺落不知去向，只剩下幾尊脇侍菩薩像。在主殿的外圍，有五十八座小寺院及一一六座佛塔整齊地環繞著。而南普勞珊佛塔的正方形主殿外圍，有十六間小寺院及六十九座小佛塔環繞[35]。在普勞珊佛塔的所有作品中，最著名是比丘石雕頭像，通過粗糙的石頭上表面微妙的變化，表現一種喜悅、自持和超然的神情。

三摩羅東伽另有一子，名波羅補多羅（Balaputra），當其姊嫁畢迦丹，尚為年幼；後逃往蘇島室利佛逝，至公元八五〇年時，便繼承了室利佛逝的王統。因為三摩羅東伽曾與室利佛逝國王達磨杜都（Dharmasetu）的公主多羅（Tara）結婚，而且兩國一直維持緊密的關係，這時室利佛逝可能缺少嗣君，所以波羅補多羅順理成章的繼承了王統[36]。

由上所述，嶽帝王朝自從在中爪哇興起後，國勢強盛，前後稱霸東南亞約達一百年（七五二—八五〇年間）；提倡大乘佛教信仰，建築許多雄偉的塔寺，且成為東南亞傳布大乘佛教的中心。但是自公元八三八年（？）嶽帝王朝在中爪哇漸崩潰後，大乘佛教中心又移至蘇島的室利佛逝，而爪哇的濕婆教獲得重興的機會。

四、爪哇的佛教文學

印尼早期的佛教自公元八、九世紀以後，密宗的色彩即日漸濃厚，採取而包含一些印度教信仰，這如嶽帝王朝及三佛齊王朝時期，到了信訶沙利王朝時，佛教與印度教的濕婆教派，更被提倡混合信仰和崇拜。現在我們再來簡單介紹印尼佛教留存下來的佛典文獻，更可獲得證明。

印度古代的梵文，自公元一世紀至十世紀，曾被印尼長期採用（特別是宮廷），或與古爪哇語混和應用。大多原典用梵文，翻譯和註釋用古爪哇語。自公元十一至十五世紀，印尼已由接受外來文化，進入消融時期，本身文化色彩日漸濃厚。

首先是東爪哇馬打藍王朝達磨溫夏王（九九一—一〇〇七）時期，提倡文學，命人將印度史詩《摩訶婆羅多》（Mahābhārata）一部分譯成爪哇散文；並將印度的《摩奴法典》（Laws of Manu）揉雜混合印尼的習慣法，編成一部新法典《濕婆神的教誡》（Śivaśāsana，至今猶用於峇厘島）。到愛兒棱加（一〇一九—一〇四一）時宮廷詩人甘華（Kanwa）模仿《摩訶婆羅多》的形式，作了一首長詩《阿爾朱那的婚姻》（Arjuna Wiwaha），歌頌愛兒棱加與蘇島公主的結合，許多地方已表現創作的精神[37]。

諫義里闍耶王（一一三五—一一五七）時，著名詩人斯達（Mpoe Sedah），仿《摩訶婆羅多》作成爪哇英雄史詩《婆羅多族的戰爭》（Bhāratayuddha），描寫兄弟爭奪王位的故事；後來又經過許多作家改編，廣事流傳。其次，印度史詩《羅摩衍那》，亦經過爪哇詩人翻譯或改寫，辭句優美，簡潔樸素，扣人心弦[38]。

至於宗教文學，先是有印度教的梵文原典，翻譯成古爪哇語，或做註釋。現在留存有《婆羅門荼富樓那》（Brahmāṇḍapurāṇa），在峇厘島發現，內容為印度教神學創生記；爪哇語譯的亦大同小異。印度教同名的富樓那（Purāṇa 的經典共十七部）[39]。其次有「生類寶庫」（Bhuvanakośa）梵語詩頌，譯成古爪哇語散文，其中有述及宇宙創造論及吠檀多派的哲學思想。再次有《婆訶斯鉢底多瓦》（Bṛhaspati-tattva），古爪哇語中雜有梵語詩頌，開始先敘說各種宗派（亦舉佛教），再申述神的種種教說；最後提到哲學的勝因、三德、覺、我慢、根等真性，瑜伽派的八神通；其他如三量、五惟等哲學用語[40]。

因為印度教出現了爪哇語典籍，佛教徒為了弘法上的需要，也編輯了一些爪哇語論典，今就資料僅知者分述如下：

（一）《聖大乘論》（Sang hyang Kamahāyānikan）

此論據說在馬打藍王朝中鋒王（九二九—九四七）時代就已經編集流傳，是用古爪哇語，很多地方挾雜梵語詩頌，體裁不算很完整。內容先為序言，警告要修苦行；次說滅除貪瞋癡三毒，為究竟之目的；勉勵修六波羅蜜，為達到無上之道，並將布施、持戒、忍辱、精進、禪定、智慧的六度，分別舉例說明。再加上慈、悲、喜、捨四波羅蜜，就合成十波羅蜜。

次說五天母：金剛界自在母、佛眼母、我母、白衣母、救度母。並認為金剛界自在母，即是前說六波羅蜜的實相，餘四天母配後四波羅蜜。次舉四瑜伽（虛空、人之身體、世界、空輪）、四修習行（行法逃脫三毒及煩惱）、四聖諦（苦、集、滅、道）。瑜伽、修苦行、聖諦及十波羅蜜，就構成大祕密（Mahāguhya）。

此論繼續敘述（爪哇）密宗神學「最高祕密」（Paramaguhya），即最勝神（Parār-viśeṣya）顯現根源不二（advaya），不二是神聖之姿（Divarūpa）與不二智（advaya-jñāna）合一即生創造。由神聖之姿，生出法身佛陀（Bhaṭāra Buddha），其次生出釋迦牟尼。從釋迦牟尼右側生世自在，從左側生金剛手。此三尊各持白、赤、青之色，及示現寶幢、禪定、觸地之手印。

從釋迦牟尼之面出生毘盧遮那（大日如來）；從世自在生出阿閦及寶生；從金剛手生出阿彌陀及不空成就。毘盧遮那、阿閦、寶生、阿彌陀、不空成就，在印度密宗，稱為金剛界五智佛，又稱五禪定佛；但在爪哇，金剛界和胎藏界是沒有區別的，五佛單稱五如來。

由含有一切智慧的毘盧遮那佛，出生全能的自在天（濕婆）、梵天、偏入天（毘濕奴）。依照毘盧遮那佛之命，三大神創造天界、人界、地下界；諸天住在天界，人類住在人界，龍等住在地下界。

再次解說五蘊、五種子、三毒、三業、五大等佛教基本思想概念；最後再舉說前述的五如來配五天母，即毘盧遮那如來配金剛自在母，阿閦如來配佛眼母，寶生如來配我母，阿彌陀如來配白衣母，不空成就如來配救度母。

以上是《聖大乘論》主要內容的簡介。此論典於公元一九一〇年由加茲（J. Kats）原典出版，其譯者對印度密教並不甚了解，很多錯誤。但注意上述的內容，佛教徒似有意結合印度教的三大神，及承認創造三大天界、人界、地下界（三世界）之說，成為古代爪哇佛教信仰的特質㊶。

（二）《聖大乘真言理趣論》（Mantranaya 或 Mantrānaya）

Mantranaya 應譯為《真言理趣》，亦由加茲原典出版（採用 Mantrānaya）。此論對比《聖大乘論》來說，是一個短篇，共有四十二詩頌，先是引用梵文，次為古爪哇語解釋。其中有十二頌以上，與《大日經》卷一的偈頌內容相當。如第一頌：

「愛兒，來！我正確地教導你，（修學）真言行的理趣，大乘儀軌。因你是接受偉大理趣的相應者。」

此頌在《大日經》卷一中是：「佛子此大乘，真言行道法，我今正開演，為彼大乘器。」

為簡介《聖大乘真言理趣論》的形式，今再引第六頌和解釋例子如下：

「大乘（道），帶來偉大的繁榮，是吉祥的、優越的道。實行此道，你們可證得如來！」

（註釋）我對你們宣說，聖大乘偉大的道，要好好注意聽：「大乘帶來偉大的繁榮」，是趣向天界和解脫的正道，所以帶來偉大的繁榮。偉大的繁榮，有外在的幸福和內在的幸福。（外在的幸福）是優越的財富、地位、王權、轉輪王之位；（內在的幸福），即超世間的幸福，不接觸苦的滋味；不生不死，即不遭遇衰老、疾病、死亡，更有無上殊勝等正覺的幸福，解脫的幸福。不論外在的幸福，或內在的幸福，都是由於奉行大乘正道，帶來偉大的繁榮。「實行此道」，就是你們要堅決信仰奉行大乘的教說。「你們可證得如來」（下略）。

論中勸誡學人不可捨離修曼荼羅、金剛、印契；同時對阿闍梨師，等如對一切佛，不可輕視，獎勵對師奉獻財物，甚至自己的生命和妻子。最後，由於能對至尊的老師奉獻，以至最尊的佛陀，當得果報，得到解脫，即身成佛㊷。

（三）《軍闍羅訶那的故事》（Kuñjaraharṇa）

是一篇因果報應的故事，敘述地獄種種受苦的恐怖，以勸人信佛行善為目的，整篇故事以兩個人物組成。

1. **軍闍羅訶那遍遊地獄**：軍闍羅訶那是一夜叉，在大須彌山麓修苦行；一次聽說毘盧遮那佛在菩提心院為阿閦、寶生、阿彌陀、不空成就、世自在、金剛平等佛菩薩集會說法。願求來世善果的軍闍羅訶那，就急往菩提心院。毘盧佛相迎，聽了他的願望。軍闍羅訶那問：「在世間上，有人成為君主，有人成為奴隸，是什麼原因呢？」毘盧佛教導他說：「那麼你先去閻魔（Yama）界看看吧！」軍闍羅訶那先到了餓鬼住處，見有劍樹林，其下有尖利的刀刃，那是閻魔王使役處罰罪人的地方，慘狀無比；而且又有成百的凶鳥襲擊罪人，成千的巨犬咬齧。軍闍羅訶那見南面有堆壓山地獄，兩山衝擊，罪人正在受苦。軍闍羅訶那不覺哀嘆地說：「啊！主啊！歸命濕婆」（這裡濕婆即佛陀之意）。接著去訪問閻魔王，聽了解說地獄受苦的原因，是因罪人前世惡業所致；所謂惡因得惡果，善因得善果。閻魔王又向軍闍羅訶那介紹和引見釜煮地獄，有一叫富樓那毘舍耶（Pūrṇavijaya）的人，從天上墮入釜煮地獄中受苦。軍闍羅訶那離開閻魔界，回來拜見毘盧佛，報告富樓那毘舍耶死後在釜煮地獄受苦的情形等。並請佛開導去除汙穢（罪惡）的方法。佛告訴他要有真實智慧，才能祛除汙穢；同時要哀求主，歸命主，歸命濕婆。

2. **富樓那毘舍耶的故事**：富樓那毘舍耶因受到軍闍羅訶那的催促，抱著毘盧遮那佛的足，懇求宥恕罪障，佛憐憫他便為說法。結果因為富樓那毘舍耶聽了佛陀的教誨，僅十日之間就出了釜煮地獄，遊到餓鬼住處，於是閻魔王的獄卒們就捉拿他，責備他。但是因為佛陀的恩德，那些釜火即熄滅，刑具皆折碎，劍樹變為如意樹。閻魔王大驚，當時富樓那毘舍耶的魂靈答道：「一切都是因為受了毘盧遮那佛教誨的功德。」富樓那毘舍耶魂歸身體醒來後，就與他的妻子共去禮拜毘盧遮那佛。那時閻魔王以及四天王、帝釋、毘沙門，在毘盧遮那佛處集會，閻魔王問：「富樓那毘舍耶被判決在釜煮地獄受苦一百年，為什麼在短短的時間中就能濟度呢？」於是佛就說出富樓那毘舍耶與軍闍羅訶那兩人的故事（此處省略）。而主要的，因為他們過去世積有善業，尊重善法。後來富樓那毘舍耶辭別妻子，也去大須彌山麓修苦行，與軍闍羅訶那共住，繼續修苦十二年，都成了先知者（Siddha）㊸。

---

❶ D. G. E. Hall: *History of South-East Asia*, p.45, 50.

❷ 許雲樵著：《南洋史》上冊，第一八七頁。

❸ D. G. E. 霍爾著，中山大學東亞歷史研究所譯：《東南亞史》上冊，第七十一頁。

❹ 1. 許雲樵著：《南洋史》上冊，第一八六——一八七頁。
2. 王任叔著：《印度尼西亞古代史》上冊，第四〇二——四〇三頁。

❺ 陳明德著，淨海法師譯：〈泰國佛教史〉第四節〈室利佛逝國時期佛教〉。

❻ 崔貴強編著：《東南亞史》，第四十一頁。

❼ B. Harrison: *South-East Asia: A Short History*, p. 27。中譯本《東南亞簡史》，新加坡聯營出版有限公司編輯部編譯及出版。

❽ 許雲樵著：《南洋史》上冊，第一八四頁。

❾ 馮承鈞譯：《占婆史》，第四六—四七頁。

❿ 淡然居士文：《中國與印尼的佛教關係》（普度網絡二〇一一年六月十七日發表）。

⓫ 淨海法師著：《南傳佛教史》，第三六七—三六八頁。及 D. G. E. Hall: *History of South-East Asia*, p. 25-26。

⓬ Śrivijaya 國，唐時稱室利佛逝（Śri= 室利，Vijaya= 佛逝），宋時稱三佛齊）（Śri= 三，Vijaya= 佛齊）。《宋史》卷四八九〈三佛齊傳〉：「三佛齊國……唐天佑元年（九〇四）貢物，授其使都蕃長蒲訶栗寧遠將軍。」宋趙汝適《諸蕃記》三佛齊條：「三佛齊……其國自唐天佑（九〇四—九〇六）始通中國。」

⓭ 吳世璜編：《印尼史話》，第六十三—六十四頁。

⓮ Sir Charles Eliot: *Hinduism and Buddhism*, p.111, 181。又《東印度の佛教文化》，第五十二—五十三頁。

⓯ 王任叔著：《印度尼西亞古代史》下冊，第四五七—四五八頁。

⑯ 許雲樵著：《南洋史》上冊，第一九一頁。Zabag為阿拉伯語，即闍婆，此處應只指蘇島。

⑰ 王任叔著：《印度尼西亞古代史》上冊，第四二二頁。

⑱ 新加坡聯營出版有限公司編輯部編譯：《東南亞簡史》，第三十一頁。

⑲ 王任叔著：《印度尼西亞古代史》下冊，第四六七－四六八頁。

⑳ 《宋史．天竺傳》卷四九〇。又《佛祖統記．法遇傳》卷四十三，見《大正藏》第四十九冊，第三九八－三九九頁。

㉑ 馮承鈞著：《中國南洋交通史》，第一六一頁，引《宋史》卷四八九〈三佛齊〉條文，疑與朱羅摩尼跋摩寺（建在印度的納格巴登Negapatam）同為一事，並見該書註九及註十。

㉒ 《亞洲佛教史．印度篇VI——東南亞佛教》，第二六二頁。又龍山章真著：《南方佛教的樣態》，第二六一頁。

㉓ 龍山章真著：《南方佛教的樣態》，第二六一－二六二頁。

㉔ 崔貴強編著：《東南亞史》，第四七－四九頁。

㉕ 王任叔著：《印度尼西亞古代史》下冊，第四八五頁。

㉖ 王任叔著：《印度尼西亞古代史》下冊，第四二三頁。

㉗ 吳虛領著：《東南亞美術》，第三八二－三八三頁。

㉘ 參考出處：http://borobudurpark.com/our-sites/borobudur/history/。

㉙ 參考出處：http://borobudurpark.com/our-sites/borobudur/history/。

㉚ 參考出處：http://borobudurpark.com/our-sites/borobudur/history/。

㉛ 吳虛領著：《東南亞美術》，第三九五—三九六頁。

㉜ 參考出處：https://en.wikipedia.org/wiki/Pawon。

㉝ 許雲樵著：《南洋史》上冊，第一八九頁。

㉞ 參考出處：http://candi.pnri.go.id/temples_en/deskripsi-central_java-sewu_temple_7。

㉟ 陳秀蓮中文主編：《世界遺蹟大觀11　吾哥與波羅浮屠》，第二十七頁。

㊱ 考公元八五〇年印度《那爛陀敕文》（Nālandā，一九二一年發現）載：是年印度東部波羅王朝第三世王提婆波羅（Devapāla）下詔，奉獻五村與蘇島大王婆羅補多提婆（Bāḷaputrɛdeva）在那爛陀所建的一佛寺。敕文中又述及到嶽帝二君主，一為祖父，一為先王，按即因陀羅及三摩羅東伽。見《東印度の佛教文化》，第四十六—四十七頁。

㊲ 吳世璜著：《東南亞史》，第四十六—四十八頁。

㊳《亞洲佛教史．印度篇Ⅵ——東南亞佛教史》，第二七二頁。

㊴ 龍山章真著：《東印度の佛教文化》，第一五一頁。

㊵《亞洲佛教史．印度篇Ⅵ——東南亞佛教史》，第二七二—二七三頁。

㊶《聖大乘論》內容簡介，取材自《亞洲佛教史．印度篇Ⅵ——東南亞佛教史》，第二七三—二七

五頁。

㊷《聖大乘真言理趣論》內容簡介，取材自《亞洲佛教史．印度篇Ⅵ——東南亞佛教史》，第二七六——二七八頁。

㊸《軍闍羅訶那的故事》內容簡介，取材自《亞洲佛教史．印度篇Ⅵ——東南亞佛教史》，第二七八——二八一頁。

第三章　佛教與印度教的混合及滅亡

（公元一二二二至一五二〇年）

公元七世紀後，印度大小乘佛教日趨衰微，與外道混雜的密宗，即所謂怛特羅佛教（Tantric Buddhism），是以印度東部的波羅王朝為中心所發展出來的密教，為印度佛教史之後期階段，而形成時輪乘（Kālacakrayana）、金剛乘（Vajrayana）、易行乘（Sahajayana）等流派。印度佛教本身有變化，也影響到南海（東南亞）各地。公元十、十一世紀，大乘佛教在印尼、柬埔寨等極為活躍，其原因由於印度波羅王朝統治毘訶羅（Bihar，即現在的比哈爾），那爛陀寺的僧人陸續南渡或東渡，其中著名的阿提沙即在印尼學習和弘法十二年，為時輪乘之創立者。因高僧的到來，致使在爪哇產生佛教哲學名著，如《僧楞迦摩訶衍尼甘》（Sang Langka Mahayanikam），文中強調法印、道場、設施的崇拜，實為密宗，以瑜伽派定那伽（Dinnaga）為權威；及《混闍羅迦羅那》（Kunjarakarna）等，都含有強烈的密宗色彩，或鼓吹大自在天的崇拜，介紹佛教與濕婆教之同一性理論，在南海流傳很廣❶。

公元一二二二年，東爪哇發生了政治上的變動，一個農民叫康安洛（Ken Angrok，一二二二—一二二七在位），以出生地信訶沙利（Singhasari）為根據地，並獲得婆羅門教僧侶的支持，乃起而叛亂，消滅了諫義里，建立信訶沙利王朝。康安洛躍登王位後，自稱是毘濕奴神的化身。

信訶沙利王朝的崛起，雖國運甚短促，相傳五世，僅七十年而亡，但也產生一位英武君主，傾覆蘇島的三佛齊，奠定東爪哇國力的基礎。此王朝時期，佛教與印度教的濕婆派漸趨混合，即所謂濕婆佛陀（Śiva-Buddha）信仰，或稱為興都佛教（Hindu-Buddhist）。

信訶沙利王朝四世王毘濕奴跋壇那（Viṣṇu-vardhana，一二四八—一二六八在位），在他死後，用火化，骨灰的一部分葬在瓦列里（Waliri），建立一尊濕婆像。另一部分葬在呑龐（Tumpang），建立了一座查果陵廟（Candi Jago），並且塑立一尊不空羂索觀音像。到了五世王訖里多那伽羅（Kṛtanagana，一二六八—一二九二在位）治世時，把查果陵廟的神像群又重鑄為銅像，其中有五尊留存至今。這表明了國王是當時為濕婆教和佛教二派的首領，政權控制了神權。從查果陵廟雕刻看來，有濕婆教的故事，也有佛教的故事，但陵廟的性質是佛教的，是把濕婆教的眾神也歸屬於佛教了。據稱，在這些雕塑藝術風格中，是受到印度孟加拉波羅王朝藝術風格的關係。可能由於印度佛教的衰落，當時有不少印度佛學大師來到印尼，因此也帶來印度藝術的影響❷。

到了五世名王訖里多那伽羅時，在統一爪哇內部後，即厲行擴張政策；公元一二七五年他征服了鄰邦的馬都拉（Madura）與峇里島，公元一二八六年左右打敗了蘇島的末羅瑜，成為屬國；然後將勢力伸展到殘延的三佛齊和他在海外的各屬地。這時三佛齊並沒有滅亡，但海外威望盡失，受制於爪哇，局限一隅，且聲勢落在爪哇保護國末羅瑜之下，信訶沙利王朝最後在外島的勢力，達到婆羅洲西南部，摩鹿加群島，以及馬來半島的東部（彭亨），都承認其帝國的宗主權。

訖里多那伽羅除注重國家統一外，同時也加強於文化建設。他個人趣味是向多方面發展，有濃厚科學和哲學的傾向，喜愛語言和宗教書類的研究。他是熱心的佛教徒，精通佛教密宗，敬奉禪定佛，為僧人建立許多精舍，給予人民布施，並自稱為「濕婆佛陀」。著有《萬物起源宇宙開闢論》一書❸。

但由於對外連年戰爭，而致民窮財盡，在國內引起叛亂，很多屬地都起來對抗，最後國王被諫義里總督槃牙迦端（Jayatatwan）所殺，信訶沙利王朝覆滅。他的女婿毘闍耶（Vijaya）被迫逃至布朗塔斯河（Brantas R.）的一滿者伯夷（Majapahit）小村，不久他得到元朝遠征軍（一二九三）的南征，毘闍耶乘機再獲登上王位，成為印尼歷史上顯赫的滿者伯夷帝國（一二九二—一五二〇）❹。

毘闍耶❺統治時代（一二九三—一三〇九在位），滿者伯夷的勢力很快強大起來，據公元一二九四年一碑文說，王自稱是「爪哇全島之主」。毘闍耶曾為信訶沙利王朝的訖里多那伽羅王建築一寺院，塑造一尊阿閦佛像供奉。而王自身死後（一三〇九），遺骨分葬於王城內，及王生前於辛平（Simping）所建築的松巴雅提陵廟裡，此廟並安供王之濕婆像，留存至今，為一藝術傑作。其子闍耶那伽羅（Jayanagara，一三〇九—一三二八）繼位，國內屢起叛亂。王信奉毘濕奴神及不空成就如來。

闍耶那伽羅死後，毘闍耶王的女兒闍耶毘濕奴跋檀尼（Jayaviṣṇuvardhanī，一三二八—一三五〇在位）嗣立，起用有才能而機智的迦查馬達（Gaya Mada）為首相（一三三一—一三六四），國勢達到最隆盛時代。公元一三五〇年，女王讓位於子羅闍沙那伽羅（Rājasanagara，一三五〇—一三八九），國力更加強大，疆域包括東爪哇、馬都拉、峇里島；蘇島和馬來半島的各屬地，也都承認宗主權。公元一三七七年，兵臨巴淋邦，消滅了三佛齊國。

在女王母子和迦查馬達首相統治時期，政治上很靈活地利用了宗教的影響，增強中央政府權力，削弱地方各藩侯的勢力，就是把原先各地方具有支配權的宗教寺院和陵廟，都收歸國王直屬之下，設總監督管理，但名稱仍維持，宗教土地亦公布免征租稅。據當時統計，爪哇全境約有佛教寺院五十餘所，印度教的濕婆派亦約此數，婆羅門教派三十餘所，毘濕奴派最少。又王家菩提寺有二十七處，都委派僧人管理及免稅。宗教建築物中，最壯麗的是波那多蘭陵廟（Panataran）供有濕婆、梵天、毘濕奴神像。同時僧侶亦為王室宗教事務顧問，監督執行儀式，施政吉日選擇，及決定教義解釋。女王讓位後於公元一三七二年去世，被視為智慧女神般若波羅蜜多（Prajñāpāramitā）菩薩的化身，其像建築肯廸波利陵廟（Caṇdi Pari）供奉❻。

在拉查沙納卡拉（Rajasannagara，一三五〇——一三八九）期間，據稱建造了多所佛寺、佛塔、僧及其他行者隱居所，給予很多施捨，而人民也做仿傚，奉獻土地到寺院，可以免苛重稅。對於構築和維修堤防、道路、街道、寺廟、僧寮、紀念物修繕，人民也必須服義務勞役。在滿者伯夷首都王宮的大廣場東邊，有一供給濕婆教、佛教等教徒們講演場所，建有濕婆教高塔，婆羅門苦行僧和佛教徒的寺院和宿舍❼。

據當時宮廷詩人波般加（Prapanca）所著的《那伽羅枳多伽摩》（Nāgarakṛtāgama）史詩（即《羅闍沙那伽羅王行讚》）記載，當時政府在宗教方面，濕婆教與佛教，各教團設一人為總監，嚴格管理宗教行政。在新的各種領地，都派僧侶去向人民傳教。如峇厘島曾派去兩位佛教僧人❽。

其實這時候的佛教，早與印度教相混合，即所謂興都佛教信仰；這種興都佛教，而且又逐漸與土著宗教的精靈及祖先崇拜相融和。

公元一三八九年，羅闍沙那伽羅王死後，外甥兼女婿的威格拉瑪跋達納

（Vikramavardhana，一三八九—一四二九在位）繼位。公元一三九九年，王位繼承人蘇卡王子病逝，國王非常悲傷，至公元一四二九年就將王位讓給女兒蘇希達（Suhita，一四二九—一四四七在位），自己出家為僧❾。這時國運就日益衰微，一因互爭王位，發生內亂和籓邦叛離；二因火山爆發，引起饑饉連年，哀鴻遍野；三因伊斯蘭教侵入，爪哇海岸城市的東西貿易，經濟受到伊斯蘭教徒的掠奪。到公元十六世紀初，爪哇北部沿海地區，就出現了好幾個伊斯蘭教小國，公元一五二〇年，滿者伯夷終為德馬克（Demak）的伊斯蘭教軍所擊敗，結束了兩百多年的統治。

至於印尼佛教和印度教的滅亡，也是受到伊斯蘭教侵入的影響。伊斯蘭教傳入東南亞，早在公元十三、十四紀就開始散播，但到了公元十五、十六世紀才獲得飛速的發展。

伊斯蘭教在公元六二二年源創於阿拉伯半島的麥加（Mecca），後來隨著武力的擴張，一支征到非洲，一支經伊拉克、敘利亞、波斯而伸展到印度。公元十二世紀末，北印度已淪為伊斯蘭教統治區域；公元十三世紀時，西海岸著名的商港胡茶辣（Gujerat），也隸屬伊斯蘭教勢力的範圍。

公元十三世紀後葉，印度胡茶辣伊斯蘭教的商人，將伊斯蘭教信仰傳到蘇門答臘北部的商口巴塞（Pasai）、比敕（Perlak）；不久巴塞的鄰邦蘇木達（Samuda），也改信了伊斯蘭教❿。伊斯蘭教在蘇島沿海各地區的發展，也和早期的印度教及佛教一樣，一經國王或酋長們信奉之後，就建立了穩固的基礎，人民已成習慣，隨從君王所規定的宗教信仰。公元十五世紀初，伊斯蘭教通過婚姻的關係，巴塞將伊斯蘭教的信仰傳到馬六甲去。蘇島北部的啞魯（Aru）和南浡泥（Lambri），也都信了伊斯蘭教。公元一四五〇至一四八〇年，馬六甲王國先後征服蘇島中部的東岸。公元十五世紀末，占碑和巴鄰旁都信了伊斯蘭教。這時候的蘇島，幾乎都成為伊斯蘭教的勢力。

馬來半島上的馬六甲，自從傳入伊斯蘭教後，公元十五世紀便正式立為國教；後來一躍成為傳播伊斯蘭教的中心。同時馬六甲又利用王族通婚的關係，使北方的彭亨和吉打改信了伊斯蘭教。公元一四七〇年，伊斯蘭教勢力又伸到丁加奴與北大年，馬來半島很快就全部伊斯蘭教化了。

至於印尼爪哇方面，在公元十五世紀初，東爪哇的商業很繁榮，許多印度的伊斯蘭教商人，時常往來商業活動，並與當地女子結婚，隨妻子就變為伊斯蘭教徒。其次在馬六甲，有很多爪哇商人寄居，他們與故鄉有密切的聯繫，把伊斯蘭教信仰帶到爪哇的沿海地區⓫。公元一四五六至一四九〇年，爪哇沿海各商港，都逐漸接受了伊斯蘭教信仰，僅有中部和東部的內地，仍信奉原有的印度教和佛教。到公元十五世紀末，伊斯蘭教商人乘時崛起，首先建立了伊斯蘭教化的德馬克王國，到公元一五二〇年傾覆了滿者伯夷帝國。公元一五二三年，商港錦石（Gresik）有三萬伊斯蘭教徒定居。公元一五二五年，西爪哇的萬丹（Bantam）也信了伊斯蘭教。此時爪哇的大部分地區已在伊斯蘭教勢力統治之下。但島上小邦林立，互相攻打，直至公元一五七五年，才由一個土王蘇多威左若（Sutowidjojo 即 Senapati）統一起來，建立了一個伊斯蘭教的摩多藍王國（Mataram）⑫。

在印尼唯一沒有伊斯蘭教侵入的地區，就是爪哇東端的峇厘島，即使到現在也如此。當滿者伯夷滅亡時，爪哇曾有部分印度教徒和佛教徒逃至峇厘島。現在島上約有一百多萬人，仍保持原有宗教信仰和習慣，即印度教與土著各種精靈、祖先混合信仰的崇拜。各地保存很多古代壯麗神廟的建築，這些神廟中，大多供有毘濕奴神像，及杜爾嘉女神（Durgā，濕婆神之妻）。而佛教的痕跡極稀少，祇有在教義的說明上，殘留一點業力與輪迴的概念而已⑬。

在結束本文之前，由中國新聞網報導，再由中國禪宗網轉載：「印尼占碑千年佛塔出土一批中國文物」，因與古代佛教有關係，現亦簡介如下：

印尼占碑省考古隊近日在巴當哈等地的千年佛塔遺址處挖掘出一批中國古文物。這批文物包括唐朝的開元通寶銅錢、軍鑼以及陶器、瓷器。印尼考古專家龐拜告訴記者，根據歷史記載，占碑港灣的佛塔早在公元六六四年唐朝就已建設，成為室利佛逝王朝國王禮拜的重地。印尼國家歷史文物研究中心在公元一九八一年開始對其遺址進行調查研究，發現共有八十四處佛塔遺址被埋於地下，此後陸續對四個遺址進行挖掘，顯示出這是印尼古代馬來王朝一所最大型的佛教學府，占地二六一二公頃，其中包括了師生的生活區和佛殿。他說，中國唐朝佛教高僧義淨於七世紀曾到過三佛齊學經，他在書中描述過在有圍牆圍住的環境裡，有一千多位僧伽聚精會神地學習與修行的情景。目前，這片遺址大多已建成民宅。占碑省政府已收購了八百公頃的園地，現在正致力收購另外一千二百公頃土地，逐步恢復歷史遺址，並計畫將占碑佛塔文明遺址建成一個旅遊公園⓮。

（一九七八年一至三月於紐約東禪寺，登載香港《內明》第七十五—七十九期。二〇一四年增訂於休士頓玉佛寺）

❶ 許雲樵著：《南洋史》上冊，第二一八—二一九頁及邊註五、註六。

❷ 王任叔著：《印度尼西亞古代史》下冊，第五一六—五一七頁。

❸ 王任叔著：《印度尼西亞古代史》下冊，第五二一、五三三頁。

❹ 《亞洲佛教史．印度篇Ⅵ——東南亞佛教史》，第二六六頁。及龍山章真著：《南方佛教的樣態》，第二七一頁。

❺ 毘闍耶王 Vijaya，在《元史》卷二一〇〈爪哇傳〉中，稱土罕必闍（Reden Vijaya）。

❻龍山章真著：《南方佛教的樣態》，第二七二——二七三頁。又《東印度の佛教文化》，第七十八——八十一頁。

❼王任叔著：《印度尼西古代史》下冊，第五七九——五八〇、五八四頁。

❽《亞洲佛教史．印度篇Ⅵ——東南亞佛教史》，第四十九頁。

❾劉必權著：《印尼、東帝汶》，第十頁。

❿《元史》載，公元一二八二年蘇木達國王遣使哈散（Hasan）及速里蠻（Sulayman）入朝，二人均為伊斯蘭教名字。又公元一二九二年，威尼斯馬可波羅（Marco Polo），自中國西返，經蘇島記載說：「應知伊斯蘭教徒時常往來此國（比敕），曾將國人勸化，歸信伊斯蘭摩訶末（即 Mahomet 穆罕默德）之教。」又考巴塞的第一任國王為伊斯蘭教徒，死於公元一二九二年。

⓫明時（公元十五世紀初）馬觀著：《瀛涯勝覽．爪哇國》條說：「（滿者伯夷）國有三等人；一等伊斯蘭教人，皆是各地西商為商流落此地；一等唐人，多有從伊斯蘭教受戒持齋者；一等土人，崇信鬼教（印度教，佛教，精靈等）』。可證伊斯蘭教於公元十五世紀初已傳入爪哇北岸。

⓬這一伊斯蘭教摩多藍王國（Mataram）與前文第二章第一節中於公元八世紀初之濕婆教馬打藍王朝（Mataram）無關。蘇多威左若出生平民。

⓭龍山章真著：《南方佛教的樣態》，第二七九——二八一頁。

⓮顧時宏著，資訊來源：中國新聞網，二〇一一年九月十一日中國禪宗網。

參考文獻

《大正藏》第四、第五十、第五十一、第五十四冊。
《大唐西域求法高僧傳》卷下，《大正藏》第五十一冊。
《南海寄歸內法傳》，《大正藏》第五十四冊。
《舊唐書》
《佛祖統記．法遇傳》卷四十三，《大正藏》第四十九冊。
《宋史．天竺傳》卷四九〇。
王任叔著：《印度尼西亞古代史》上、下冊，北京：中國社會科學出版社，一九八七年。
《佛光大辭典》，高雄：佛光山出版社，一九八八年。
淨海法師著：《南傳佛教史》，臺北：法鼓文化，二〇一四年。
許雲樵著：《南洋史》上冊，星洲世界書局，一九六一年。
賀聖達著：《東南亞文化發展史》，雲南：雲南人民出版社，一九九六年。
馮承鈞著：《中國南洋交通史》，臺北：臺灣商務印書館，一九九三年。
馮承鈞譯：《占婆史》，臺北：臺灣商務印書館，一九七三年。
宋立道編著：《世界佛教》，河北省佛學院，二〇〇〇年。

陳明德著，淨海法師譯：〈泰國佛教史〉，載《海潮音》四十六卷，五至八期。

《中華佛教百科全書》（四），臺南：中華佛教百科文獻基金會，一九九四年。

《簡明不列顛百科全書》中譯本，第九卷。

新加坡聯營出版有限公司編輯部編譯：《東南亞簡史》，新加坡：新加坡聯營出版有限公司，一九五九年。

崔貴強編著：《東南亞史》，新加坡：新加坡聯營出版有限公司，一九六五年。

吳世璜編：《印尼史話》，雅加達：椰城世界出版社，一九五一年。

劉必權著：《印尼、東帝汶》，新北市：川流出版社，二〇〇八年。

淡然居士文：《中國與印尼的佛教關係》（普度網路）。

慧海譯：《印尼之佛教》一文，收在《現代佛教學術叢刊．東南亞佛教研究》。

D. G. E. Hall: *History of South-East Asia*, 1964, London.

Sir Charles Eliot: *Hinduism and Buddhism*, 1962, London.

B. Harrison: *South-East Asia: A Short History.*

龍山章真著：《南方佛教の樣態》，東京：弘文堂，昭和十七年。

《亞洲佛教史．印度篇Ⅵ——東南亞佛教史》，東京：佼成出版社，昭和四十八年。

http://borobudurpark.com/our-sites/borobudur/history/

第三篇 馬來西亞早期佛教略史

第一章　馬來西亞古代列國的佛教（公元初至六世紀）

一、馬來西亞的名稱由來

馬來亞（Malaya）是一個梵文字，音譯是「摩賴耶」，原義為「山」，如印度泰米爾語（Tamil）稱山為「馬來」（Malai）。摩賴耶是一座產檀香的山名，在南印度麻囉拔（Malabar）之西。檀香的梵語為「摩賴耶闍」（Malayaja 巴利語同）。印度南部有「摩賴耶山峰」（Malaya Parvatas）。從我國佛教史傳中又知道摩賴耶為南印度一國名，如《宋高僧傳》卷一載有「釋跋日羅菩提（Vajrabodhi），華言金剛智，南印度摩賴耶國（Malaya）人也……年十六開悟佛理，不樂習尼揵子諸論，乃削髮出家……十餘年，全通三藏，次復遊師子國（斯里蘭卡），登楞伽山，東行佛誓（Srivijaya，印尼巴鄰旁）、裸人（Nicobor）等二十餘國，聞脂那（中國）佛法崇盛，泛舶而來，以多難故累歲方至，開元己未歲（七一九）達於廣府。」

斯里蘭卡也有一座山和一處地名稱作「摩賴耶」（Malaya）。

印尼蘇島中部的占碑（Jambi）有一古國叫「馬來由」（Malayu），是印度文化傳入蘇島後，把摩賴耶一名移殖過來，這個國家最遲不晚於公元五世紀。公元六七二年十月，我國高僧義淨曾至末羅瑜（即馬來由）。所撰《大唐西域求法高僧傳》卷下說：「……未隔兩旬，果之佛逝。經停六月，漸學聲明，王贈支持，送往末羅瑜國（原註：今改為室利佛逝也）。」馬來由（Malayu）與馬來亞（Malaya）是同源於梵文，如現在泰文及高棉文，仍稱馬來亞為馬來由。最後收音為u的發音。

摩賴耶一名轉變為馬來亞或馬來半島，最遲不晚於公元十三世紀，不過在巫文中，「馬來由」僅作種族稱，未用在國名或地名，因為馬來民族自蘇島移入半島之前，已接受「馬來」名稱。至英人勢力侵入馬來，開始組織馬來聯邦（Federated Malay States），以後才再演進產生「馬來亞」及「馬來半島」名稱。公元一九六三年九月十六日宣布由馬來亞、砂勝越、沙巴等三個聯邦直轄區和十三州合組成「馬來西亞（Malaysia）聯邦」，面積有三四五八四五平方公里。馬來西亞共分為兩大部分，之間有南中國海相隔著：一個是位於馬來半島的西馬來西亞，北接泰國，南部隔著柔佛海峽，以新柔長堤和第二通道與新加坡接壤；另一個是東馬來西亞，位於婆羅洲島上的北部，南鄰印尼的加里曼丹，而汶萊國則地處沙巴州和砂勞越州之間。首都吉隆坡，布城是聯邦政府所在地。全國人口超過二千八百萬。

古代印度人稱馬來半島為黃金半島。華人與印度人在公元二、三世紀在這個區域建立許多貿易港與城鎮，依據中國史料記載，數量多達三十個。兩國對馬來西亞的地域文化影響深遠。公元初至十四世紀，馬來半島人主要信仰是佛教和印度教。在四世紀，更採用梵語做為書寫文字。在公元七世紀到十三世紀之間，馬來半島的許多地區由三佛齊所統治，其中心位置於蘇門答臘巴鄰旁（Palembang）。在三佛齊衰落後，以爪哇為統治中心的滿者伯夷對於大部分的印度尼西亞、馬來半島及婆羅洲沿海地區具有影響力。

古代的馬來亞，指的是從今日泰南克拉地峽中經馬來半島到印度尼西亞蘇門答臘的地理範圍，為時則自公元七十八年到十五世紀左右，有些地方可提前至公元十三世紀的信史或印度化時期。現在的馬來西亞，簡稱大馬。在馬來西亞憲法之下，以伊斯蘭教為國教。但人民依舊享有宗教自由，各族群及語言並存。

古代馬來亞分成很多國家，興衰交替不定，有些國家地名，現在已不在馬來西亞境內，如頓遜現今在緬甸近丹老港；盤盤、狼牙修、赤土都在泰國南部克拉地峽一帶，當時泰族人尚未建立國家。本文中只能敘說與馬來亞早期佛教史有關係的國家。

馬來西亞早在二千年前，即為中、印兩國之間南海交通經道。自公元初，馬來半島古代列國有都元、諶離、皮宗、頓遜、拘利、班門、蒲羅中國、盤盤、狼牙修、丹丹、赤土、箇羅、哥谷羅、羯荼、羅越等國❶。這些古代列國都很小，政治不穩定，都沒有形成很大的統一國家，而且受到外來的影響，常為他人的屬國，沒有出現過一個獨立統一的政權。直到公元十五、六世紀以後，馬六甲王國的出現，才結束了馬來半島南部割據分散局面。而這時已由原來的信奉佛教和印度教的文化，轉變為信奉伊斯蘭教文化了。

現將馬來半島古代列國與佛教有關係的國家，分別敘述如下。

二、馬來西亞早期佛教史的建立

由於馬來西亞古代是受到外來的影響，這包括外來民族（巫人、華人、印度人）、政治權力、典章制度、宗教信仰等。所以，從馬來歷史、考古文物、外文記錄，有關於佛教方面的，幾乎都是零星或片斷的，沒有整體的篇章或專書，欲建立馬來西亞古代佛教史，是比較困難的。為敘述方便，今可分為下列三個時期：

1. 公元七十八至六六九年，為古列國時期，此時期是城邦式小國，從克拉地峽到蘇門答臘多處，但除零星雕像、建築物與碑銘外，另加中國、印度等國外的紀錄，也無法對這些城邦小國有具體的認知與了解，很多歷史事件都很難清楚了解。

2. 約公元六七〇至一二七四年，為印尼室利佛逝王朝時期，此王朝以蘇門答臘巴鄰旁為基地，兼併上述馬來亞地區之城邦小國外，其管轄範圍也遠至今日柬埔寨、爪哇等地，文獻漸增與明朗，其附庸國開始於公元一二七五年受侵後乃逐漸沒落。

3.公元一二七五至一四〇一年，為爪哇及暹羅統治時期，原室利佛逝王朝之克拉地峽至馬來半島與蘇門答臘的領土，分別淪為暹羅素可泰王朝（Sukhothai，一二五七—一四三六）與爪哇滿者伯夷王朝（Majapahit，一二九二—一五二〇）的基地，至麻六甲王朝於公元一四〇二年興起後而告終❷。

馬來西亞的古代佛教史，很不容易編寫，主要在三方面：一是古代佛教史文獻的缺乏，二是出土佛教文物的不足，三是研究古代佛教史和考古學者稀少。因此要構建馬來西亞古代佛教史，所有資料都是非常零碎，也不完整的，沒有辦法劃分時代，不能前後互相連貫銜接起來，只有以某些古國或地區，描述其梗概而已。

三、金地

金地（Suvaṇṇabhūmi）亦稱金洲、金陳，學者尚未考定在古代東南亞什麼方位。在斯里蘭卡《大史》（Mahāvaṃsa）裡載有阿育王時曾派遣須那（Soṇa）和鬱多羅（Uttara）二位長老往金地傳布佛法。金地有人認為是泛指下緬甸、暹羅，以迄馬來亞一帶。泰人說在泰國中部的佛統（Nakhon Pathom，巴利文為Nagara-paṭhama，義為最初城），因為在一些遺址發現很多古代佛教文物出土。緬甸人則說是在緬甸南部的直通（Thaton），為古代孟族人所建的都城，盛行上座部佛法（公元前一〇四年）。依英國佛教學者戴維斯（T. W. Rhys Davids，一八四三——一九二二）解釋金地的範圍，自孟族到越南，及自緬甸到馬來亞。希臘學者托勒密（Ptolemy）在其《世界古國地圖》的金地（Goldden Knersonese），是在東南亞，而專指馬來半島。在印度文獻中，則多指蘇門答臘。不過關於古代金地歷史資料不足，佛教流布的情形很難考察。可以確定的，印度人在公元前四、五百年，已向東南亞的印尼、馬來西亞、高棉、越南、緬甸等地經商。阿育王時印度佛教大興，而有印度佛教徒往上述各地傳教。至公元初，印度移民大量湧入東南亞，除了經商外，並輸入文化、宗教、藝術等。

印度宗教文化的輸入東南亞，一般說先是婆羅門教，其次是佛教。但法國學者喬治．賽代斯（George Cœdès，一八八六——一九六九）認為，佛教也起了積極重要的作用，甚至還暗示，在婆羅門教未傳入以前，佛教實際上已經傳到東南亞，起了開路先鋒的作用，因為佛教僧人負有積極傳教師開拓的精神。而早期印度婆羅門教是一種從師尊直接傳授給門徒的神祕主義，只限於婆羅門這一種姓❸。但從東南亞各國出土的文物考察，都無法證明公元前有佛教傳入的可能。佛教的傳入東南亞，是從公元二世紀開始。

印度人早在公元前二世紀就與東南亞有商業關係，金地或許與馬來半島有關，印度商船通過孟加拉灣，受西風的影響，遠航船隻會在吉打州的北部地峽裡停泊靠岸，然後航經馬六甲海峽，抵達東南亞大陸（中南半島）。

四、第一個佛教國家「狼牙修」

狼牙修（Langkasuka）是一個印度文化傳入的國家，何時建國不詳，有說約在公元二世紀，公元十五世紀滅亡，中心可能在吉打峰（Kedah Peak）山麓，隨後擴張勢力，而至泰國南方。公元六世紀時狼牙修的疆域，地跨馬來半島北部，包括今日馬來西亞的玻璃市、吉蘭丹、吉打及泰國的宋卡、北大年一帶。以吉打城（今亞羅士打，Alor Star）為貿易商港，中、印交通甚密。中國史籍記載最早見於《梁書》稱狼牙脩。《續高僧傳．拘那羅陀傳》作楞伽修，《隋書．赤土傳》作狼牙須，《南海寄歸內法傳》作郎迦戍，《諸番志》作凌牙斯或凌牙斯加，《島夷志略》作龍牙犀角，《鄭和航海圖》作狼西加。它延續到公元十三世紀，都是一個印度化佛教國家。狼牙修當時的居民以吉蔑人（即高棉人的一種）為主，而統治階級是印度人，使用南印度的文字。

《梁書．狼牙修國傳》卷五十四：「狼牙修國在南海中，其界東西三十日行，南北二十日行，去廣州二萬四千里，土氣物產與扶南略同……國人說，立國以來四百餘年……天監十四年（五一五）遣使阿徹多奉表曰：『大吉天子足下，離淫怒癡，哀愍眾生，慈心無量，端嚴相好，身光明朗，如水中月，普照十方。眉間白毫，其白如雪，其色照耀，亦如月光，諸天善神之所供養，以垂正法。寶梵行眾增莊嚴，都邑城閣，高峻如乾陀山（Gandha-Madana）……天王愍念群生，民人安樂，慈心深廣，律儀清淨，正法化治，供養三寶，名稱宣揚，布滿世界，百姓樂見，如月初生，譬如梵王，世界之主，人天一切，莫不皈依❹。』」

引文中說狼牙修「立國以來，四百餘年」，以此推論，立國當在公元第一世紀到第二世紀之間。從表文用語，應該是佛教國家。

《續高僧傳》卷一說：「拘那羅陀，陳言親依，或云波羅末陀，亦云真諦，並梵文之名字也。本西天竺優禪尼國人……以大同十二年（五四六）八月十五日達于南海（大同十二年四月改元年大同，大同十二年無八月，年和月必有一誤）沿路所經，乃停兩載，以太清二年（五四八）潤八月始屆京邑……逮陳武永定二年（五五八）七月，還返豫章，又止臨川晉安諸郡。真諦雖傳經論，道缺情離，本意不申，更觀機壞，遂欲汎舶往楞伽修國，道俗虔請結誓留之，不免物議，遂停南越……。」

唐代義淨法師於公元七世紀由海路往印度求法，途經「羯」的地方，即是今天的吉打。大約在公元十一世紀時，吉打就是室利佛逝（Srivijaya）佛教王國的首都。

《南海寄歸內法傳》卷一註云：「從那爛陀東行五百驛，皆名東裔，乃至盡窮，有大黑山，計當土蕃南畔。傳云：是蜀川西南行可一月餘，便達斯嶺。次此南畔，逼近海涯，有室利察呾羅國（緬甸古驃國 Prome），次東南有郎迦戍國，次東有社和鉢底國（Dvaravati，今泰國華富里），次東極至臨邑國（Campa 即占波，在南越），並悉極遵三寶。」

《大唐西域求法高僧傳》卷上：「義朗律師者，益州成都人也……與同州僧智岸并弟一人名義玄……既至烏雷同附商舶，掛百丈陵萬波，越舸扶南，綴纜郎迦戍，蒙郎迦戍國王待以上賓之禮，智岸遇疾於此而亡，朗公既懷死別之恨，與弟附舶向師子洲，披求異典，頂禮佛牙，漸之西國。傳聞如此，而今不知的在何所，師子洲既不見，中印度復不聞，多是魂歸異代矣。年四十餘耳。」

又說：「義輝論師，洛陽人也……到郎迦戍國，嬰疾而亡，年三十餘矣。」

《梁書》狼牙脩，《續高僧傳》楞伽修，《大唐西域求法高僧傳》郎迦戍，是指同一個地方，音譯不同。至於狼牙修，因歷史建國方位不明，學者考證莫衷一是。也有說狼牙修古國，不在現在馬來亞境內，如日人藤豐田八依《鄭和航海圖》有狼西加一名，考為泰國南陲的北大年，並主張地跨半島兩岸。南洋大學許雲樵教授考在泰國克拉地狹北緯十度三十分左右的春篷（Chumpora），古時也是中印交通的要衝[5]。但至元代稱

「龍牙犀角」時期，已不見佛教盛況。

學者許鈺認為狼牙修原發展於吉打，至宋代時始拓地至泰南的北大年❻。馬來西亞歷史學者阿力諾博士認為，泰南的北大年（Pattani）就是狼牙修，依時代不同有過不同的名字。這個國家的中心、首都經常更換，偶爾在吉打，有時候移到北大年。公元十二世紀起信仰伊斯蘭教，公元一九〇二年被泰國吞併，至今泰國設為北大年府❼。

五、盤盤國

盤盤國（Phan Phan）在公元三至七世紀時，是一個印度化小國，後為室利佛逝所統一。南北朝及唐朝時期皆有遣使到中國。盤盤國的地點，或在泰南蘇叻他尼（Surat Thani）或洛坤（Nakhon / Ligor）一帶，即在馬來半島東岸暹羅灣附近，與狼牙脩國接壤，北接占城、墮羅鉢底，東南接哥羅。

洛坤即現在泰國南部的那空是貪瑪叻（Nakhon Si Thammarat）梵語為 Nagara Sri Dharmarāja，意為「法王聖城」，公元三世紀受印尼室利佛逝所統治，是馬來半島上最大最古名城。在公元四、五世紀馬來各島所發現的石碑，都是用梵文書寫，其中有三塊碑文是記載佛教的。後來經歷了泰國馬來族建立的洛坤帝國之都城，中世紀時為跨半島國際貿易路線上的轉運港，對外貿易發達，亦為一佛教中心。早期佛教遺跡中有一座大佛塔，圍繞大塔有五十座寺院建築物。公元八世紀或更晚時期，有一塊碑文中說，國王和僧眾修建了三座用磚建築的三座寺院，供奉佛像。在公元七七五年又修建了五座佛塔❽。

古盤盤國，多數學者考證，也疑在馬來半島。國名最早見於《梁書．扶南傳》卷五十四：「憍陳如（Koundinya）本天竺婆羅門，有神話曰，應王扶南，乃心悅而南至盤盤，扶南人迎西而立焉。」這是公元四世紀下半期。有〈盤盤傳〉：「盤盤國……大通元年（五二七），其王使使奉表曰：『揚州閻浮提震旦天子萬善莊嚴，一切恭敬，猶如天淨無雲，明耀滿目，天子身心清淨，亦復如是。道俗濟濟，並蒙聖王光化，濟度一切，永作舟航。臣聞之慶善，我等至誠，敬禮常勝天子足下，稽首問訊，今奉薄獻，願垂哀受。』中大通元年（五二七）五月，累遣使貢牙像及塔，并獻沉檀香等數十種。六年（五三四）八月，復使送菩提國（即菩提場或菩提伽耶 Bodhi Gaya）真舍利及畫塔，并獻菩提樹葉，詹糖等香。」詹糖即由多羅樹（Tala）所製的糖，馬來土產之一❾。

《舊唐書．盤盤傳》卷一九七：「盤盤國在林邑（Campa）西南海曲（海灣）中，北與林邑隔小海，自交州（Annam）船行四十日乃至。其國與狼牙修為鄰，人皆學婆羅門書（梵文），甚敬佛法。」《新唐書．盤盤傳》卷二二二下：「有佛道祠，僧食肉，不飲酒；道士謂為貪，不食酒肉。」僧食肉，當為小乘上座部僧；此處道士稱貪，當係指婆羅門，不食酒肉。同書又說：「其俗與天竺無軒輊；累石為城，以象出戰，焚屍沉灰，皆天竺之制，且所獻五色鸚鵡，亦南天竺所獻方物，故其印化頗深⑩。」

《南海寄歸內法傳》卷一〈南海諸州條〉：「從西數之，有婆魯師洲（Baros）、末羅遊洲，即今尸利佛逝國是、莫訶信洲、訶陵洲（爪哇）、呾呾洲，盆盆洲，婆里洲（Bali）、掘倫洲、佛逝補羅洲、阿善洲、末迦漫洲，又有小洲，不能具錄。」又說：「斯乃咸遵佛法多是小乘，唯末羅遊少有大乘耳……南至占波，即是臨邑，此國多是正量，少兼有部……至跋南國，舊云扶南，先是裸國，人多事天，後乃佛法盛流。惡王今並除滅，迥無僧眾，外道雜居，斯即贍波南隅，非海洲也。」義淨法師住南海多年，精通梵語及各地方言，諸洲佛教情形必熟。其中盆盆洲即盤盤國，與呾呾洲同在馬來半島，為印度化佛教國家。

義淨《大唐西域求法高僧傳》卷上說：「曇潤法師，洛陽人也……漸次南行，達於交阯……汎船南上期西印度，至訶陵北渤盆國，遇疾而終，年三十矣。」按馮承鈞著《中國南洋交通史》第七章註一云：「此渤盆國與南海寄歸傳之盆盆應為一地。」

六、頓遜（典孫）

頓遜一名，最早見於《梁書．扶南傳》。史勒格（Schlegel）考為下緬甸的丹那沙林（Tenasserim），為學者所公認，相距丹老（Mergui）港口約五十餘公里，在公元六世紀初為扶南屬國。自丹那沙林溯流向東南行約百餘公里，可達盤盤。頓遜又名典遜，現已不存在。

頓遜在馬來半島西接孟加拉灣，東臨南海，自古為中西交通要道。《梁書．扶南傳》中有關頓遜的記載是：「扶南國……其南界三千餘里有頓遜國，在海崎（海崎解為地峽或半島之義）上，地方千里，城去海十里。有五王並羈屬扶南。頓遜之東界通交州，其西界接天竺、安息徼外諸國，往還交市。」

《太平御覽》卷七八八引竺芝《扶南記》說：「頓遜國屬扶南，國主名崑崙。國有天竺胡五百家，兩佛圖（浮屠，即佛塔），天竺婆羅門千餘人。頓遜敬奉其道，嫁女與之，故多不去，唯讀天神經（指婆羅門經典）。」同書並提到在盤盤國，「其國多有婆羅門，王其重之⑪。」這顯示頓遜國當時有印度人移民，多信婆羅門教，頓遜人亦敬奉其道。既有兩佛塔存在，當亦有佛教徒。

北魏楊衒之《洛陽伽藍記》卷四永明寺條載：「南中有歌營國（即加營，位置應在蘇島），去京師甚遠，風土隔絕，世不與中國交通，雖二漢及魏，亦未曾至也。今始有沙門菩提拔陀（Bodhibhadra，梵名亦稱佛陀跋陀羅 Buddhabhadra，中譯覺賢）至焉。自云：北行一月至勾稚（Coli，亦作勾離）國，北行十二日至孫典（應為典孫 Tenasserim）國。從孫典國北行三十日至扶南國，方五千里，南夷之國最為強大……從扶南國北行一月至林邑國。出林邑，入蕭衍國（即梁武帝，五〇二—五四九在位）[12]。」

在古代頓遜國範圍內，有公元五、六世紀鑄造的許多佛像，在靠近泰國南部的納拉提瓦特（Narativat），這裡出土的佛像屬於阿摩羅缽底風格，或更早阿耨羅陀補羅（Anurādhapura）風格，袈裟被於左肩，袒露右肩，衣褶似如層層波浪，右手做施無畏印，左手撩起袈裟[13]。

頓遜的歷史，大都是在漢末時，梁朝（五〇二—五五七）以後，即不見於史籍。或因政治中心東移至盤盤的波蘭補利（Pranpuri），不顯得重要了。

七、丹丹國

丹丹國（Tan-Tan）考訂是在馬來西亞吉蘭丹（Ke Lantan），丹丹最早見於《梁書・丹丹傳》卷五十四：「丹丹國，中大通二年（五二八），其王遣使奉表曰：『伏承聖主，至德仁治，信重三寶，佛法興顯，眾僧殷集，法事日盛，威嚴整肅，朝望國執，慈愍蒼生，八方六合，莫不歸服。化鄰諸天，非可言喻，不任慶善，若暫奉見尊足，謹奉送牙像及塔各二軀，并獻火齊珠、古貝、雜香藥等。』」從表文及貢物得知，是一佛教國家⓮。

《新唐書・單單傳》卷二二二下，有「俗墮羅缽底（Dvāraviti）同」，墮羅缽底在公元六世紀，為孟吉蔑人在泰國佛統、華富里一帶建立的古國，深受印度文化熏陶，則丹丹也是一印度文化佛教國家，單單即丹丹。

《南海寄歸內法傳》卷一〈南海諸洲〉，記有「呾呾洲、盆盆洲」，丹丹和盤盤。清朝文獻通考卷二九七《柔佛考》又稱單呾。

近代學者惠特萊（Wheatley）考證說，丹丹位於東海岸之貝素特（Besut）和瓜拉登嘉樓（Kaula Tetengganu）之間；而另一學者布萊德（Braddell）則說位於今天的吉蘭丹境內。

八、赤土國

前面說的赤土國，隋時（五八一──六一八）是一大國，到唐時已不存在。赤土國的方位，依惠特利研究的主張，這個地方是在吉蘭丹河地區；依許雲樵的史料比對，它是今天泰國南部的宋卡（Singgora）。隋煬帝大業三年（六〇七）曾遣常駿和王君政前往赤土國，留有詳細的記載。在《隋書》和《通典》中有相似的記錄。《隋書．赤土傳》卷八十二說：

「赤土國，扶南之別種也，在南海中，水行百餘日而達，所都土色多赤，因以為號。東波羅剌國，西婆羅娑國，南訶羅旦國，北拒大海，地方數千里。其王姓瞿曇氏，名利富多塞，不知有國近遠。稱其父釋王位出家為道，傳位於利富多塞，在位十六年矣。有三妻，並鄰國王之女也。居僧祇城（Singora），有門三重，相去各百許步。每門圖畫飛仙、仙人、菩薩之像，懸金花鈴毦。婦女數十人，或奏樂、或捧金花。又飾四婦人，容飾如佛塔邊金剛力士之狀，夾門而立。門外者持兵仗，門內者執白拂……其俗敬佛，尤重婆羅門……。」大業六年（六一〇）奉使回至弘農⓯。

從記載的描述，赤土國當時是一個婆羅門教和佛教興盛的國家。並記載公元七世紀時，赤土國有一位統治者放棄王位而出家，由他的兒子富利多塞和平地繼承王位。

在霹靂的瓜拉．塞林辛一處遺址，即現今威斯利省的北部，發現一些古物中，在一塊石板上刻有一座頂上有七層寶華蓋的佛塔，上面除刻有跋羅婆字體梵文佛偈外，還包括了祈求船主佛陀笈多（Buddhagupta）所規畫的一次航行成功的祈禱文，該石碑約在公元四〇〇年，表示一種願望，他與同伴的航行將會成功。據說這位船主是住在「赤土國」。惠特利曾經研究赤土的方位，他發表文章主張，這個地方是在吉蘭丹河地區，而不是如戈岱司所贊同的在暹羅的博他崙地區。從石碑祈禱文來看，這顯然是從南印度傳入馬來亞的大乘佛教⑯。

赤土國的首都獅子城在內陸，要走一個月才能到。它內部森林的出產品在海外市場上很受歡迎。赤土國王有船三十艘，運載貨物去其他國家，從事黃金、樟腦等貿易交換中，賺取了大量財富⑰。

九、羯荼（吉陀、吉達、吉打、榕城）

羯荼即今馬來西亞聯邦的吉打（Kedah），經學者研究，吉打是從梵文「迦阤訶」

或「羯荼訶」（Kataha）一字簡化而來，是印度人移殖到馬來亞的地名。古吉打王國（Kedah Tua）是位於馬來半島著名的早期王國之一。它在古代印度文獻也被稱為逝陀訶或羯荼訶（Kataha），根據唐代高僧義淨的《大唐西域求法高僧傳》，也稱為羯荼。

從馬來西亞最豐富的考古遺址，布章谷（Bujang Valley）的寺廟古蹟可以證明，古吉打先後受佛教和印度教影響。義淨在《高僧傳》中也提到，古吉打的港口是當時印度、斯里蘭卡、波斯和歐洲的商人，前往東方前的貨物集散、轉運和修船之地。

吉打的古代史，可分兩個時代，箇羅（Kalah）時代和羯荼時代。箇羅時代是印度泰米爾人移殖時期，大約始自公元四世紀，箇羅名稱為泰米爾語 Kalagam 譯出。羯荼時代大約始自七世紀，南傳佛教興盛，當時有些印度、中國和南海的佛教徒，都要到此巡禮一下。

我國高僧義淨往返印度，都經過羯荼（吉打）。《大唐西域求法高僧傳》卷下記述行程說：「于時咸亨三年（六七二）……未隔兩旬，果之佛逝（Srivijaya，今Palembang），經停六月，漸學聲明，王贈支持，送往末羅瑜國（占卑）（原註：今改為室利佛逝也）。復停兩月，轉向羯荼（Kedah），至十二月舉帆還乘王舶，漸向東天（東印度）矣。從羯荼北行十日餘，至裸人國（Nicobar 島）……從茲更半月許，望西北行，遂達耽摩立底（Tamralipti，Tamluk）國，即東印度南界也……十載求經，方始旋踵言歸，還耽摩立底。未至之間，遭大劫賊，僅免剚刃之禍，得存朝夕之命。於此升舶，過羯茶國，所將梵本三藏五十餘萬頌，唐譯可成千卷，權居佛逝矣[18]。」

同書〈無行傳〉載：「無行禪師者，荊州江陵人也，梵名般若提婆（唐云慧天）……與智弘（洛陽人王玄策之姪）為伴，東風泛船，一月到室利佛逝國。國王厚禮，特異常倫……後乘王舶經十五日達末羅瑜洲，又十五日到羯茶國。至冬末，轉船西行，經三十日到那伽鉢亶那（Nagapattana）。從此泛海二日到師子洲，觀禮佛牙。從師子洲復東北泛船一月，到訶利雞羅（Harikera，Karikal）國，此國乃是東天之東界也，即贍部洲之地也。」無行、智弘雖自羯茶往師子洲，和義淨往東天竺不同，但離羯茶以前的行程是一樣的[19]。

在吉打州內的布詹（Bujang）區，最早出土的一尊佛像（高八吋半），是屬公元四世紀笈多（Gupta）時代的作品，還有各種各樣的公元八至十世紀的佛像。布詹河（Bujang R.）為古印度移民密集的流域，也是吉打最早接受印度文化的地方。考古學者曾在這裡發掘許多梵文碑刻，其中有公元五至六世紀的，上面刻有大乘中觀思想的論文。有殘破神廟遺址和印度文化的遺物，是為婆羅門教的證明。到公元五世紀，佛教也傳入吉打[20]。

到吉陀時代，已進入中世階段，自公元九世紀以迄十四世紀，是印度注輦和泰國勢力交替時代。此後就是馬來人滿剌加王國伊斯蘭教時期了。

注輦最盛的時期是在公元十一世紀，曾侵略吉打和室利佛逝，留有碑銘記載。一件為羅荼羅乍（Rajaraja，九八五—一〇一四）立於公元一〇〇六年，碑銘以泰米爾文和梵文並列，稱為「大布施」，誌明吉打王和室利佛逝王布施一座村莊，做為那伽八丹（Negapatam）一座佛寺之用。另一件碑銘只刻有泰米爾文，稱為「小布施」，所誌年代為公元一〇八九至一〇九〇年，也是應吉打王的請求，供獻一個村莊給那伽八丹該寺之用。值得注意的，注輦王室是信奉印度教大自在天（濕婆派）的，從這兩件碑銘看來，注輦對吉打宗教是抱持容忍和友誼態度。

泰國人稱吉打為榕城。泰文《榕城紀年》說，（吉打）第七世君主之前，都是信奉佛教的，不尚土葬。又在第二世和第六世的尊號，泰文都作「菩提薩」字樣，也就是梵文「菩提薩埵」的簡化。大約到第七世才改奉伊斯蘭教，改稱蘇丹曼藩沙（Sultan Manfan shah）㉑，據記載吉打信奉伊斯蘭教，始自公元一四七四年。

公元一八〇四年，一名駐檳城英籍警官詹姆斯．洛（James Low）在當時是英國殖民地的馬來半島，陸續發現一些公元五世紀的梵文石碑及佛寺遺址，他在莫目河和布詹河之間發現的武吉梅林（Bukit Mariam）佛教遺址，是在一間磚房裡一塊石板刻文，這間房子可能是一位僧人修行的小室。碑文有兩首佛偈，是用古跋羅婆（Pallava）字體雕刻的。第二首的四句偈語為：「造業由於無知，有業必須輪回，有知即可無業，無業使免輪回㉒。」另威爾斯博士（Dr. Quaritch Wales，一九〇〇—一九八一）也曾在布詹河流域（Sungai Bujang）附近發現也是刻有古跋羅婆字母的碑銘，刻成年份大約在公元六世紀，經文說明大乘佛教中道的思想㉓。又威爾斯博士於公元一九四一年在吉打發現一尊印度笈多時代的銅佛像遺物，衣著之間已無希臘式之褶紋，而類似透明可以窺見衣內之全身。並在行文寫明「這是在馬來亞內發現的最早期之佛像」，現藏於新加坡萊佛士博物院㉔。

從事布詹河谷考古工作超過四十年的拿督聶哈山表示，根據唐朝義淨的記載，稱當地名為「羯荼」，印度文獻裡則稱為「Kadaha」，當時屬羯荼王國，可是在馬來文獻中，沒有相關吉打王朝的記錄。從出土的文物，破碎的磁皿，可追溯至唐朝，證明此處過去是一個繁忙的商港，而出土的佛像和陵廟，更證實了佛教曾經在這裡盛行。由於布詹河谷的出土文物，摻雜了佛教和印度教，歷來許多學者皆無法判定所信仰的宗教是否以佛教為主。聶哈山以東南亞各國，從緬甸、泰國、印尼的情況來看，他相信本國的情況一樣，佛教先傳入為主要的宗教，印度教在後來才崛起。當局在布詹河谷鑒定有八十處遺址，目前在挖掘的只有十多個。但未受到國人的重視，包括佛教徒也不了解㉕。

聶哈山更將十多個已發掘的遺址依編號分為三個階段㉖：

階段	年代	遺跡編號	主要文化
第一階段	公元四至五世紀	1，2，3	佛教
第二階段	公元六至八世紀	4，5，6，7，8，9	興都教
第三階段	公元八至十世紀	10，11，12，13，14，15，16	佛教（大乘）

在布儋谷已發掘的遺址上，多數是寺廟遺跡，有四座已整理但僅存建築的塔基是：邦噶蘭布儋塔基（Candi Pengkalan Bujang）、武吉本迪亞塔基（Candi Bakit Pendiat）、巴株巴轄塔基（Candi Batu Pahat）、本當達蘭塔基（Candi Pendang Dalam）。前二座具有佛教色彩，後二座為印度教廟。據學者研究辨識，佛教塔基前是沒有寬敞的膜拜廣場，印度教廟是具有膜拜廣場。然而，根據巴株巴轄塔基的考古研究指出，找到幾個石龕所供奉的，從手持蓮花菩薩像中亦可看出，巴株巴轄廟宇當時是密續（Tantra）派。那是大乘佛教與興都濕婆（Śiva）和毘紐（Vishnu）支流發展成的密教。所以巴株巴轄廟宇不能只歸納為興都廟宇，它當時已具有佛教色彩。除了看石龕，也看到了很小的合掌菩薩肖像、浮雕、青銅斜身佛像、半毀佛頭、瓷土佛像與中國商人運來的瓷器商品。另外，在帝乾巴塗出土的八臂觀音（目前安放在吉隆坡歷史博物院）及結蓮花手印的佛

像（安放在吉打瑪莫古物博物館）中，看出是受密教的影響[27]。

近代在吉打州興建穆達河（Sungai Muda）灌溉工程期間，當挖掘一條運河穿過一個村子中部時，發現了一座佛塔遺跡[28]。但由於基金有限，考古隊未再做進一步的研究。

早期馬來半島沿岸的居民，雖然易於接受印度等國的外來文化和宗教，但有一些證據表明外來文化會發生變化以適應當地的環境條件。這一點在吉打州布詹河流域重建巴株巴轄（塔基）廟（Candi Bukit Batu Pahat），可以表明出來。該廟是為了紀念一位君主或官員而建，年代是在公元十世紀以後，它混合了印度教和大乘佛教兩種成分，在印度是沒有這樣廟宇的[29]。

在馬來西亞的吉打州、威省、彭亨州、玻璃市州、霹靂出土的佛教文物，從公元二世紀至十六世紀都有，現藏在國家博物館內，很有研究的價值[30]。在霹靂發現的三件小乘佛教的銅器，其中一件是笈多王朝時期的。

在霹靂的堅打區的邦加蘭地方，曾挖掘到一尊公元八世紀時室利佛逝的銅佛像，與巴鄰旁河發現的類似，和銅佛像同時挖掘到的還有一個銅製佛座。

現為克達洲的古農傑來（Gunung Jerai）地區，出土了大量的銅質佛像，這些佛像大多是四世紀的作品。此外，在克達河口附近還發現了一些佛塔遺址。為了保護這些珍貴的佛教出土文物，當地政府專門成立了一個考古博物館[31]。

羯荼古國史不詳，但從吉打已發現三塊碑刻，是公元四世紀時的，可知深受印度文化影響的國家。吉打的古史，可分兩個時代，四世紀起，稱箇羅時代；公元七世紀至九世紀初為羯荼時代。公元九世紀至十四世紀，常受到南印度注輦和北部暹羅勢力交替的影響。

❶ 許雲樵著：《馬來亞史》上冊，第七十五頁。

❷ 鄭文泉著：〈從文獻學的角度重建古代大馬佛學史〉一文，第二屆馬鳴菩薩文學獎論文組佳作。

❸ D. G. E. 霍爾著，中山大學東南亞歷史研究所譯：《東南亞史》上冊，第四十一——四十二頁。

❹ 《梁書．狼牙修國傳》卷五十四。

❺ 許雲樵著：《南洋史》上冊，第一六〇頁。

❻ 姚楠、許鈺合著：《古代南洋史地叢考》，第二十四頁及二十六頁。

❼ 《大馬佛教二千年》上篇，〈拼湊史實追尋法跡〉，資料來源：《普門》雜誌。

❽ 馬覺姆達著，張慧偉譯：〈佛教在南亞各國的弘傳史話〉一文，收在張曼濤主編的《現代佛教學術

叢刊》第八十五冊。

❾許雲樵著：《馬來亞史》上冊，第八十七—八十八頁。

❿許雲樵著：《馬來亞史》上冊，第八十八—八十九頁。

⓫1.許雲樵著：《馬來亞史》上冊，第七十九—八十頁。
2.賀聖達著：《東南亞文化發展史》，第一一六頁。

⓬許雲樵著：《南洋史》上冊，第九十八—九十九頁。

⓭吳虛領著：《東南亞美術》，第一八五頁。

⓮許雲樵著：《馬來亞史》上冊，第九十四頁。

⓯許雲樵著：《馬來亞史》上冊，第九十六—九十八頁。

⓰D. G. E.霍爾著，中山大學東南亞歷史研究所譯：《東南亞史》上冊，第六十一—六十二頁。

⓱芭芭拉．沃森．安達婭、倫納德．安達婭著，黃秋迪譯：《馬來西亞史》，第二十—二十一頁。

⓲許雲樵著：《馬來亞史》上冊，第一一八—一一九頁。

⓳許雲樵著：《馬來亞史》上冊，第一一九頁。

⓴崔貴強編著：《東南亞史》，第三十四頁。

㉑許雲樵著：《馬來亞史》上冊，第一三四、一四〇、一四六頁。

㉒D. G. E.霍爾著，中山大學東南亞歷史研究所譯：《東南亞史》上冊，第六十一頁。

㉓《大馬佛教二千年》上篇：〈拼湊史實追尋法跡〉，資料來源：《普門》雜誌，整理：（馬來西亞）普陀書軒緣。

㉔釋能度主編，釋賢通、何秀娟、許原泰編撰：《新加坡漢傳佛教發展概述》，第十二頁。

㉕《大馬佛教二千年》下篇：〈吉打布秧河谷　我國考古界的佛教聖地〉。資料來源：《普門》雜誌，整理：（馬來西亞）普陀書軒緣。

㉖黃秀娟採訪：《千年遺跡布章谷大馬佛教發源地》，資料來源：《福報》。

㉗黃秀娟採訪：《千年遺跡布章谷大馬佛教發源地》，資料來源：《福報》。

㉘芭芭拉．沃森．安達婭、倫納德．安達婭著，黃秋迪譯：《馬來西亞史》，第三頁。

㉙芭芭拉．沃森．安達婭、倫納德．安達婭著，黃秋迪譯：《馬來西亞史》，第十四頁。

㉚楊嘉儀：〈早期馬來西亞佛教〉一文，載於《佛教文摘》季刊，第九十六期。

㉛黃火龍、張開勒著：〈馬來西亞佛教〉，《法音》月刊，一九九九年第八期，第三十五──三十九頁。

第二章 馬來西亞中世各土邦的佛教

（七世紀至十四世紀）

馬來西亞早期自公元初，即有興替靡常的古列國，散布在狹長半島的兩岸。到了中世後，原始馬來人也建立不少國家，而形成混血馬來人源遠流長的一些土邦，甚至延續至現在。中世存在於各土邦的佛教，由於文獻資料缺乏，非常零碎，更難獲得完全的了解。

一、佛羅安

佛羅安，依中國史記載，是在彭亨、丁加奴、和吉蘭丹等河的鄰近，並和單馬令國接壤，即在龍運河（S. Dunung）的區域。

宋周去非《嶺外代答》（成書一一七八年）三佛齊條：「其屬國有佛羅安，國主自三佛齊選差……有聖佛，三佛齊國王再一往燒香。」

趙汝適《諸番志》（成書一二二五年）佛羅安國條：「佛羅安國自淩牙斯加

（Langkasuka）四日可到，亦可遵陸。其國有飛來佛二尊，一有六臂，一有四臂，賊舟欲入其境，必為風挽回，俗謂佛之靈也。佛殿以銅為瓦，飾之以金。每年以六月望日為佛生日，動樂鐃鈸，迎導其部，番商亦預焉……歲貢三佛齊。其鄰蓬豐（Pahang，彭亨）、登牙儂（Trengganu）、加羅希、吉蘭丹，類此❶。」

宋陳元靚《島夷雜誌》，也有佛囉安類此記載：「佛囉安自凌牙蘇家（Langkasuka）風帆四晝夜可到，亦可遵陸。有地主，亦係三佛齊差來。其國有飛來銅像兩尊，名毘沙門王佛（疑為毘沙門天王，又稱多聞天，護持佛法及施善天神），內一尊有六臂，一尊有四臂。每年六月十五日係佛生日，地人並唐人迎引佛六尊出殿，至三日復回。其佛甚靈，如有外國賊舡，欲來奪劫佛殿珠寶，至港口即風發，舡不得前❷……。」

六月十五日，正是南傳佛教國家佛誕日（Visākha Day，衛塞日，毘舍佉 Vesākha 即巴利文六月）從上引文，可知佛囉安佛教興盛。

佛羅安自公元十二世紀出現後，到公元十四世紀還存在。

二、吉蘭丹

吉蘭丹為現在馬來西亞聯合邦各州中留存漢譯最早之名。《諸番記》（成書一二二五年）卷上〈三佛齊〉記載屬國十五，有吉蘭丹一名，與目前全同。吉蘭丹也是丹丹國的後身，丹丹國的佛教，已在前述。

公元七世紀，蘇島有三佛齊大國，佛教極盛而成為東南亞的研究佛學中心。屬國有十五，《諸番記》卷上〈三佛齊〉國載：「三佛齊（Srivijaya）譯室利佛逝，簡稱佛逝，又譯尸利佛誓。」間於真臘（柬埔寨），闍婆（爪哇）之間，營州十有五……蓬豐（Pahang，彭亨）、登牙儂（Tredinganu，丁加奴）、凌牙斯加（Lankasuka）、吉蘭丹（Kelantan）、佛羅安（Brenang）、日羅亭（Yirudingam）、潛邁（Khmer）、拔遝（Batak）、單馬令（Tambralinga）加羅希（Grahi）、巴林馮（Palembang）、新拖（Sunda）、監篦（Kampar）、籃無里（Lamuri）、細蘭（Ceylon），皆其屬國也。如再參看《南海寄歸內法傳》所記諸洲（見前文盤盤國）可知吉蘭丹也是信仰佛教。而且三佛齊之後的爪哇獄帝王朝，比以前國勢更盛，佛法興隆。

較晚提及吉蘭丹佛教的，有謝清高著的《海錄》一書，稱吉蘭丹為咭囒丹。載有咭囒丹在太泥（Pattanit，泰國北大年）東南，由太泥沿海順風約日餘可到，疆域風俗土產略同太泥，亦無來由（馬來亞）種類，為暹羅屬國……。而居民俱奉佛甚虔也。按公元一七八五年，緬軍十萬分九路進攻泰國，其後為泰國軍反攻所敗，並乘勝南下，征服了北大年，及馬來吉打、吉蘭丹、丁加奴等邦。直至公元一八二六年，英國勢力伸入馬來亞，泰國才失掉了對馬來半島北部的宗主權。泰國是佛教國家（上座部），對馬來半島北部當然會有些影響。但此時馬來亞已盛行信奉伊斯蘭教❸。

清代謝清高航海時間是在公元一七八二至一七九五年，所著的《海錄》對吉蘭丹的風土人情有特別詳細記載。其中有關訴訟之事說：「有爭訟者，不用呈狀，但取蠟燭俯捧而進，王見燭則問何事。訟者陳訴，王則命景子（即奴僕）宣所訟者進質，王以片言決其曲實，無敢不遵者。或是非難辨，則令沒水。沒水者，令兩造出外，見道路童子，各執一人至水旁，延番僧誦咒，以一竹竿，令兩童各執一端同沒水中，番僧在岸咒之，所執童先淨者為曲，無敢復爭。童子父母皆慣，亦不以為異也。又其甚者，則有探油鍋法。探油鍋者，盛油滿鍋，火而熱之，番僧在旁誦咒，取一鐵塊，長數寸，寬寸餘，厚二三許，置鍋中，令兩造探而出之。其理直者探手入滾油中，取出鐵塊，毫無損傷，否則手始入油鍋，即鼎沸傷人，終不能取，非自反無愧者，始雖強詞，鮮不臨鍋而服罪。國有此法，故無大崛強，而居民俱奉佛甚虔也❹。」

在近代多年前，距離吉蘭丹話望生二十五公里的瓜拉柏迪斯（Kuala Betis）的深山叢林裡，一座石灰岩洞被發現有無數的佛牌，它們帶有印度原始佛教的風格，手工精美，塑像生動，因而被猜測是出土文物。「佛牌山」的名字因此不脛而走，當地居民蜂湧而至，大家都來挖佛牌。出土的佛牌都是成疊成疊的，取之不盡。一些民眾甚至用鋤頭來挖，可惜把珍貴的文物都挖碎了。後來經媒體報導，國家博物館派人來封鎖現場，並展開大規模的挖掘。但在這之前，已經有不少佛牌流入民間了。當時有瑪晶瑪浪坐佛寺住持曇鐵法師表示，佛牌山的年代久遠，已無法考證，有一說法，與室利佛逝王國有關。當地出土了製做佛牌的木模，以及雕鑿的工具，證實是一個製造工廠。佛牌在這裡製造後，再運到泰國、柬埔寨等東南亞各國。後來基於不明的原因，可能是僧人遷走了，就把成千上萬的佛牌掩埋在此處❺。

三、蓬豐（彭亨）

蓬豐（Pahang）即彭亨。中國文獻中記載，與吉蘭丹、丁加奴同時（一二二五）為三佛齊屬國之一，如前文中說。

明萬曆末（萬曆，一五七三——一六一九年）何喬遠所著《名山藏·彭亨國》（明朝紀傳體史書，全書三十七記，一〇九卷，何喬遠撰）條載：「彭亨國在暹羅之西，石崖周匝，遠望則平田沃，豐米穀，氣候溫……上下親狎，無寇盜。男女椎髻。尊佛，其故俗也。」彭亨中世為三佛齊十五屬國之一，同條又繼續說：「洪武十一年（一三七八），國王麻哈剌惹答饒（Maharaja Tajau）遣使奉表貢番奴方物。永樂十二年（一四一四）再至，故志。上下親狎，無寇盜。男女椎髻。尊佛，其故俗也[6]。」由文推知，是相傳很久信仰佛教的地區。

明張燮的《東西洋考》卷四，彭亨條說：「彭亨者東南島中之國也。國并山，山旁多平原，草樹繁茂。然鳥獸希少，沃土宜穀，蔬果亦饒……男女椎髻，衣長布衫，繫單衣……煮海為鹽，釀椰漿為酒，古稱上下親狎，民無寇盜，好佛誦經，而乃寖漓也。俗慚好怪，刻香木為人像。殺生人血以祭，云用祈禳[7]。」

四、加羅希（斜仔）與日羅亭（柴歷亭）

加羅希與日羅亭，史實曖昧不明，兩地都為三佛齊屬國，依公元七七五年的一件梵文碑銘說，是在地峽東岸萬崙灣（Bandon Bight）南邊一座小城稱做池城（Vieng Sra），在馬來半島的北部，碑銘記錄的要點如下：

室利佛逝之君主，為全土諸王唯一無上之君主，建此奐美磚寺三座，以供蓮花手（Kajakara-Padmapani）、伏魔（Mara）者（佛陀）、金剛手（Vajrin-Vajrapani）……復次，國王詔國師闍衍多（Jayanta）曰：造三塔，師乃建之。（闍衍多）死，其子阿地木帝（Adhimukti）上座，復於三支提之側起二磚寺。時為塞迦紀元滿年（七七五），摩陀婆月（Madhave）十一日，諸天之王，尊於諸人王之王，注意三界，於此建……塔。

另一碑銘是在地狹東海岸斜仔（Chaya．Jaiya）的首府寺（Wat Hua Vieng）佛座下，所刻的吉蔑文（Khmer）造像碑銘：

「塞伽紀元一〇〇六年，歲陰在卯，天蠍月黑分初二日，加羅希區（Sruk Grahi）大軍主伽蘭柰（Galanai）奉大王 çrimat Trailokyaraja maulibhu Sanabarmmadeba 勅，因命 Mraten çri Neno 造此佛像，其重量合一播荷二斤，裝金十兩，使信眾歡喜敬禮，得一切智。」

上述紀年雖有誤，但不能晚於公元十三世紀。其中播荷（bhara）是指重量，但重量不一。

在現今泰國南部的素叻他尼府鑾河（Luang R.）的水邊，在一古國都城遺址上，發現一尊笈多風格的砂岩佛像，是典型印度三屈式的姿態，僅高十七公分，據推測可能由印度帶入❽。

在闍耶（即 Jaiya）發現的古物，大多於佛寺內，如在大舍利寺（Wat Phra Maha Dhatu）發現有金佛二尊，石佛一尊，石佛首一尊；水庭寺（Wat Sala Thuk），也發現一尊佛像；大舍利寺和寶寺（Wat Keo）內的兩座佛塔，和三佛齊在爪哇所建的（七五七）風格完全一樣，也和安南茶麟的占婆塔相同。同時在池城發現的許多古物中，有頭戴印度帽的毘濕奴石像，是吉蔑人統治（八八九）以前的古物，還有印度笈多王朝作風的中型大自在天和徧入天的石像各一尊。這些足以說明三佛齊未侵入前，闍耶和池城就已建立了，流行佛教和婆羅門教信仰❾。

五、丹流眉（登流眉及丁流眉）與丹眉流

丹流眉和丹眉流，宋代（九六〇—一二七九）才出現，地名不一，宋代載藉都作登流眉，是在真臘之西。宋時周去非的《嶺外代答》（成書一一七八年）卷二〈真臘國〉條說：「……最產名香，登眉流所產為絕奇，諸番國香所不及也。其國僧道咒法靈甚。僧之黃衣者有家室，紅衣者寺居，戒律精嚴，道士（婆羅門）以木葉為衣。」

趙汝適《諸蕃志》（成書一二二五年）卷上有〈登流眉〉條：「登流眉國在真臘之西，地主椎髻簪花，肩紅蔽白，朝日登場，初無殿宇、飲食以葵葉為碗，不施匕筯，掬

而食之。有山曰無弄，釋迦涅槃示化銅像在焉。產白荳蔻、籛沉速香、黃蠟、紫礦之屬⑩。」

六、孫姑那（東沖古剌、宋腒勝、宋腳及宋卡）

孫姑那原名該是 Singora 的對音，是隋時赤土國都祇城，也別譯師子城。元末江大淵《島夷志略》作東沖古剌。據日人藤田豐八的《島夷誌略校注》說，沖古剌也是 Singora 的對音，因和斯里蘭卡舊名 Simhala 音近意合，而加上一個東字以區別。後稱宋卡，屬泰國。宋卡的松渚，該處為半島的南端，有山縱貫，其腰有佛寺三座，並有側臥佛像，因宋卡之得名，或以風光有似師子國（斯里蘭卡）故⑪。

七、柔佛（烏丁礁林）

柔佛古名烏丁礁林（Ujong Tannah）。柔佛一名，不會早於明代。公元一四一四年滿剌加受胡茶辣（Gujarat）商賈影響而信奉伊斯蘭教。《清朝文獻通考》卷二九七〈柔佛條〉：「……相見以合掌拱上為禮。俗輕生好殺，尚佛教。喜鬥雞，伐烏木，拾海菜，時出海劫掠，飲食用手，忌豬肉，嗜煙。歲齋一月，奉國絕食，見星乃食，歷三十日乃止。」考《清朝文獻通考》書成於乾隆五十二年（一七八七），馬來西亞已成為伊斯蘭教國家，依上文所引內容，柔佛亦已深受伊斯蘭教文化影響，當然已不可能崇尚佛教⑫。

八、馬來西亞早期佛教的衰亡

馬來亞半島自公元二世紀至十五世紀，因深受印度文化、宗教、藝術、政治輸入的影響，陸續建立了許多邦國，很不統一。但麻六甲海峽（Straits of Malacca）自古即為中、印海路交通航船必經過之要衝，因此蘇島、爪哇，馬來半島，就成了各國貨物販賣中心之地。中、印兩國僧人往來，海行也必至。在公元十五世紀以前，馬來半島上各邦國，宗教流行的信仰，是以佛教或婆羅門教為主。不過東南亞各國古時都缺少歷史記載，關於馬來西亞早期佛教史的真實面貌，我們只能從中國歷史、中國佛教史傳、以及現在東西學者對東南亞歷史，出土文物中，考證能獲知一些消息。

馬來西亞早期佛教的衰亡，是由於公元十五世紀初，有麻六甲王朝的興起，以後逐漸統一馬來半島，致力提倡伊斯蘭教的信仰。伊斯蘭教的東來，自穆罕默德去世（六二三）後發展快迅，回人自公元九世紀侵入北印，到公元十二世紀末統一全印度。公元十四世紀初，印度河口的胡查辣（Gujerat）伊斯蘭教徒航海商人，再把伊斯蘭教傳到蘇島北部北拉克（Perlak）、沙漠特拉（Samudra）、巴散（Pasei），這些地方的商人，再把伊斯蘭教傳入正在人口增多和商業繁榮的麻六甲。馬六甲開國英雄拜里迷蘇剌（Parameswara），原是蘇島巴鄰旁王子，後來爪哇島滿者伯夷（Majapahit）興起，攻打巴鄰旁（三佛齊），他逃到淡馬錫（Temaseh，後來的新加坡），約在公元一四〇〇年，在麻六甲終於創立了一個麻六甲王國。拜里米蘇刺去世，子伊斯干達沙（Iskandra Shah）繼位，伊斯蘭教力量更加快速發展。原來他在太子時，曾與蘇島伊斯蘭教國家巴散一位公主聯婚，增進兩國邦交，抵抗爪哇勢力，卻更對伊斯蘭教在麻六甲傳播，起了決定性作用。在信奉伊斯蘭教的公主柔情感染和熏陶下，伊斯干達終於決定信奉伊斯蘭教。到他繼位後，運用政治的強大權力，下命全國人民都一律改信伊斯蘭教。自此伊斯蘭教勢力在麻六甲王國獲得極速的發展，代替了原有佛教或婆羅門教的信仰。

到公元十五世紀以後，馬六甲發展成為東南亞強大的海上商業中心，對伊斯蘭教在海島地區和半島地區的傳播起了極大的作用，馬六甲曾被稱為小麥加。因此馬六甲眾多的屬國隨之改信伊斯蘭教，如泰國人在公元一四四五年於彭亨戰敗，次年就成為馬六甲的屬國，吉打在公元一四六〇年，丁加奴和北大年約在公元一四七四年，也成為馬六甲的屬國，都改信伊斯蘭教了。在海島地區的蘇門答臘和爪哇等部分地區，都成了馬六甲的屬國，接受伊斯蘭教的信仰。伊斯蘭教興盛後，馬來半島和海島地區⓭，早期的佛教就趨向衰亡，僧人佛寺遭到毀滅。縱使還有少數人私自信仰佛教，也是不公開的，起不了什麼作用。

至於馬來西亞現在的佛教，這是以後華僑佛教徒和南傳佛教徒的再重新輸入，而且是近一、兩百年以內的事，可列為近代佛教史。希望有學者研究，搜集資料，另作編撰成書。

❶許雲樵著：《馬來亞史》上冊，第一九二頁。

❷許雲樵著：《馬來亞史》上冊，第一九二—一九三頁。

❸許雲樵著：《馬來亞史》上冊，第二三九—二四〇頁。

❹許雲樵著：《馬來亞史》上冊，第二三九—二四〇頁。

❺《大馬佛教二千年》上篇：〈拼湊史實追尋法跡〉，資料來源：《普門》雜誌，整理：（馬來西亞）普陀書軒緣。

❻許雲樵著：《馬來亞史》上冊，第二五二頁。

❼陳鴻瑜著：《馬來西亞史》，第五十六頁。
❽吳虛領著：《東南亞美術》，第一八五頁。
❾許雲樵著：《馬來亞史》上冊，第一六二、一六四、一六六—一六七頁。
❿許雲樵著：《馬來亞史》上冊，第一七二—一七三頁。
⓫許雲樵著：《馬來亞史》上冊，，第一九八—一九九頁。
⓬許雲樵著：《馬來亞史》上冊，第二六七頁。
⓭範若蘭等著：《伊斯蘭教與東南亞現代進程》，第五十四—五十六頁。

第三章　早期東馬的王朝

（公元二世紀至十五世紀）

公元一九五七年，馬來亞（Malaya）從英國殖民地獲得獨立，公元一九六三年，合併組成馬來西亞聯邦制（The Federation of Malaysia）國家，由原來西馬十三個州和東馬二個州（沙巴、砂勞越），以及首都吉隆坡三個直轄區組成。沙巴（Sabah）主要城市有亞庇、山打根、鬥湖等；砂勞越（Sarawak）主要城市有古晉、美里、詩巫、民都魯等。本來新加坡也加入聯邦之內，但因政治權益競爭和糾紛，公元一九六五年新加坡分離出來成為獨立共和國。

婆羅洲（Borneo）為什麼會分為三個國家管轄呢？這是英國跟荷蘭在東南亞擴張及爭奪勢力的結果，《一八二四年英荷條約》，北婆三邦，包括馬來西亞的沙巴、砂勞越以及獨立小王國汶萊，落入英國手上，其他部分則屬荷蘭。二次世界大戰後，各地民族紛紛爭取獨立，公元一九四九年，荷屬婆羅洲的主權被移交給印尼。公元一九六三年，英國政府也放棄了沙巴和砂勞越加入馬來西亞聯邦。而一直處於英國保護之下的汶萊，公元一九八四年元旦亦獲得完全獨立。

婆羅洲面積約七十三點六萬平方公里，北部為馬來西亞的砂勞越和沙巴兩州，簡稱東馬，兩州中間北面與文萊接壤，南部為印度尼西亞的東、南、中、西、中加里曼丹五省。其中，印尼的五個省占全島總面積的三分之二，馬來西亞次之，汶萊只占一小部分。

東馬本來不願意加入馬來西亞聯邦，但經過協調後馬來西亞聯邦與東馬簽訂二十點條約來保障東馬的利益第一條：「宗教在聯邦憲法下，伊斯蘭教是聯邦的官方宗教，但相同條款不適用與沙巴和砂勞越。這兩州不應該被制定有任何官方宗教。」

一、中國早期與婆羅洲的接觸

今日馬來西亞所管的沙巴和砂勞越簡稱東馬，印尼所屬的稱加里曼丹（Kalimantan）、汶萊的婆羅乃（Brunei）合起來是古代的婆羅洲（Borneo），又稱渤泥與婆利。

婆羅一名，在中文文獻中最早出現在公元二四三年。《魏書》卷八世宗紀第八說：「魏世宗正始四年（二四三）秋八月，南天竺、婆羅等諸國遣使朝獻。」

中國與婆羅洲的接觸較早，大約在公元四一四年（晉安帝隆安十四年），中國高僧法顯由印度求得佛法，歸國途中經過南洋，曾提及一島名耶婆提（Yavadvipa），根據史家的意見，一般是指爪哇島，亦有認為此地是現今的加里曼丹島。早期加里曼丹因受印度文化影響，曾出土過公元五世紀末的梵文碑文及一些不同時期的佛像。

中國和加里曼丹島最早的通航紀錄是出現在《梁書》裡，公元五二〇年（梁武帝普通元年），在中國古籍中，當時被稱為渤泥、婆利、或婆羅，後來演變成婆羅乃，也就是現在通用的汶萊一名。

早期加里曼丹受印度文化影響，加里曼丹出土過公元五世紀末的梵文碑文及一些不同時期的佛像，另外也發現了公元十一世紀時爪哇式的佛像與印度教的神像。在卡普阿斯河（Kapuas R.）及其他河流域亦發現具有笈多（Gupta，三二〇—五四〇）王朝藝術風格的佛像❶。據歷史記載判斷，可能在公元五世紀以後，佛教與印度教都已進入婆羅洲。公元六世紀時，婆利的佛教似乎很發達，因為根據《梁書》卷五十四《諸夷．婆利國傳》記載，該國在梁武帝天監十六年（五一七）時，遣使奉表曰：「伏承聖王信重三寶，興立塔寺，校飾莊嚴，周遍國土……伏惟皇帝是我真佛，臣是婆利國主❷。」

在加里曼丹卡普斯地區，曾發現一幅在岩壁上的佛塔雕刻畫，雕刻得十分優美，畫裡還有些梵文，是用公元五世紀跋婆羅字體書寫的，其中有些佛教經典的句子。

公元七世紀中期，印尼古國室利佛逝在蘇門答臘巴鄰旁（Palembang，亦譯為巨港）興起，信奉大乘佛教，成為海上的強國，直至公元十三世紀滅亡。室利佛逝全盛時期，勢力範圍涵蓋整個馬來半島，直達泰國南部。

宋時婆羅改稱渤泥，寫為浡泥。南宋趙汝适的《諸蕃志》卷上說：「（渤泥Borneo）其國以板為城，城中居民萬餘人，所統十四州……俗重商賈，有罪抵死者罰而不殺。其王亦釃酒椎牛祖席，酢以腦子番布等，稱其所施。船舟雖貿易迄事，必候六月望日排辨佛節，然後出港，否則有風濤之厄。佛無他像，茅舍數層，規制如塔，下置小龕，罩珠二顆，是謂聖佛。土人云二珠其初猶小，今漸大如拇指矣。遇佛節，其王親供花菓者三日，國中男女皆至❸。」

公元十一世紀時，在加里曼丹發現了爪哇式的佛像與印度教的神像。公元十六世紀初隨著伊斯蘭教的傳入，建立了若干伊斯蘭教王国。

元汪大淵撰《島夷志略》對其國情描述說：「龍山磐礴於其右，基宇雄敞，源田獲利，夏丹稍冷，冬乃極熱。俗侈。男女椎髻，以五采繫腰，花錦為衫。崇奉佛像，唯嚴允敬唐人，醉也，則扶之以歸歇處。民煮海為鹽，釀秫為酒。有酋長，仍選其國能算者一人，掌文簿，計其出納，收稅無纖毫之差焉。地產降真、黃臘、玳瑁、梅花片腦，其樹如杉檜，劈裂而取之，必齋浴而後往。貨用白銀、赤金、色緞、牙箱鐵器之屬❹。」

明時永樂四年（一四〇六），出現浡泥和婆羅並列的記載：「永樂四年十二月辛亥，浡泥國王、婆羅國東王、西王，各遣使奉表朝貢。」一般歷史學者，皆認為浡泥和婆羅都是指文萊，但此時同出現，顯然是兩個不同國家，婆羅可能位於現今砂勞越一帶，而浡泥位在沙巴，或兩者位置相反。但可注意的，此時婆羅和浡泥還是佛教國家。又明時嚴從簡撰《殊域周咨錄》卷之八說：「浡泥番書無筆札，以刀刻貝多葉行之。事佛甚嚴，五月十三日國人競作佛事❺。」

清時張廷玉撰《明史・婆羅》卷三百二十三記述：「婆羅，又名文萊。東洋盡處，西洋所自起也。其地負山面海，崇釋教，惡殺喜施。」

以上所述，因婆羅洲面積很大，是世界第三大島，現代又分三國管轄，都缺乏古代佛教史；而中國古史記述，又極片斷零碎，僅簡說有佛教的存在，未標出明確的地點位置，所以本節也只好以整個婆羅洲為題，無法分辨出古代東馬佛教的情形。

（一九六七年九月初稿，載於馬來西亞《無盡燈》三十七期，二〇一五年十二月增訂）

---

❶ 網路：加里曼丹島／百科百度，出處：http://baike.baidu.com/view/338129.htm。

❷ 《梁書》卷五十四《諸夷・婆利國傳》條。

❸ 馮承鈞著：《中國南洋交通史》，第一九六—一九七頁。

❹ 陳鴻瑜著：《馬來西亞史》，第六十三—六十六頁。

❺陳鴻瑜著：《馬來西亞史》，第六十七頁。

參考文獻

《梁書》卷五十四〈諸夷・狼牙修國傳〉。
《梁書》卷五十四〈諸夷・婆利國傳〉。
許雲樵著：《馬來亞史》上冊，新加坡：青年書局，一九六一年。
許雲樵著：《南洋史》上冊，新加坡：星洲世界書局，一九六一年。
D. G. E. 霍爾著，中山大學東南亞歷史研究所譯：《東南亞史》上冊，北京：商務印書館，一九八二年。
馮承鈞著：《中國南洋交通史》，臺北：臺灣商務印書館，一九九三年。
賀聖達著：《東南亞文化發展史》，雲南：雲南人民出版社，一九九六年。
釋能度主編，釋賢通、何秀娟、許原泰編撰：《新加坡漢傳佛教發展概述》，新加坡：新加坡藥師行願會出版，二〇一〇年。
吳虛領著：《東南亞美術》，北京：中國人民大學出版，二〇一〇年。
芭芭拉・沃森・安達婭、倫納德・安達婭著，黃秋迪譯：《馬來西亞史》，北京：中國出版集團，二〇一〇年。
崔貴強編著：《東南亞史》，新加坡：新加坡聯營出版有限公司，一九六五年。
範若蘭等著：《伊斯蘭教與東南亞現代進程》，北京：中國社會科學出版社，二〇〇九年。

姚楠、許鈺合著：《古代南洋史地叢考》，香港：商務印書館，一九五八年。

陳鴻瑜著：《馬來西亞史》，臺北：蘭臺出版社，二〇一二年。

楊嘉儀：〈早期馬來西亞佛教〉，《佛教文摘》季刊，第九十六期，二〇〇〇年。

鄭文泉：〈從文獻學的角度重建古代大馬佛學史〉一文。

《大馬佛教二千年》上篇，〈拼湊史實追尋法跡〉，資料來源：《普門》雜誌，整理：（馬來西亞）普陀書軒緣。

《大馬佛教二千年》下篇，〈吉打布秧河谷口我國考古界的佛教聖地〉，資料來源：《普門》雜誌，整理：（馬來西亞）普陀書軒緣。

黃火龍、張開勒著：〈馬來西亞佛教〉，《法音》月刊，第八期，北京：中國佛教協會，一九九九年。

馬覺姆達著，張慧偉譯：〈佛教在南亞各國的弘傳史話〉一文，收在張曼濤主編的《現代佛教學術叢刊》第八十五冊。

黃秀娟採訪：《千年遺跡布章谷大馬佛教發源地》，資料來源：《福報》。

第四篇

雲南上座部佛教傳入略考

第一章　印度部派佛教分裂

印度佛教在佛陀入滅後約一百年，原始佛教僧團發生最初分裂，形成根本上座部和根本大眾部；佛陀入滅後二百年間，根本上座部再發生分裂，一派自稱代表上座部；佛陀入滅後三百年間，從上座部再分出分別說部，又再從分別說部分出上座部，此一上座部由摩哂陀長老傳入斯里蘭卡。摩哂陀在斯里蘭卡傳教，初建立大寺，至公元前一世紀末，大寺又發生分裂為大寺部、無畏山寺部；到公元四世紀初，又從無畏山寺部分出祇陀林部。大寺部（派）自稱代表直屬於上座部系統，以及後來於公元十二世紀末開始傳入緬甸、泰國等地，稱為「南傳佛教」，或「南傳上座部佛教」。現僅就上座部佛教部派列表如下：

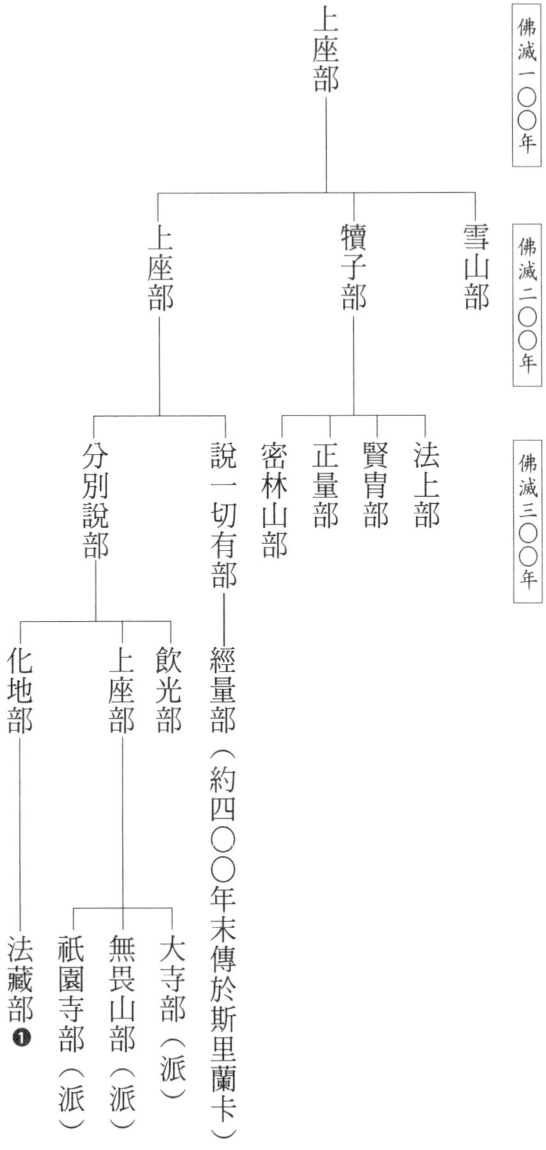

但有學者認為原有的部派佛教根本上座部派已經滅絕，現在流傳下來的上座部（Theravāda）佛教，實為屬於分別說系的上座部，也有說是上座部系的法藏部南系，因此並不是早期的根本上座部佛教。歷史上的南傳上座部佛教，主要是指在公元前二世紀

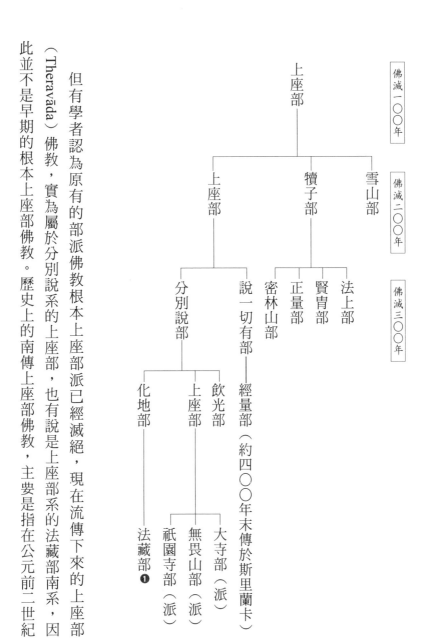

傳入斯里蘭卡；到公元十二世紀至十四世紀再傳入緬甸、泰國、柬埔寨、寮國等地區的這一部派❷。

❶ 葉均著：《南傳上座部佛教源流及其主要文獻略講》所列之表。

❷ 任繼愈主編：《佛教大辭典．南傳佛教》，第八九三頁。

第二章　斯里蘭卡上座部佛教

公元前三世紀，印度佛教在阿育王（Aśoka）大力護持下，於華氏城舉行第三次結集後，便派遣九支僧使團到國內外各地傳教。其中第八支使團有須那（Soṇa）和鬱多羅（Uttara）二位長老派往東南亞的金地（Suvaṇṇabhūmi），由於金地的方位在東南亞何處，尚未能考定確實，存在著較大爭議，也未有公元二世紀以前出土的文物可資證明。第九支使團派往楞伽（Lankā），由摩哂陀（Mahinda）長老率領的一支共有五位比丘、一位沙彌、一位男居士，約在公元前二四六年抵達斯里蘭卡。這一支僧團是屬於印度分別說部（或分別說系）的上座部。當他們抵達斯里蘭卡後，受到天愛帝須王熱誠的接待，聽了摩哂陀的說法，便皈依為佛教信徒，奉獻御花園建造大寺供養他，約經過五十年努力的傳教，佛教便成為斯國主要的宗教，奠定佛教二千多年的基礎。

分別說部的上座部佛教傳入斯里蘭卡後，當時斯里蘭卡國王天愛帝須（Devānampiya-tissa），特為摩哂陀一行僧團於王都阿耨羅陀城（Anurādhapura）建造大寺（Mahāvihāra）供養，後世發展成為大寺派（Mahāvihāra，或Mahāvihāranikāya）根源地。

佛教初傳斯里蘭卡二百年間，都以大寺上座部為中心。到公元前二九至公元前一七年，從大寺中分裂出無畏山寺派，此派除弘揚上座部本身佛法外，並容納來自印度的法喜部及大乘佛教思想，而受到保守傳統的大寺派激烈反對。至公元四世紀初，又從無畏山寺中分裂祇陀林派，自此三派鼎立競爭達一千年之久。

公元十一世紀後，斯里蘭卡因為經過多次與異族戰爭，佛教趨向衰微，幾近滅亡，並邀請緬甸僧伽長老來斯里蘭卡復興佛教。接著，公元十二世紀，斯國英明的波洛羅摩婆訶一世（Parakramabāhu I，一一五三—一一八六）即位，命令大寺、無畏山寺、祇陀林寺等頹廢僧人還俗，淨化教團。他認為大寺派的佛教才是正統純正的，斷然實行佛教改革，成功地振興了大寺派上座部佛教。由於這項整頓工作，無畏山寺、祇陀林寺等的佛教，完全被否定而失勢，如此，就結束了一千多年三派的長期競爭。大寺上座部復興起來後，無畏山寺等就永久退出了佛教史的舞台❶。

❶平川彰著，釋顯如、李鳳媚譯：《印度佛教史》上冊，第一五四頁。

第三章　東南亞上座部佛教

因為斯里蘭卡大寺派上座部佛教的興盛，僧伽持戒謹嚴，研究巴利文佛法風行，聲譽遠播至東南亞各佛教國家，倍生敬仰欽慕，引起僧人湧赴斯里蘭卡巡禮和留學，並在大寺重受比丘戒法，學成之後各回本國，建立斯里蘭卡大寺派僧團戒法的系統。情形大概是這樣的：最先是緬甸，從公元十一世紀開始，直到公元十二世紀末，一個傳統保守的斯里蘭卡上座部僧團才在緬甸建立起來；其次是泰國，泰人正式接受上座部佛教，是在公元十三世紀中期；柬埔寨和寮國是在十四世紀初期❶；公元十四世紀和十五世紀初，由泰國清邁及緬甸景棟，再傳入中國雲南西雙版納、德宏等地區❷，而逐漸形成南傳上座部佛教文化圈。

公元一一八〇年，緬甸國師由孟族高僧鬱多羅耆婆（Uttarajīva）帶領僧眾多人，乘船去到斯里蘭卡，他們受到大寺的歡迎，巡禮全島各處佛教勝蹟。當鬱多羅耆婆等人回國時，留下孟族沙彌車波多（Chapaṭa）。車波多在大寺受比丘戒後❸，留學十年，公元一一九〇年才返回緬甸。車波多返國時，曾帶了四位外國比丘：尸婆利（Sāvali）、多摩陵陀（Tāmalinda）、阿難陀（Ānanda）、羅睺羅（Rāhura）❹，他們都曾在大寺受比丘戒。車波多很博學，善長辯論，又與斯里蘭卡佛教關係密切，所以當他帶著外國比丘歸國後，就宣布依斯國大寺的制度傳授比丘戒，認為才最正統合法。他們在蒲甘北部的讓烏（Nyaung-u），建立了一座斯里蘭卡佛寺，就稱車波多寺，並於公元一一九二年舉行依大寺戒法，為人傳授比丘戒，不願遵守緬甸原有僧團的規律，而且緬甸國王很熱心護持他們，這就成了斯里蘭卡佛教僧團在緬甸最初的發軔。自此緬甸的僧人便分裂成兩個宗派，即車波多一系的稱為「僧伽羅宗」（Simhaḷa-nikāya），而緬甸原有的孟族上座部僧團和阿羅漢傳承的上座部僧團稱為「緬甸宗」（Maramma-nikāya）；而且前者逐漸興盛起來，後者逐漸衰弱下來。不久，僧伽羅宗的羅睺羅比丘，離開緬甸去到泰南的洛坤，車波多也圓寂了，之後僧伽羅宗又發生分裂為三派，即尸婆利派、多摩陵陀派、阿難陀派❺。

據緬甸佛教文獻記載，隨車波多回到緬甸四位外國比丘中，斯里蘭卡籍羅睺羅論師，於公元十二世紀末或十三世紀初，曾遊化到泰南的洛坤（又稱丹眉流），那時是屬室利佛逝血統的馬來亞王統治，並成立錫蘭僧團，得到國王和人民的信仰。此僧團後來又再傳入泰國及柬埔寨❻。

東南亞的泰族人，在泰境內有泰族首領坤邦克藍杜（Kun Bang Klang Tao），於公元一二五七年，在湄南河流域宣布獨立，驅逐出柬埔寨的勢力，建立泰國史上第一個國家素可泰王朝（Sukhothai，公元一二五七—一四三六年）。素可泰王朝時期的佛教，初為當地原有的舊上座部佛教及大乘佛教，但到第三代王坤藍甘亨（Kun Ramkamheng，一二七七—一三一七），除了國土擴張很大外，很快就引進斯里蘭卡大寺上座部的僧團系統，全國風行。約在公元一二七七年，有一碑文記載說：坤藍甘亨王建造佛寺供養自洛坤來的高僧，這可證明斯里蘭卡佛教僧團，早先傳入洛坤，後來聲譽遠揚至素可泰，而受到泰王的信仰，就禮請斯里蘭卡僧團出家人至素可泰弘揚佛法❼。自斯里蘭卡上座部佛教在泰國獲得發展後，原自柬埔寨傳入多數人信仰的大乘佛法，逐漸滅亡。當坤藍甘亨征服泰南洛坤後，那裡已有斯里蘭卡系統佛教。而且有很多洛坤的比丘往斯里蘭卡求學，在斯里蘭卡僧團重新受戒，然後回到本國，發展斯里蘭卡大寺系的僧團，尊崇斯國完整純粹的巴利三藏。

柬埔寨（英Cambodia，梵Kambuja）建國近二千年，是東南亞最早強大的古國之一，有過輝煌的歷史及燦爛的文化。曾經過扶南時期、真臘時期、安哥時期；到公元十四、十五世紀後，連續受到泰國和越南的威脅，國家才變得弱小。早期文化、宗教、語文、習俗深受印度文化和宗教影響。先是婆羅門教和大乘佛教（密教）的傳入，特別在宮廷上層盛行。之後在公元十二世紀末斯里蘭卡大寺上座部佛教由孟族人傳入緬甸，到公元十三世紀中期傳播到泰族地區，再向東傳到柬埔寨。而斯里蘭卡大寺上座部佛教傳入柬埔寨，是由僧人在民間推動興盛起來，產生了革命性的效果，到公元十三世紀末、十四世紀初，上座部佛教明顯地成為柬埔寨的主要宗教，致使印度教和大乘佛教漸趨衰落❽。

柬埔寨傳入上座部佛教，可能是在安哥王朝闍耶跋摩八世（Jayavarman VIII，一二四三－一二九五）時已經開始，公元一二九五年，他讓位與女婿，是為室利因陀羅跋摩（Śrindravarman，一二九五－一三〇七）。公元一三〇七年，室利因陀羅跋摩又捨棄王位入佛寺出家，讓位與一個親戚，稱為因陀羅闍耶跋摩（Indra-jayavarman，一三〇八－一三二七）。公元一三〇九年，室利因陀羅跋摩自製的一份柬埔寨最早的巴利語碑文記載，他曾將一部分國家收入捐贈給佛寺，這表明是在他退位之前一年所做的決定。當他出家之後，致力提倡上座部佛教，這時安哥巴利語的上座部佛教已在全國發展起來，婆羅門教只在宮廷中保有象徵形式而已❾。

元朝周達觀寫的《真臘風土記》，他於公元一二九六至一二九七年在安哥所見到的已為上座部佛教。《真臘風土記》中寫道：「……苧姑（古暹羅語稱僧人為Chau Kou）削髮穿黃，偏袒右肩，其下則繫黃布裙，跣足。寺亦許用瓦蓋，中止有一像，正如釋迦佛之狀……外此別無像也。塔中之佛，相貌又別，皆以銅鑄成。無鐘鼓鐃鈸與幢幡寶蓋之類。僧皆茹魚肉，惟不飲酒。供佛亦用魚肉。每日一齋，皆取辦於齋主之家，寺中不設廚灶。所誦之經甚多，皆以貝葉疊成……國王有大政亦咨訪之。卻無尼姑……。」這些描述完全是南傳比丘生活的情況。

公元十四世紀下葉，寮國的法昂王（Fa Ngoun，一三五三——一三七三），自柬埔寨傳入上座部佛教，禮請高僧摩訶波沙曼多（Mahāpāsamanta）等二十二位比丘、三藏聖典、金佛像等至寮國弘揚佛法⑩，很快上座部佛教在全國風行。法昂王幼年曾與父同流亡於柬埔寨的安哥王朝，為一位高僧摩訶波沙曼多（Mahāpāsamanta）長老所教養。法昂十六歲時，吉蔑王見他雄偉英俊，於是就將女兒娘喬樂（Narg Keolot）嫁給他，招為駙馬。娘喬樂是一位非常虔誠的佛教徒，受持在家五戒，對於法昂王提倡上座部佛教影響很大。

在斯里蘭卡大寺派上座部佛教未傳入東南亞各國前，在古代很長的時間中，的確有印度的婆羅門教、大乘佛教、包括上座部在內的其他各部派佛教、大乘密教，都曾傳入東南亞發展存在過。但在斯里蘭卡大寺上座部於公元十二至十四世紀引進緬、泰等國後，它們就逐漸衰亡，斯里蘭卡大寺派上座部佛教代替而興。還有古代的印度尼西亞佛教和馬來西亞佛教，亦因伊斯蘭教在公元十五至十七世紀的傳入，亦代替佛教而興。

以上已根據文獻說明斯里蘭卡大寺上座部佛教，最初傳入緬甸、泰國、柬埔寨、寮國的時間和經過情形，形成南傳佛教文化圈，進而更影響南傳上座部佛教傳入中國雲南的情形。

❶ Robert C. Lester: *Theravada Buddhism in Southeast Asia*, p.66。

❷ 姚珏著：《天國的邊緣——雲南上座部佛教的歷史和經典》（雲南大學碩士論文），第十頁。

❸ 車波多二十歲在斯國大寺受比丘戒，斯國僧與緬甸僧（鬱多羅耆婆長老等）共同參加羯磨。車波多後被譽為「赴斯國第二求法僧」。

❹ 《莊嚴結界》記載四位外國比丘，尸婆利為多摩梨帝（Tāmalitthi，考在今印度的 Rūpnārāyana 東岸，亦即中國高僧法顯，於公元四一一年自印度往斯國時的「多摩梨帝」）人；多摩陵陀為安哥國王闍耶跋摩七世之子；阿難陀為山奇（在南印度）人；羅睺羅為斯里蘭卡人。

❺ 淨海法師著：《南傳佛教史》，第二五〇——二五一頁。

❻ 陳明德著，淨海法師譯：〈泰國佛教史〉第九節〈錫蘭式上座部佛教〉。

❼ 慶祝佛曆二五〇〇年紀念委員會編：《慶祝佛曆二五〇〇年紀念特刊》（泰文），第三十一頁。

❽ D. G. E 霍爾著，中山大學東南亞歷史研究所譯：《東南亞史》，第一五六——一五七頁。

❾ 辛島昇等譯：《印度支那文明史》（日文），第二四〇頁。又今日泰、柬、寮王室的典禮儀式中，仍存有婆羅門祭師主持儀式，但已沒有宗教的力量。

❿ 淨海法師著：《南傳佛教史．寮國佛教史》第一章第二節。

第四章　上座部佛教傳入雲南諸說的分析

因為南傳上座部佛教以斯里蘭卡大寺派為根源，在公元十二世紀末至十四世紀傳入東南亞緬、泰等國；公元十四、十五世紀再由緬泰傳入中國雲南傣族等地區。所以要研究雲南上座部佛教史，就必須先研究了解南傳佛教的根源，及南傳上座部佛教在東南亞流傳經過的情形，然後才能分辨清楚南傳上座佛教何時傳入雲南。

南傳上座部佛教文化圈歷史的形成，現代中國很多佛教學者都認為應包括雲南上座部佛教在內，成為重要的一部分。但關於南傳佛教怎樣傳入中國雲南？在什麼時間傳入？經過什麼路徑？就有很多說法不同，總括起有十多種以上，最早的說法是在公元前五世紀，與佛住世同時代，最遲的說法是在公元第十三世紀以後。現將汲取前人研究的成果，分析傳入諸說如下：

1. 佛陀生前巡遊世界時曾經到達西雙版納、德宏等地說：這是根據傣族民間傳說，不能做為佛教史根據。實際上佛陀生前布教遊化範圍，都在印度恆河中游一帶，從未出過印度境外。

2. 公元前四、三世紀說：這是根據王懿之公元一九八一年在西雙版納進行社會歷史調查時，在勐海看到傣文佛經《帕薩坦》中說，在佛陀涅槃前，其弟子就到緬甸及西雙版納等地傳教。由於這份資料未經認真考證，未分清歷史事實，僅是傳說而已。

3.公元前後說：此說為王懿之和王松二人，將傣族地區的佛教稱為小乘佛教，視同漢初開始中國內地流傳的小乘佛教一樣。未能分清楚小乘佛教和南傳上座部佛教兩者性質和流傳根源是不同的。

4.公元四世紀說：此說為西雙版納傣族岩罕提出，是根據傣文史籍《泐西雙邦》、景洪等地出土的銀片上的記載，以及公元一九九三年勐臘出土的銅佛像。岩罕認為「南傳上座部佛教傳入西雙版納的時間，既不是公元十世紀，更不是公元十二、十三世紀，而是在公元第四世紀，興盛於第五世紀」。雖然岩罕立說提出三種證據，但公元第四世紀時，南傳上座部佛教僅在斯里蘭卡流行，尚未傳入東南亞，所以此說理由不能成立。

5.公元六、七世紀隋末唐初說：主張此說有刀述仁、刀永明、顏思久等，他們認為，一是傣族地區與周邊的緬甸、泰國相接，經濟、文化往來密切，都是信仰上座部佛教；二是西雙版納等地發現有記載公元七世紀當地修建寺院的銀片。此說是根據記載修建寺院於公元六、七世紀的銀片，它的出現年代，未做過考察分析，而且公元六、七世紀時，斯里蘭卡的上座部佛教尚未傳入東南亞。

6.中唐說：中唐應是公元七、八世紀，這是黃惠焜的主張，在國內有一段時間有較大的影響，他是將東南亞南傳佛教文化圈進行考察，不是以雲南地方文獻資料為依據。因為東南亞上座部佛教文化圈形成的時間是在十四世紀，不是中唐時期，故不能成立。

7.公元十一世紀說：這是吳軍、岩溫扁的《對〈論傣族詩歌〉的兩點探索》一文中稱「十一世紀佛教傳入傣族地區」，「佛教傳入傣族地區，大約在十一世紀」。又刀世勛的《巴利語對傣族的影響》一文，則揣測「宗教的傳入和傣文創始的時間，可能在十一世紀」。而他們又說：「但因現在無直接的材料證明，需做進一步考證。」他們也自認無直接材料證明，故不做分析。

8.公元十二世紀（叭真建國時）說：因李拂一譯《泐史》記載叭真祖臘曆五四二年庚子（一一八〇），自稱為「景龍金殿國至尊佛主」。這裡佛主即佛祖，所以有不少人就認為，從叭真這個稱謂來說，至少在叭真建國時，即在公元十二世紀，佛教已經傳入西雙版納。但《泐史》在公元一九四七年出版以前，「景龍金殿國」之名，在國內外史籍中一概未曾見過。所以李拂一譯的《泐史》的這條記載，不能做為佛教傳入西雙版納地區的可信資料。

9.十二世紀末十三世紀初說：此說由粟明鮮「主要依據傣文史料和可靠的傳說」提出。盡管粟明鮮也對佛教在東南亞國家的傳播有過考察，但由於他將傣族地區的佛教，等同於小乘佛教，所以贊同的人很少，而且有關傣文史料的傳說不盡可信。

10.公元十三世紀以後說：持此說者有江應樑、趙櫓、劉岩、鄭筱筠、王國祥、侯沖、姚珏等人。目前有很多學者認同此說❶，本人亦贊成此說。或者更正確地說，南傳上座部佛教是在公元十四、十五世紀傳入雲南，不會早於公元十三世紀以前，這在下文中再詳述。

❶上列南傳上座部佛教傳入雲南諸說，除第一項之說外，從第二項至第十項之說分析，可參考姚珏著：《天國的邊緣——雲南上座部佛教的歷史和經典》（雲南大學碩士論文），第六——八頁。

第五章　上座部佛教傳入雲南傣族的時間

在前述第四章裡，關於南傳上座部佛教傳入雲南西雙版納、德宏等地區的時間，學者們諸說紛紜中，好像佛教很早就已傳入該地，但近代學者更進一步研究，從明初以前有關傣族的漢文文獻來看，未見有資料記載傣族地區信奉佛教的記事。也就是說在公元十三世紀以前，沒有佛教存在過。如元代義大利旅行家馬可波羅（Marco Polo，一二五四——一三二四）到過雲南傣族地區，在他所著《馬可波羅行紀》第一一九章〈金齒州〉說：「其人無偶像，亦無廟宇，惟崇拜其族之元祖，而云『吾輩皆彼所出』。彼等無字母，亦無文字❶。」據方國瑜先生考證，馬可波羅的金齒州，只不過是今保山、騰衝及德宏等地區，並不包括思矛、西雙版納一帶。又元代李京的《雲南志略》中，對「金齒白夷」的解釋：「西南之蠻，白夷最盛，北接吐番，南抵交趾，風俗大概相同……金齒白夷……無佛像亦無廟宇。」金齒白夷即是今德宏、景東、思矛、西雙版納的傣族❷。明洪武末年（一三九八）錢古訓、李思聰出使麓川後所著《百夷傳》，記當時傣族習俗說：「夷人無陰陽、醫卜、僧道之流。」又說：「其俗不祀先，不奉佛，亦無僧道❸。」從元代到明初（十三世紀前），雲南西雙版納、德宏等傣族地區是沒有信仰佛教的。

《明史．雲南土司傳．麓川》亦載：「平緬（今德宏地區）俗不好佛，有僧自雲南，善為因果報應之說，倫法信之，位諸部長上。」倫法為十四世紀末期麓川王，這說明德宏地區在明代時佛教才為統治者上層所信奉❹，民間還沒有流行。

南傳上座部佛教何時傳入雲南西雙版納、德宏等地區？又經過怎樣的路徑呢？學者劉岩指出：「要回答這一問題，必須從南傳佛教史的研究入手，提供充分的資料，結合雲南民族史的研究，才有可找尋出合乎實際的答案來❺。」如缺乏對南傳佛教的專門知識，不了解南傳佛教文化圈的形成經過，研究和考察出來的結論，往往是不正確的。

我們再從泰國清邁和緬甸景棟，傳入雲南傣族地區的南傳上座部佛教的派別來探討，而這些派別在泰國和緬甸未傳入雲南傣族地區前就已經形成，依考察經過傳入的路徑和時間，就可確定是在公元十四、十五世紀。現存雲南上座部佛教派別，主要的有潤派、多列派、擺莊派、左抵派四個派別，以下將做簡略的解說。

一、潤派

在公元十二世紀，當緬甸蒲甘王朝強盛時，又把勢力伸展至泰國北部的蘭那國（在一〇五六年後建國，都清邁），收為屬地，統治著清邁等地，稱清邁為勐潤（勐，傣語為地方、地區意）。並傳入上座部佛教，因受蒲甘文化的影響，泰國北部佛教的建築等，都富有緬甸佛教的形式，如清邁的七峰塔，是依蒲甘大菩提塔形式建築的。特別是緬甸勢力統治清邁時，影響了泰國北部的上座部佛教；而清邁的佛教約在公元十四、十五世紀，又傳入緬甸北部撣族的景棟，再經由景棟而傳入中國雲南傣族地區。清邁因曾受到緬甸入侵，成為緬甸附庸國，到公元一八九二年才被泰國歸併。

南傳上座部佛教最先傳入雲南傣族地區的是「潤派」佛教，潤是潤國，或稱潤那（Yona，中譯臾那、庸那），派是宗派或部派。所以潤派意即指潤國的宗派。公元十五世紀末泰國清邁僧人智寶著《聖者時鬘論》和公元一八六一年緬甸高僧般若薩彌著《佛教史》，都認為潤國是在泰北清邁一帶，歷史上曾稱泰北一帶為潤國或潤那國❻。

考撣族與泰族原先住在中國南方境內，稱擺夷或哀牢，在九百年前，經過一段很長時間不斷地向南遷移，抵達泰國湄南河流域的稱為「暹」，後稱「泰」；抵達緬甸薩爾溫江流域的稱為「撣」；亦有部分抵達寮、越；留在中國雲南境內的稱為「傣」。

約在公元一二八一年，泰北清邁孟萊王（Mangrai，一二五九—一三一七）在位，他是一位博學而熱心的佛教國王，在清邁及南奔廣造佛寺。一方面又派應達班約（Yingdabanyo）等一批比丘到斯里蘭卡求學，回國之後，建造了蓮花塘寺

（Vabayobo），供養持律的比丘，成為後來清邁的「蓮花塘寺派」。

公元一三六七年清邁的哥那王（Kue-Na，一三五五—一三八五）在位，禮請斯里蘭卡大寺系的泰僧蘇摩那（Sumana）至清邁，弘揚南傳上座部佛教，並獻出自己的花園，做為弘法道場，這就是著名的花園寺，成為潤派的根本道場。清邁為緬甸屬國或統治時期，曾將潤派（花園寺派）傳入緬北的景棟，然後又由景棟再傳入雲南西雙版納傣族地區。

又據說清邁哥那王在位時，曾派一批比丘至斯里蘭卡留學，他們回國後，實行阿蘭若生活（林居派），曾將蓮花塘派也傳入中國雲南傣族地區。如依這樣的歷史來說，南傳上座部佛教應在公元十四、十五世紀，在不同階段時間裡傳入雲南傣族地區。

由於潤派僧團在傳入雲南傣族地區之前，在緬甸景棟就分成兩派，起因是僧團比丘們對戒律解釋不同，在修持和生活方式上略有差別，分為擺壩（Baiba，傣語山林房屋之意）和擺孫（Baisun，花園房屋之意）兩派❼。擺壩俗稱山林派，寺院大多分布在山林裡，遠離村寨，以托缽乞食為生，日食一餐，過午不食，素食，不殺生，下山入村不入民居，終身苦行，很少還俗者，持戒謹嚴，注重禪修等。擺孫俗稱村寨派，住在村落或寨邊的村居派，僧人居處佛寺，與村民交往，出家還俗較多自由，戒律較寬鬆，可以食肉，可以擁有田產，同時允許經商。這兩派都從泰國清邁傳入緬甸的景棟，又再從景棟傳入西雙版納的勐龍、景洪、勐臘、勐捧、易武、勐養、勐旺的傣族地區❽。後來這兩派界限漸漸縮小，村居派僧人增多，林居派僧人愈來愈減少。

公元一三六九年，蓮花塘寺派（擺壩）以雅那卡皮拉（Yanakapila）長老為首的七百僧人從清邁到了緬甸景棟及附近地區宣教，建立了景棟城市的第一所佛寺——寶象寺（Vazhangiiao），然後進入西雙版納的西定布朗山區和勐遮、勐海、勐混等傣族壩區。花園寺派（擺孫）以西卡班若（Hikabanro）長老為首的一批僧人，繼蓮花塘寺派僧人之後來到景棟宣教，建立了景棟城區一所花園寺派佛寺——紅林寺（Vabalianmg），並在公元一三八三年傳到西雙版納的大勐籠、景洪、勐罕（橄欖壩）等傣族地區❾。

擺潤派，約在公元十四世紀下葉、十五世紀上葉，經緬甸撣邦的景棟地區傳入耿馬，後來擴展到耿馬的勐角懂、勐撒、勐定等地。一五四八年，建築景戈人佛寺（漢語稱洼佛寺）。此派在耿馬縣傣族、布朗族、德昂族傳布，據統計，僅耿馬縣就有佛寺二百零二所，比丘七百零五位，沙彌二千一百五十五人❿。

擺順派，在公元十七世紀從緬甸賀南傳入雲南耿馬地區，最初在南蚌河的四坪建寺。但此派人數極少，二十世紀六十年代有比丘二人，信徒五十餘戶，佛寺一座。

二、多列派

多列派於公元十五世紀由緬甸傳入德宏、臨滄地區傣族地區，公元十八世紀大規模傳入德宏自治州和臨滄傣族地區、德昂族地區。傣語「多列」是住山之意，據傣族耿馬一位擺多派長老英德戛說，多列派實際是屬於上座部佛教信阿羅漢一派。多列派在緬甸原有十多個派別，傳入德宏地區的有達拱旦、舒特曼、瑞竟、緬坐四派。近代隨著緬甸統一和佛教興盛，在德宏等地多列派發展迅速，有取代以前傳播較廣和信徒眾多的擺莊和潤派的趨勢。

三、擺莊派

擺莊（Baizhang，意為寺院）派，公元十五世紀中葉後傳入德宏地區，分布在德宏州芒市、遮放、瑞麗、隴川、盈江等傣族地區，持戒較寬，佛寺多建在村寨中，信眾較多，與潤派比較接近，關係密切。

四、左抵派

據說左抵派創始人是緬甸芒海的洼拉比丘，在曼德勒出家。二百年前由緬甸仰光傳入德宏州芒市，及由緬甸南罕傳入德宏州的瑞麗和臨滄地區的孟定，戒律較寬鬆。上世紀五十年代前，德宏地區已無左抵派僧人，只有在芒市僅有信眾六十戶⓫。

從以上四個派別以及它們衍生的支派，都是以前在清邁和緬甸時期就產生了，而傳入西雙版納和德宏等地區的，並沒有產生自己本身的宗派。

❶ 馬可波羅著，馮承鈞譯：《馬可波羅行紀》，第三二三頁。
❷ 顧思久著：《雲南宗教概況》，第七—八頁。
❸ 姚珏著：《天國的邊緣——雲南上座部佛教的歷史和經典》（雲南大學碩士論文），第八頁。
❹ 楊學政主編：《雲南宗教史》，第一九四頁。
❺ 劉岩著：《南傳佛教與傣族文化》，第七十五頁。
❻ 淨海法師著：《南傳佛教史．附篇：南傳佛教部派略表》，第六六七—六七一頁。

❼在潤派僧團未傳入雲南傣族地區之前就分成兩派。
❽楊學政主編：《雲南宗教史》，第一九一——一九三頁。
❾姚珏著：《天國的邊緣——雲南上座部佛教的歷史和經典》（雲南大學碩士論文），第九頁。
❿鄭筱筠著：《中國南傳佛教研究》，第一〇一頁。
⓫較後傳入的多列派、擺莊派、左抵派，請參考：
1. 姚珏著：《天國的邊緣——雲南上座部佛教的歷史和經典》（雲南大學碩士論文），第十一——十三頁。
2. 淨海法師著：《南傳佛教史·雲南上座部佛教史》，第六二一頁。

第六章　結語

這篇文稿，主要是探討和理清南傳上座部佛教，何時傳入雲南傣族人地區，是經過怎樣的路徑，以及初期傳入後，對傣族人地區產生怎樣的影響，在本文前五章中，分析說明了經過情形。

第一章說明印度分別說部的上座部，在公元前三世紀傳入斯里蘭卡後，建立了大寺上座部，成為南傳佛教的根源地。

第二章說明大寺上座部到公元前一世紀末，由大寺中分出無畏山寺，至公元四世紀時，又由無畏山寺中分出祇園寺。由此三派鼎立弘揚和競爭達千年之久。公元十二世紀下葉，斯里蘭卡王波洛羅摩婆訶一世進行僧團淨化改革，唯有大寺派上座部獨興，聲譽遠播達於東南亞各佛教國家，各國選派僧人或自告奮勇前往參學、留學，並在大寺派受比丘戒，佛教文化交流，然後回到本國，引進斯里蘭卡僧團戒法系統。

在第三章裡，敘述了緬甸、泰國、柬埔寨、寮國在公元十二世紀末至十四世紀初，南傳上座部佛教先後分別傳入的時間和經過的情形。

在第四章裡，舉出南傳上座部佛教傳入雲南傣族的各種說法，分析各說法是否與史實符合，並舉說出依據的理由。

在第五章裡，簡介南傳上座部佛教是在公元十四世紀開始，從泰國清邁（當時泰國人尚未建立國家）和緬甸景棟傳入中國雲南傣族，說明時間、路徑和最初宗派的情形。

從上面五章中，列出南傳上座部佛教的根源，公元前三世紀先由印度傳入斯里蘭卡，生根茁壯，公元十二世紀末至十四世紀初，被引進東南亞的緬甸、泰國、柬埔寨、寮國，十四世紀再經過緬甸、泰國傳入雲南傣族地區，而形成頗具強韌生命力的南傳佛教文化圈。

中國雲南境內民族眾多，各民族都有自己的宗教信仰。關於佛教的流行，就有漢傳佛教、南傳佛教、藏傳佛教，三者在雲南境內構成具有特色的中國佛教體系，有著重要的地位和影響。大致上說，漢族、納西族、白族、彝族等信仰大乘佛教；傣族、布朗族、崩龍族、阿昌族、佤族等信仰南傳佛教；藏族、普米族、納西族等信仰藏傳佛教。

西雙版納在傣語中是「十二個千畝田」的意思，即劃分為十二個行政區域，是在雲南省的最南端，目前是傣族自治州，面積一萬九千一百多平方公里，通常指景洪、勐海、勐臘三縣，而以景洪為首府。根據雲南省第六次全國人口普查辦公室（二〇一一年五月九日）公告：傣族人口為一百二十二點二萬人。因與緬甸和寮國接壤，早期即自緬甸和泰國傳入上座部佛教。這裡居住著傣族、布朗族、崩龍族，全民信仰上座部佛教；

阿昌族和佤族，部分信仰上座部佛教。

關於雲南上座部佛教的現狀：據公元二〇〇四年五月西雙版納傣族自治州宗教活動場所年度檢查統計，佛教有佛寺五百七十七所，僧人四千五百三十八人，其中祜巴（統領長老）十四人、沙滴（長老）十人、比丘（都）六百九十六人、沙彌（帕）三千八百一十八人；與二十世紀五十年代初期相比，現有佛教僧侶人數占人口總數的百分比明顯地下降，這表明很多人都不願出家為僧，出家為僧不再是每一個信仰南傳佛教的男子必須經歷的人生選擇。因此，有寺無僧現像日趨嚴重❶。

（二〇一五年六月於休士頓玉佛寺）

❶ 鄭筱筠著：《當代中國南傳佛教現狀、對策及發展戰略》（上），二〇一三年五月六日更新。資料來源：http://zgfxy.cn/ztjj/zgfx/x/zdesjqeyn4/2013/05/06/1438171372.html。

參考文獻

葉均著：《南傳上座部佛教源流及其主要文獻略講》。

任繼愈主編：《佛教大辭典．南傳佛教》，南京：江蘇古籍出版社，二〇〇二年。

平川彰著，釋顯如、李鳳媚譯：《印度佛教史》上冊，嘉義：新雨道場，二〇〇一年。

Robert C. Lester: *Theravada Buddhism in Southeast Asia.*

姚珏著：《天國的邊緣——雲南上座部佛教的歷史和經典》（雲南大學碩士論文），二〇〇二年。

淨海法師著：《南傳佛教史》，臺北：法鼓文化，二〇一四年。

陳明德著，淨海法師譯：〈泰國佛教史〉。

慶祝佛曆二五〇〇年紀念委員會編：《慶祝佛曆二五〇〇年紀念特刊》（泰文）。

D. G. E. 霍爾著，中山大學東南亞歷史研究所譯：《東南亞史》上冊，北京：商務印書館，一九八二年。

辛島昇等譯：《インド支那文明史》，みすず書房，一九六九年。（原著：George Coedes: *Les Peuples De La Peninsule Indo-chinoise.*）

馬可波羅著，馮承鈞譯：《馬可波羅行紀》，臺北：臺灣書房，二〇一〇年。

顧思久著：《雲南宗教概況》，昆明：雲南大學出版社，一九九一年。

楊學政主編：《雲南宗教史》，昆明：雲南人民出版社，一九九九年。
劉岩著：《南傳佛教與傣族文化》，昆明：雲南民族出版社，一九九三年。
鄭筱筠著：《中國南傳佛教研究》，北京：中國社會科學出版社，二〇一二年。
鄭筱筠著：《當代中國南傳佛教現狀、對策及發展戰略》（上），《中國佛學》總第三十二期，北京：社科文獻出版社，二〇一二年。

第五篇

南傳上座部佛教的互相依存關係

第一章 概說

佛陀涅槃百年之後，佛教僧團出現了分裂，大約從公元前三七〇年起，到大乘佛教開始流行的公元一五〇年前後，這段時期稱為部派佛教。最初先分為上座部和大眾部，隨後逐漸分成十八部或二十部之多。上座部對佛說一切法採取「分別說」的態度，對於經法，重於分別抉擇，即對佛說和佛說的解釋要做分別地看待；大眾部則主張「一說」的態度，是重貫通的，即對佛說要做全部肯定。

印度部派佛教第二次分裂，從上座部（分別說）中先分為犢子部與化地部，是關於佛教理論是否承認補特伽羅的問題。犢子部主張有補特伽羅（我），與五蘊不即不離（非即非離蘊），也就是承認有生死輪迴之主體。化地部目犍連子帝須堅決反對，後來化地部派遣許多大德到各地宣揚佛法，每到一地，即自成一派。其中分遣到西北印迦濕彌羅和犍陀羅一帶的，成為一切有部；在中印發展至西南印的漸形成法藏部；傳至北方雪山（尼泊爾一帶）的，成為雪山部。而在南印弘傳的上座部，之後傳到斯里蘭卡，就形成以大寺派為代表上座部。因為斯里蘭卡所傳之上座部，原屬分別說部，印度學者認為它是印度上座部的別傳，常用「分別說」一詞加以區別。也有人說大寺派保有上座部系中的法藏部相類的面目，說它是法藏的南系。當上座部佛教在印度各地消失後，公元五世紀以來，即將斯里蘭卡的大寺派，看成是上座部的代表；到公元七世紀時，更認為整個上座部佛教都存在斯里蘭卡❶。

清辨論師之第二說及多羅那他《印度佛教史》所載大眾部說，以及當代印順長老《印度佛教思想史》等記載，分別說又分出化地、法藏、飲光、赤銅鍱等四部。巴利語三藏，屬於分別說中的赤銅鍱部；所以斯里蘭卡佛教界，自稱上座部，也自稱分別說者，也有學者稱斯里蘭卡佛教為赤銅鍱部或銅鍱部❷，主要即指大寺部派。

❶ 呂澂著：《印度佛教思想概論》，第三十三、四十—四十一、四十三、二〇七頁。

❷ 印順導師著：《印度佛教思想史》，第四十五頁。赤銅或銅鍱是斯里蘭卡古名稱之一，故稱銅鍱部（Tambapaṇṇīya）或赤銅鍱部，都指大寺部派。

第二章 斯里蘭卡和緬甸佛教的關係

斯里蘭卡和緬甸都是印度的鄰國，在政治、語言、文化、宗教受到印度的影響。但斯、緬兩國佛教的交往，古時由於海洋的阻隔，缺乏完整的歷史記載，有些歷史資料和傳說，無法得到佐證。直到公元十一世紀，才有較可靠的記載。

依《大史》第十三章記載，印度阿育王出家的兒子摩哂陀，約於公元前二四六年頃，率領五位比丘、一位沙彌、一位居士，一行七人抵達斯里蘭卡傳教，與當時統治斯國的天愛帝須王相見。摩哂陀初次說法即得到國王的信仰和皈依，使上座部佛教在斯國弘揚，得到迅速地發展，天愛帝須王並在首都阿耨羅陀（Anurādhapura）建造大寺（Mahāvihāra）供養僧團，立為國教。不久，阿育王出家的女兒僧伽密多比丘尼也受到邀請，帶著十一位比丘尼和菩提樹分枝，於公元前二三六年抵達斯國，成立比丘尼僧團。南傳上座部佛教二千二百多年來，始終都以大寺派傳承為中心。

公元前一世紀，斯里蘭卡僧團中的長老，有鑑於國內曾發生戰亂，擔心教典散失，集合五百位長老比丘，於斯里蘭卡中部摩多羅（Mātale）的阿盧寺（Alu-vihāra），會誦集結三藏教典，並以僧伽羅文字將經典寫在貝葉上，這是巴利文三藏最早的起源，也是斯國非常重要的一次三藏結集，使得巴利三藏內容被確定下來。公元五世紀前葉，北印度菩提伽耶的佛音論師到斯里蘭卡大寺學習三藏經典❶，其後由他領導在根他伽羅寺（Ganthakāra vihāra），將僧伽羅語的三藏聖典及註釋翻譯為巴利文。佛音論師撰寫的《清淨道論》，是綜述南傳上座部佛教思想的一部最詳細、最完整、最著名的作品，成為三藏注釋的綱要書。同時代的佛授及稍後護法二人，繼續註釋巴利三藏未盡完成的部分，遂奠定了大寺派復興和教學的基礎，影響最為深遠，成為日後繼續流傳的南傳佛教。

緬甸佛教史記載，阿育王曾派遣傳教師須那與鬱多羅至金地弘法，但無法確定金地在何地？有人認為金地是在緬甸南方的現法城（即今直通）；泰人堅稱是在泰國的佛統；也有人說是在東南亞某一個部分。但從考古學上獲知，在公元前沒有資料可證明佛教傳到這些地方，只顯示公元二世紀時，早期小乘佛教曾在這些地方存在過。公元十一世紀，阿奴律陀王（Anawrahta，一〇四四—一〇七七）統一緬甸後，建立蒲甘王朝，引進下緬甸孟族人直通的上座部佛教，僧眾戒律莊嚴，精研三藏，努力弘法。

公元一〇五七年，阿奴律陀派軍隊征服直通後，實行佛教改革，依高僧阿羅漢的建議，與斯里蘭卡通好，徵求巴利三藏，做詳細地對照審訂。緬甸《琉璃宮史》上卷記載：「佛法在中天竺經過了三次結集後，在錫蘭（斯里蘭卡）被記錄於貝葉上。高僧們抄錄後獻給直通國王，現直通國內有經書三十套❷。並建築三藏經樓珍藏。」

公元一〇七〇（或一〇七一）年，斯里蘭卡維舍耶巴忽一世（Vijayabāhu I，一〇五五—一一一四），將統治斯國達五十三年朱羅國泰米爾人，完全驅逐退回印度。因泰米爾人長期提倡婆羅門教，斯國佛教受到沉重的打擊，當時全國已找不到十位清淨比丘可以集合傳授戒法，維舍耶巴忽一世於是派使去緬甸向阿奴律陀王求助。依緬甸佛教史記載，阿奴律陀王派遣緬甸阿拉干（Arakan）戒律清淨的孟族（Mon）僧人，去到斯里蘭卡傳授戒法。《大史》第六十章第三節至第十節說：「國王（維舍耶巴忽一世）想重建僧團，但發現（自己國家的）比丘數目不夠舉行加入僧團的受戒儀式，就派遣使者攜帶禮物，到其朋友羅曼那國（Rāmañña，指下緬甸的庇古〔Pegu〕）的阿奴律陀國王那裡，迎請持戒精嚴，德高望重，精通三藏的長老比丘。國王向他們布施供養，讓出家人在他們的座下受比丘戒，常誦三藏經典及其註釋，使斯里蘭卡一度衰亡的佛教又重新復興❸。」「國王在波羅那魯瓦（Pojonnaruva）的各個地區建造了多座莊嚴的佛寺，使三派僧團的比丘們都有住處。」

但也有人認為當時來到斯國傳戒的高僧並非緬甸人，而是在朱羅人侵犯斯里蘭卡時逃離祖國、避難於緬甸的僧伽羅人。不過，他們受緬甸國王阿奴律陀的派遣，做為緬甸佛教的代表來到斯里蘭卡，這是毫無疑問的。

公元一一八〇年，因為當時斯國又成為南傳佛教中心，緬甸國師孟族高僧鬱多羅耆婆（Uttarajīva），帶領僧眾多人，由巴森港（Bassein）乘船去到斯國。他們一行抵達斯里蘭卡後，受到大寺的接待，巡禮全島各處佛教勝跡，因而鬱多羅耆婆被譽為「赴斯國第一求法僧」。他們在斯國住了一段時間後便返回緬甸，只留下當時帶去的孟族沙彌車波多（Chapaṭa）。車波多在大寺受比丘戒後，留學十年，公元一一九〇年才返回緬甸。車波多返國時，曾帶了四位外國比丘：印度東部多摩梨帝的尸婆利（Sāvali）、柬埔寨王子多摩陵陀（Tāmalinda）、南印度山崎的阿難陀（Ānanda）、斯里蘭卡羅睺羅（Rāhura），他們都曾在大寺受比丘戒。公元一一九二年，他們在蒲甘北部的讓烏（Nyaung-u），建立了一座斯里蘭卡佛寺，就稱車波多寺，完全依大寺戒法，為人傳授比丘戒，不願遵守緬甸原有僧團的規律，這就形成了緬甸佛教最早的分派：一為車波多引進的僧團，稱「僧伽羅宗」（Siṃhaḷa-nikāya），是從斯里蘭卡摩哂陀長老傳承下來的戒律，得到當時國王的護持；一為阿羅漢自直通傳來原有的僧團，稱「緬甸宗」（Maramma-nikāya），來源出自阿育王時派遣的僧團，即從須那和鬱多羅二位長老傳承下來，一直延續到國師阿羅漢，以後並繼續存在二百年之久。後來僧伽羅宗，因意見不同，又繼續分為三派，即尸婆利派、多摩陵陀派、阿難陀派❹。

緬甸南方庇古王朝馬德班地方有兩位孟族比丘，他們曾往斯里蘭卡留學及在大寺受戒，在公元一三五三年頃回國。慧行（Medhamkāra）比丘著《世燈精要》（Lokadīpakasāra），是有關佛教世界觀的論著；大耶舍（Mahāyasa）著《迦旃延文法要略》（Kaccāyana-sāra）及《迦旃延文法論》（Kaccāyanabheda），這兩部著作在斯里蘭卡被認為是緬甸巴利語文法的標準書❺。

公元一四二九（或一四三〇）年，斯國兩位比丘，室利薩達磨楞伽羅（Sirisaddhammālaṅkāra）和信哈羅摩訶薩彌（Sihaḷamahā-sāmī），帶著五顆佛舍利至緬甸弘揚佛法，次年，阿瓦國王建阿尼劫賓陀塔（Anekibhinda）供奉佛舍利，又建烏摩伽寺（Ummāga）供養這兩位比丘。他們與緬甸三派僧團相處和睦，攜手合作佛教事業。他們常教誡弟子們，要住在山林佛寺，禁止住在國王供養的佛寺。兩位比丘對阿瓦佛教僧制的建立及佛教教育，貢獻很大。

公元一四五五年，緬甸那羅波提王（Narapati，一四四三—一四六九）時，派遣亞扎德曼和亞扎勃拉攜帶裝滿寶石的金鉢、銀鉢、金碗、銀碗、金燈盞、銀燈盞等禮物，乘船到斯里蘭卡向佛牙敬獻。用二百緬斤建造佛廊、佛亭布施。同時向斯里蘭卡國王贈送大量禮物。又在佛教名勝地區建造佛亭，供養高僧居住❻。

前述緬甸蒲甘王朝的佛教分為僧伽羅宗和緬甸宗，僧伽羅宗後又分為三派。這種宗派之爭，也影響到以後的庇古王朝。庇古王朝初期有六個派系，前三派系是車波多系分出，另兩派系分別是佛種（Buddhavaṃsa）和大主（Mahāsāmī），其餘一派是柬埔寨派（Kambujanikāya），因此派有一佛寺本部距離柬埔寨邊境很近，因此而得名❼。

公元一四七五年，達磨悉提王選派二十二位上座比丘及其弟子亦二十二人，使臣兩位，分乘二船前往斯里蘭卡，由目犍連及尸婆利兩位長老分別領導。抵達斯里蘭卡後，四十四人都在大寺重受比丘戒。後於歸國航程中，遭遇海上風浪，其中一船沉沒，有十位比丘喪生❽。遣派的僧團回國後，達磨悉提王首先選擇適當之地，創設「結界」，定名為「莊嚴結界」（亦音譯「迦梨耶尼結界」〔Kalyāṇīsīmā〕），做為改革和淨化佛教的初步。僧人在結界範圍內舉行各種佛教儀式，如受戒、布薩、安居、自恣等。結界創立後，一切都依斯里蘭卡大寺的制度，舉行如法如律的傳戒儀式。最初擔任得戒和尚的，是一位曾在斯里蘭卡大寺受過比丘戒，戒臘已二十六年的須婆那蘇拔那（Suvaṇṇasobhaṇa）。大約經過三年的時間，規定國內各舊派的比丘，都須重新受戒，歸為一派。凡不合法比丘，都命令捨戒返俗。據記載，當時全國境內，有上座比丘約八百位，青年比丘一萬四千二百六十五位，又沙彌進受比丘戒者六百零一位。僧團只分有聚落住者及阿蘭若住者二類，但都和合為一派。緬甸南方庇古的佛教，經過達磨悉提王這次改革後，以前三百年間各派的對抗，自此重歸統一，依律清淨和合在一個上座部僧團統治下，比丘們不再因地域和民族的差異而互相對抗，這是緬甸佛教史上的一件大事。在公元一四七六年，曾立《莊嚴結界》碑記載此事。碑銘共為十塊，高約八公尺，闊四公尺，厚十八英寸，兩面刻文。兩塊為巴利語，八塊為孟文❾。

公元一五五五年，斯里蘭卡國王達摩波羅（Dharmapāla）派使臣帶著禮物至緬甸，請求緬王匡扶斯國佛教。緬王派大臣亞扎瑪努送去各種供養物，供奉三藏經與佛牙，並在當地購置土地，以便長期向佛牙供奉❿。

公元一五七四（《琉璃宮史》說在一五七三）年，緬王奔應龍遣使和僧人至斯里蘭卡求親，但斯里蘭卡國王無女，就以其侍衛長之女代替，與緬王結親；並將佛牙送至緬甸，供給人民朝拜，莽應龍齋戒沐浴後親往巴森港隆重迎接⓫。

公元一五七六年，斯里蘭卡全島混亂分裂為四國，達摩波羅王擁護佛教，其他三位國王信奉異教，破壞佛教，於是達摩波羅王派人送禮物和佛牙至緬甸，請求緬王出兵征伐斯里蘭卡其他三位國王。奔應龍遣派兩名大臣率二千五百名士卒乘船抵達斯里蘭卡，斯里蘭卡各王大懼，鎮壓和臣服異教徒，佛法正道得到發揚。同時，命人抄寫被異教徒破壞而殘缺不全的巴利佛經及註釋，共得經書一百一十八部，並由船運往斯里蘭卡。致使斯里蘭卡每年向緬王送來各種上等衣料及香料⓬。

到維摩羅達摩蘇利耶一世（Vimala-dharmasuriya I，一五九二—一六〇四）在位時，斯里蘭卡已沒有合格的比丘來承擔傳授比丘戒的任務，《大史》第九十四章記載：

「在整個楞伽島沒有合格的比丘能舉行授具足戒的儀式，這位國王派官員去羅迦伽國（Rakkaṅga，即現在的緬甸阿拉干〔Ārakan〕）。邀請難帝遮迦（Nandicakka）等比丘，把他們帶到楞伽島，讓他們住在美麗的悉利伐陀那（Sirivaḍḍhana）都城，很恭敬地關照他們。然後在摩訶伐盧迦河（Mahāvāluka）流域的根淌巴（Caṇthamba）港口，建起一座非常莊嚴的結界戒壇（udakukhepa sīmā）。這是在聖者（佛陀）涅槃後二千一百四十年，他護送高僧大德到那裡，使許多善男子在這些高僧座下受比丘戒，護持佛教僧團。他又讓很多良家男孩在寺院受沙彌戒，並向他們提供了充足的四種供養品⑬。」

由於斯里蘭卡佛教屢興屢衰，到維摩羅達摩蘇利耶二世（Vimala-dharmasuriya II，一六八七－一七〇七）時，僧人墮落到不學無術，全國找不到五位比丘成立一個僧團，於是至緬甸阿拉干孟人地區，禮請比丘至斯里蘭卡，恢復佛教。《大史》第九十七章記載：「這位國王（維摩羅達摩蘇利耶二世）想舉行受戒儀式，他準備好五百套很好的袈裟和其他僧人必需品，他把各種禮品和國王的書信，交給精明的大臣，派他們到羅建伽國家，邀請以桑多那（Santāna）長老為首的比丘僧團，帶三十三位比丘來到悉利伐陀那（Sirivaḍḍhana）美麗的都城，對他們十分尊敬，讓他們住在這裡，並給他們四種必需品。像以前那樣在根淌巴港口，建起一座非常莊嚴的結界戒壇。然後，他把比丘僧團帶到這裡來，為三十三名良家子舉行授戒儀式……同時他使一百二十個良家男孩得受沙彌戒。向他們充足提供四種必需品，讓他們學習佛法，就這樣積累了功德[14]。」

因為泰國佛教傳到斯里蘭卡的暹羅派，限制只收高種姓瞿毘伽摩族人出家，拒絕低種姓人出家。公元一七七二年和一七九八年，斯里蘭卡低種姓佛教徒舉行過兩次傳戒法會，但都沒有得到斯王和英國政府支持，更未得到暹羅派的認可。其實限制低種姓出家，這是不合佛制的，很多人想打破這種規定，包括瞿毘伽摩族人在內，有一位沙彌納那維摩羅帝須（Ñāṇavimalatissa），他是薩羅難迦羅的學僧，學習巴利文，因為他不屬於瞿毘伽摩族，而屬於裟羅伽摩族（Sālagāma），薩羅難迦羅不能為他授戒成為暹羅派比丘，於是萌發赴泰國受戒，並帶領四位沙彌和三位居士（也有記二位居士），公元一七九九年啟程赴泰；但在路上卻遇到一些商人，商人向他們談到緬甸的戒法很純正，促使他們改變了主意，而去緬甸都城阿摩羅補羅（Amarapura）受戒。他們在緬甸住二年，公元一八〇一年，從緬甸僧領智聖種（Ñāṇābhivaṃsa）受比丘戒。第三年他們與阿伽裟羅（Aggasāra）等三位緬甸比丘，帶著三藏和註釋回到斯里蘭卡。公元一八〇三年，在巴拉比提耶（Balapitiya）的摩杜（Mūdu）河建一水上戒壇，由阿伽裟羅任戒和尚，為斯國沙彌傳授比丘戒儀式，因為緬甸王建都在阿摩羅補羅，所以就稱為「阿摩羅補羅派」（Amarapuranikāya），簡稱「緬甸派」。此後又有法蘊（Dhammakhandha）、德寶（Guṇaratana）等四位比丘至緬甸學法，公元一八〇九年，法蘊和德寶回到斯國，開始努力在沿海邊傳授戒法。但也規定只有漁民、肉桂加工者、製酒工人三個種姓可以出家[15]。至今在緬甸派約占全國僧伽百分之二十，僧伽六千八百三十七人，寺院一千九百四十所。

有位斯里蘭卡比丘因陀薩婆伐羅那（Indasabhā-varañāṇa），他原屬暹羅派，後退出加入阿摩羅補羅派，在緬甸阿拉干的孟族僧團中重新受比丘戒。他在斯國南方加爾（Galle）遇見兩位回國的比丘，受其影響，非常嚮往緬甸的佛教。在公元一八六一年，帶領兩個沙彌和兩個居士啟程赴緬，公元一八六二年，他們在下緬甸孟族人地區受比丘戒，學習戒律和論藏一年，一八六三年回緬，之後也開始傳授比丘戒，徹底打破佛教徒的種姓階級，接受各族人民出家，奉行戒律更為嚴格，此派後稱為「羅曼那派」（Rāmañña-nikāya），即「孟族派」[16]。此派在緬甸現今約占全國僧伽百分之十五，僧伽四千五百四十四人，寺院一千一百六十六所，主要分布在西南沿海地區。

公元一九四八年，一位斯里蘭卡部長帶了舍利弗和目犍連的舍利到緬甸去訪問。一九五〇年，緬甸總理吳努又給斯里蘭卡送來了佛陀舍利。

斯里蘭卡和緬甸兩國佛教傳統關係一直友好，互相依存維持傳戒系統，恢復僧團，維持到現在。今天緬甸在斯里蘭卡保有三座佛寺，分別在可倫坡、康提、阿耨羅陀城，產權歸緬甸僧團所有，由緬甸僧人輪流管理。又每年緬甸僧人在斯國各大學就讀的學僧，大約一百六十多人，對他們有優惠政策。他們有住在自己的緬寺，另有部分住在斯國寺院⑰。

❶佛音至斯里蘭卡是在大名王（Mahānāma，四〇九—四三一）統治的第二十年，因為聽說在斯里蘭卡保存了很多失傳的早期佛教經典。另據大名王在公元四二八年和四三五年曾遣使來華。據上述二者推算，佛音至斯國應在四三三至四四七年範圍內。詳見水野弘元著，許洋主譯：《佛教文獻研究》，第一五一頁。

❷李謀、姚秉彥等譯：《琉璃宮史》上卷，第二〇二頁。

❸惟善著：〈緬斯兩國佛教的相互依存和發展〉，《佛學研究》。

❹淨海法師著：《南傳佛教史》，第二四八—二五一頁。

❺賀聖達著：《東南亞文化發展史》，第二〇八頁。

❻李謀、姚秉彥等譯：《琉璃宮史》中卷，第四八九頁。

❼達磨悉提著：《莊嚴結界》（巴利文），第十四頁。。

❽達磨悉提著：《莊嚴結界》中，記載派遣上座比丘二十二位，及其弟子亦二十二位，至斯里蘭卡大寺重受比丘戒時，共為四十四位。但五十嵐智昭譯《緬甸史》（第九十四頁）記為二十二位。

❾ 達磨悉提著：《莊嚴結界》，第六十二—六十五頁。又此書前的泰文〈序〉，第二—六頁。

❿ 李謀、姚秉彥等譯：《琉璃宮史》下卷，〈附錄二：緬甸大事年表〉，第一一四七頁。

⓫ 韓廷傑著：《南傳上座部佛教概論》，第二二二頁。

⓬ 李謀、姚秉彥等譯：《琉璃宮史》下卷，〈附錄二：緬甸大事年表〉，第一一四八、八一九—八二〇頁。

⓭ 《大史》，第九十四章，第十五至二十節。

⓮ 《大史》，第九十七章，第八至十五節。

⓯ 惟善著：〈緬斯兩國佛教的相互依存和發展〉，《佛學研究》。

⓰ 韓廷傑著：《南傳上座部佛教概論》，第一七五頁。

⓱ 惟善著：〈緬斯兩國佛教的相互依存和發展〉，《佛學研究》。

第三章　斯里蘭卡和泰國佛教的關係

公元前三世紀，印度阿育王護持第三次結集後，曾派遣九支僧團傳教師往外地弘法。其中一團由須那與鬱多羅率領前往金地，但金地的方位不能確定。有人認為金地是泛指下緬甸，泰人則主張以泰國佛統為中心。公元六世紀，孟族人在佛統一帶建立了墮羅缽底國（Dvāravati），流傳上座部佛教，以佛統為中心，公元九、十世紀時，被柬埔寨所滅。

在公元一二五七年前，據傳有一位斯里蘭卡羅睺羅比丘，由蒲甘到泰南的洛坤弘法，成立斯里蘭卡僧團，深得國王和人民的信仰。泰族人於公元一二五七年正式建立素可泰王朝（一二三八—一四三八）後，即建造佛寺供養來自洛坤的斯里蘭卡僧團。素可泰王朝建國後，提倡弘揚斯里蘭卡大寺派系統佛教。到第三代素可泰坤藍甘亨王（Ramkhamhaeng，一二七七—一三一七）是位虔誠的佛教徒，他創造了泰文，征服泰南洛坤。洛坤原來已有斯里蘭卡系的僧團存在，坤藍甘亨王見他們戒德莊嚴，精研三藏，因此便邀請斯里蘭卡大寺派的僧團至素可泰弘法，並在城郊為他們建造了阿蘭若寺，使素可泰佛教很快發展起來。同時，派僧人赴斯國求學，又從斯國取來巴利三藏。

泰王又參考斯國的大僧領（Mahāsvāmi）組織，創立了泰國僧王制度，統理全國僧眾，下設尊長、大長老、上座三級❶。不久，素可泰全國就完全轉變為信仰斯國大寺派上座部佛教。以後的大城王朝（一三五〇—一七六六）、吞武里王朝（一七六七—一七八二）、曼谷王朝（一七八二至今）都以南傳上座部佛教為唯一的信仰。

素可泰第五代立泰王（Thammaraja Luthai，一三五四—一三七六）時，國勢已經處於衰落時期，而佛教事業仍很盛行。立泰王根據斯里蘭卡大寺派佛教的規範整頓泰國佛教僧團，把國內僧伽大致分為城市弘法派和山林習禪派。素可泰一位僧人蘇摩那（Sumana）聽說斯里蘭卡有一位長老在緬甸南部弘法，特前往親近學習，回國後住在芒果林寺。公元一三六一年，立泰王派使臣至斯里蘭卡，延請大僧領彌達摩迦羅（Medhamkara），為自己出家的傳戒和尚，在芒果林寺短期出家，而漸形成以後的國王和人民在一生中，都要短期出家的風俗，接受佛教道德的熏陶❷。

泰國到大城王朝恒萊洛迦王（Boroma Trailokanātha，一四四八—一四八八）時，因為他是一位虔誠熱心的佛教徒，將以前的王宮改為佛寺，定名最勝遍知寺（Srisarvajña），成為當時大城最富麗堂皇的佛寺。又遣使向斯里蘭卡延請高僧，引進巴利經典，淨化本國的佛教。公元一四六五年，恒萊洛迦王依佛教習俗，入朱拉摩尼寺為比丘八個月，隨同國王同時短期出家的有二千多人。清邁國王派使及十二位僧人往彭世洛觀禮，緬甸及寮國也遣使祝賀❸。

公元一六一〇年，泰國頌曇王（Songtham）即位，曾出家為僧。因有一位泰族比丘自斯里蘭卡歸來，根據斯國比丘傳說，佛陀生前曾踏過的足印，在泰國的蘇槃那山（Suvaṇṇapabbata，意為金山）也有一個。於是頌曇王命人各處尋找，結果在沙拉武里（華僑稱為北標）尋獲。國王命令在該地建築佛殿，供人瞻仰禮拜。此山後被稱為「佛足山」（Buddha Pāda），成為佛教名勝之地。

斯里蘭卡維摩羅達摩蘇利耶二世去世後，佛教又很快衰微下來，連一位正式的比丘也沒有了，僧團斷絕了傳承，僅剩有一位薩羅難迦羅（Saraṇaṅkara，一六九八—一七七八）大沙彌，無法求受比丘戒。他曾向本國前兩代國王建議，派遣使者至泰國大城王朝，禮請泰僧至斯國弘揚戒法，但第一次由於斯國國王不熱心，沒有結果，第二次在泰國發生船難及在緬甸庇古遭到惡人洗劫，第三次使者雖抵達泰國大城，因斯國國王駕崩，使節回國，也沒有結果。

直到斯國新王吉祥稱王獅子（Kīrti śri Rāja-sinha，一七四七—一七八二），他是位著名的佛教護法者，依薩羅難迦羅的請求，再派使至泰國，共有四位政府官員，平安地抵達泰國首都大城。此時是泰國大城王朝波隆科斯（Borom Kos）在位，禮遇接待斯國來使，並命令組織一個僧團，由優波離（Upāli）和阿利耶牟尼（Ariyamuni）上座領導，共十八位高僧和俗人使節，帶著巴利經典和禮物，去斯國傳授泰國式戒法。公元一七五二年五月衛塞日時，為五十五歲著名的薩羅難迦羅大沙彌傳授比丘戒，同日又有五位斯國沙彌受比丘戒，一切都依泰國僧團儀式。優波離住斯國三年中，得戒比丘七百人，沙彌三百人。因斯國比丘僧團的重興，為泰國僧團所傳承，後來就稱為「暹羅宗」或「暹羅派」（Syāma-vaṃsa，英文稱 Siam School）❹。

公元一七五五年，泰國第一次派往斯里蘭卡的僧人回國後，隨即又派一僧團去斯國代替。共有比丘二十二位，沙彌二十位，由大淨阿闍梨（Mahāvisuddhācariya）和聖智牟尼（Varañāṇa-muni）兩位上座領導，另有使臣醫生等六人，帶著《善見論》等巴利文典籍九十七部，仍乘荷蘭商船抵達斯里蘭卡。第二次泰國僧團在斯里蘭卡住四年，據歷史記載，大淨阿闍梨精於禪觀，在斯國傳授很多弟子，受戒比丘三百位，沙彌更多。僧團在一七五八年返回泰國❺。

斯國暹羅派持有種姓階級限制，只收瞿毘伽摩族人（Govigama 或 Goigama）出家，屬農民階級，認為源出於高貴王族。此派發展至今僧人最多，約占全國僧伽的百分之六十五，僧伽一萬九千二百八十四人，寺院六千三百零四所，遍及全國。本部原先設在康提的摩羅婆多寺（歷史上稱花園寺）為中心。如包括摩羅婆多寺在內，暹羅派共設立五個支部：1.摩羅婆多寺，是最大支部、2.阿耆羯梨（Asgiri，即馬山寺派）、3.拘提

（Koṭte）、4.賓多羅（Bentara）、5.迦耶尼（Kalyāṇī）。以上五個支部各自獨立，不相統屬，但組織完全相同，都從原先本部分出來❻。

到泰國曼谷王朝拉瑪三世（Rama III，一八二四—一八五一）時，曾派遣了一隊弘法人員到斯里蘭卡康提，從那裡帶回許多梵文書籍，並邀請斯國僧人到泰國訪問。公元一八四〇年，有五位斯國高僧到達泰國，住在曼谷母旺尼域寺（Wat Bovoranives）法宗派總部。到拉瑪四世（Rama IV，一八五一—一八六八）時，也派五位僧人去斯里蘭卡研究巴利文和佛學，在斯國住了一年，回國時帶了四十冊經典。自此兩國最有學問的僧人，常通信討論教理和戒律❼。

公元一九五〇年，「世界佛教徒聯誼會」成立於斯里蘭卡，總部最初設在斯國首都可倫坡，公元一九五八年遷移至緬甸仰光，公元一九六九年四月，決定永久設在泰國曼谷。

---

❶ 韓廷傑著：《南傳上座部佛教概論》，第一八九頁。

❷ 淨海法師著：《南傳佛教史》，第三八二—三八四頁。

❸ 淨海法師著：《南傳佛教史》，第三九六—三九七頁。

❹ 慶祝佛曆二五〇〇年紀念委員會編：《慶祝佛曆二五〇〇年紀念特刊》（泰文），第十三頁。

❺ Chusukdi Dipayaksorn：《錫蘭佛教史》（泰文），第二一五—二二八頁。

❻ 淨海法師著：《南傳佛教史》，第一六六—一六七頁。

❼ 韓廷傑著：《南傳上座部佛教概論》，第二〇一頁。

第四章 緬、泰兩國佛教的關係

斯里蘭卡佛教《大史》上記載，在公元前三世紀，阿育王派遣須那和鬱多羅兩位長老至金地弘揚佛法。依緬人說，古代金地是在下緬甸的直通，為孟族人所建立的國家，奉行上座部佛教。泰國丹隆親王考證金地，是在泰國西陲，當時為孟族人的居地，領域包括今日緬甸東南地區，及泰國版圖的大部分。所以較大的可能，二位長老是經由緬甸沿泰國的西陲北碧孔道入泰，至當時金地國的中心，即現在的佛統。

泰族在未立國前，境內各民族已先信仰了由印尼及柬埔寨傳入的大乘佛教，及緬甸傳入的上座部佛教❶。公元一〇四四年，緬甸阿奴律陀王建立強盛的蒲甘王朝，熱心提倡上座部佛教。當時蒲甘佛教勢力先伸展至泰國北部的蘭那國，然後逐漸達到孟族人的中心地墮羅缽底。當緬甸人統治了泰國北部等地，並傳入上座部佛教後，泰國北部佛教的建築等，因受蒲甘文化的影響，都富有緬甸佛教的特徵，如清邁府的七峰塔，是依蒲甘大菩提塔形式建築，那時蘭那為蒲甘的屬地。因此泰國歷史學者認為，此時期的佛教是「蒲甘式的佛教」。蘭那強盛時，轄境包括現在的清邁、南奔、南邦、昌萊及緬甸的景棟❷。

蒲甘王朝自江喜陀之後的諸王，或縱情奢華宴樂，或廣建寺廟，結果勞民傷財，國勢日微，公元一二八七年被中國元朝蒙古軍所滅，泰族人趁此機會建立了素可泰王朝。如前文所述，素可泰王朝之後，全國就漸漸轉變為信仰斯國大寺派上座部佛教。

泰國文化豐富多樣，尤以南傳上座部佛教著稱於世。但因泰、緬邊境相鄰，自公元一五八一年以來，曾多次發動大規模戰爭，人民苦不堪言，自此兩國結下仇恨。

公元一七六五至一七六七年，緬甸貢榜王朝與泰國大城王朝之間發生第二次戰爭。這場戰爭大城王朝首都阿瑜陀耶（大城）完全陷落，長達四個世紀的大城王朝自此滅亡。大城原本佛寺佛塔林立，共有三百多座，經過這次戰爭，全城被夷為廢墟，所有王宮佛寺、民間房屋，多半被火燒燬，泰國歷代所存文獻典籍，都付諸一炬，無數財物珍寶都被掠走。在大城著名的王家菩提寺，殿內原鑄造一尊巨大佛像，高四十八公尺，敷以金葉達八百磅，被緬人用大火熔下金葉，把佛像全部毀壞❸。並有三萬多泰人，被擄走為奴，其中包括一些王子和僧人❹。但緬甸隨即為了應付中國清軍入侵，而將大軍撤回國內。

至公元一七六七年泰國華裔鄭信將軍戰勝緬軍，並將緬軍驅逐出境，建立了新的吞武里王朝。公元一八八五年英國發動第三次英緬戰爭，占領曼德勒，國王施泊被俘，貢榜王朝滅亡。泰國亦受到英國的壓力，但仍能保住國家獨立，曼谷王朝延續至今，是東南亞唯一沒有成為西方殖民地的國家。因此，緬、泰兩國雖為鄰邦，同時信奉南傳上座部佛教，卻長年成為世仇，佛教交往反而不多。

曼谷王朝拉瑪四世在未登位前曾為比丘二十七年，在他出家期間，不滿意僧人對戒律的鬆馳，因遇到一位從緬甸來的僧人，願意幫助他致力改革僧團，於是在公元一八三九年創立「法宗派」（Dhammayutikanikāya，意為法相應部），而其原有僧團稱為「大宗派」（Mahānikāya），自此泰國佛教僧團分為兩派。後來，法宗派還傳入柬埔寨和寮國❺。

二次世界大戰結束後，在公元一九四八年八月，緬、泰兩國正式建交，關係正常化，才趨於穩定發展。

自泰國成為現代國家後，公元一九五〇年代，禪修在都市佛教徒中建立起地位，大宗派高階僧人披莫丹（Phva Phimontham）長老與僧伽內政部長在公元一九四一年的「僧伽法案」中，試圖整合禪修與經典研習，將它們合而為一，以改革並復興現代佛教。披莫丹並於公元一九四九年從龍蓋、孔敬、呵叻與烏汶等府，邀請當地傳統的禪修大師到曼谷大舍利寺，指導比丘與沙彌修習奢摩他（定），為了在僧人與信眾間推廣禪修，更在公元一九五一年建立毘婆舍那禪修中心，開始全國性的禪修課程。披莫丹覺得緬甸式的毘婆舍那禪法，對泰國的都市人來說，既簡單又實用。因此在公元一九五二年從東北送一位具有九級巴利文程度、名摩訶求度耶那希提（Maha Chodok Yanasithi）的泰寮大宗派比丘，到緬甸修習毘婆舍那。當摩訶求度回到泰國時，也帶回兩位緬甸禪師（其中一位是他的指導者）到泰國來教授毘婆舍那，在公元一九五三至一九六〇年間，摩訶求度一直在大舍利寺禪修中心指導禪修。全國各地也都有分社，在寮國也有它的分支，同緬甸和印度佛教保持密切聯繫。會員大部分是僧伽，也有部分是居士，在三軍中都有支持者，主要提倡研究阿毘達摩和修行，出版機關刊物《禪報》。大宗派的這項創舉，引發了法宗派長老對該派禪僧的注意，在公元一九五一年法宗派南方領袖邀請阿姜辛（Achaan Sing，阿姜曼〔Achaan Mun〕的資深弟子）到南方的碧武里府，教導僧侶與在家信徒禪修。可惜推廣禪修並未能持久，因兩大宗派高層僧伽內部長期暗中鬥爭，加以軍政府右翼軍人干涉，致使僧伽中央推廣禪修的計畫無疾而終❻。

❶ 淨海法師著：《南傳佛教史》，第三七八頁。

❷ 1.陳明德著，淨海法師譯：〈泰國佛教史〉第八節，載《海潮音》第四十六卷第五—八期。
2.慶祝佛曆二五〇〇年紀念委員會編：《慶祝佛曆二五〇〇年紀念特刊》（泰文），第二十八—三十頁。

❸韓廷傑著：《南傳上座部佛教概論》，第一九二頁。
❹馮汝陵著：《泰國史話》，第一四七——一五五頁。
❺韓廷傑著：《南傳上座部佛教概論》，第一九九——二〇〇頁。
❻卡瑪拉·提雅瓦妮琦著，法園編譯群譯：《消失的修行森林——森林回憶錄》。

第五章　泰、柬、寮三國佛教的關係

公元一〇四四年，緬甸阿奴律陀建立強盛的蒲甘王朝後，實行佛教改革，熱心推行上座部佛教。泰族人在泰境北方建立了蘭那和蘭滄兩個小國，因受到蒲甘佛教的影響，接受信仰上座部佛教。後來蘭滄一系向泰境東北發展，就成了以後的寮國。

公元十二世紀末及十三世紀初，正當柬埔寨安哥王朝宮廷高度文化發展，大乘佛教興盛，婆羅門教亦流行。因在宗教狂熱驅使下，好大喜功，連年大興土木，建築寺廟、陵墓等，致使國家民窮財盡，而另一方面在社會下層，也進行產生了巨大的變化，一場由群眾運動，就是人民接受皈依了斯里蘭卡大寺派上座部佛教。其情形大概是這樣的，在公元十二世紀末上座部佛教由孟族人傳入緬甸；到公元十三世紀中期傳播到泰族地區，再向東傳到柬埔寨。這是一種簡單樸素不繁瑣儀式的宗教，僧人能獻身於刻苦清修的精神，又與人民保持直接的聯繫❶。

公元一二九六年，元朝周達觀隨使至柬埔寨，將所見所聞撰成《真臘風土記》：

「……薴姑（古暹羅語稱僧人為 Chau Kou）削髮穿黃，偏袒右肩，其下則繫黃布裙，跣足。寺亦許用瓦蓋，中止有一像，正如釋迦佛之狀，呼為孛賴（暹羅語稱佛 Phra 或

Prah），穿紅，塑以泥，飾以丹青，外此別無像也。塔中之佛，相貌又別，皆以銅鑄成。無鐘鼓鐃鈸，亦無幢幡寶蓋之類。僧皆茹魚肉，惟不飲酒。供佛亦用魚肉。每日一齋，皆取辦於齋主之家，寺中不設廚竈。所誦之經甚多，皆以貝葉疊成……國主有大政亦咨訪之。卻無尼姑……。」

所記僧人的生活，只供釋迦佛像，不供其他諸佛菩薩像；僧人穿黃，偏袒右肩，其下則繫黃布裙，跣足，僧皆茹魚肉，供佛亦有魚肉，每日一齋，皆取辦於齋主之家，寺中不設廚竈。可見這時柬埔寨的佛教，已從大乘佛教信仰轉變為南傳佛教信仰，但沒有確實歷史的記載，無法可知南傳佛教是怎樣傳入的。不過時間大概不出公元十三世紀後葉至十四世紀初葉。因為從公元十二至十四世紀，首先是緬甸孟族的僧人，從斯里蘭卡引進僧團，推行佛教改革；公元十三世紀後葉泰國也引進斯里蘭卡佛教❷。

公元十三世紀，斯里蘭卡上座部佛教開始傳入柬埔寨。公元一三〇九年柬埔寨一塊最古巴利語碑銘上記載，舍耶跋摩波羅彌斯羅王，曾首先正式護持斯里蘭卡佛教僧團。他的女婿法昂，後來統治寮族人而建立了南掌國。公元十五世紀以後，柬埔寨從泰國傳入上座部佛教，全國普遍信崇。

公元十四世紀中葉，柬埔寨自扶南、真臘國勢衰落後，屢受泰國的進攻，泰國的上座部佛教也隨之傳入。

公元一九四〇年，P．列維在琅勃拉邦瓦桑卡寺發現一尊公元十二世紀鑄造的佛像，之後於公元一九五二年，亨利．德迪埃根據考古證明，而確定是公元十二世紀進入寮國的。

寮國確實信仰上座部佛教，是從法昂王建立「南掌國」以後開始。法昂王為川東王之孫，父名法苶，不容於父川東王，遂被驅逐，攜子法昂同流亡於柬埔寨的安哥王朝。法昂年幼，為一位高僧摩訶波沙曼多（Mahāpāsamanta）長老所教養。法昂十六歲時，吉蔑王見他雄偉英俊，於是就將女兒娘喬樂（Nang Keolot）嫁給他，招為駙馬。

公元一三四〇至一三五〇年之間，因獲得柬埔寨王之助，統率一支強大軍隊，並禮請摩訶波沙曼多和摩訶提婆楞伽（Mahādevalaṇkā）兩位長老，二十位比丘，三位通達三藏學者，一尊金鑄佛像名「勃拉邦」（Phrabang）、三藏聖典、菩提樹芽枝，及鑄造佛像技師、金匠、鐵工、建築寺塔雕刻藝師等至寮國❸。此時兩國佛教密切，寮國自柬埔寨引進佛教（大宗派）。寮國與泰國隔湄公河相望，歷史上泰國佛教對寮國佛教曾有深遠的影響。寮國佛教法宗派是由泰國傳入，兩國僧團保持密切往來。寮國的僧人要讀高等佛教學校，都到泰國或金邊就學❹。

但根據一本寮國文獻《豐沙灣》（*Phonsavadan*）的記述，法昂僅是來自湄南河的一個首領，寮國上座部的佛教，有很多證據是從泰北蘭那王朝進入寮國的。當時蘭那在孟萊王統治下，國土範圍包括今日的緬甸西南部、中國雲南的南部和寮國北部各地，首都設在清邁❺。

公元一五九〇年，泰國大城王朝納理遜在位時，國勢達於鼎盛，當時柬埔寨人屈服於泰人的威勢，將泰國的佛教、風俗、衣冠等傳入柬埔寨❻。

公元一六三七年，蘇里亞旺薩王（Souligna Vongsa，一六三七——一六九四）即位後，長期和平和繁榮。國家安定後，注意著重提倡政治修明，重視宗教，使當時寮國竟成為東南亞佛教的中心，光芒引射到鄰近的國家，泰國和柬埔寨的出家人不少人來到永珍學習❼。

寮國在以前，有不少出家人多往泰國受僧教育，甚至國內教授巴利語和寮文佛學課本，亦採用泰國課本，或經過改編後採用。僧伽行政組織，亦類似泰國。亦有出家人到斯里蘭卡和印度去深造。

---

❶ D. G. E. 霍爾著，中山大學東南歷史研究所譯：《東南亞史》上冊，第一五六——一五七頁。

❷ 淨海法師著：《南傳佛教史》，第五一〇——五一一頁。

❸ Kavīvarañāṇa：《東南亞佛教史》（泰文），載《佛輪》月刊，第二十卷第二期。

❹楊曾文主編：《當代佛教》，第一七四頁。
❺格蘭特．埃文斯著，郭繼光、劉剛、王瑩譯：《老撾史》，第七——九頁。
❻韓廷傑著：《南傳上座部佛教概論》，第一九二頁。
❼郭壽華著：《越、寮、柬三國通鑑》，第二五八頁。

第六章　雲南傣族自緬、泰兩國傳入上座部佛教

傣族是中國雲南省獨有民族之一，全省傣族人口約有一百一十萬人，占全省少數民族人口的百分之八點三五（根據公元一九九八年統計數）❶，主要分布在雲南省的南部、西部和西南部，以現在行政區來畫分，屬於西雙版納自治州、德宏傣族景頗族自治州、普洱市、臨滄市、保山市、紅河州，這六個州管轄，全民信仰南傳上座部佛教。其他德昂族、阿昌族大部分人信仰上座部佛教，佤族和彝族則部分人信仰。

傣族地區民族和泰國的泰族、寮國的寮族、緬甸的撣族，屬於同一族系，語言也很相似。所以在宗教文化上，受到緬甸、泰國、寮國、斯里蘭卡佛教的影響。

在公元十世紀泰族人在泰境北方清邁，曾首先建有一個小國蘭那（Lanna），在泰北清邁逐漸發展成了政治和文化中心，經濟繁榮，據《新元史》卷一四九記載：「每村建一寺，每寺起塔，約以萬計。」約在公元一二八一年，前八百大甸的後裔孟萊王（Mangrai），他是一位博學而熱心的佛教國王，在清邁及南奔廣造佛寺。一方面又派應達班（Yingdabanyo）一批比丘到斯里蘭卡求學，回國之後，建造了蓮花塘寺（Wabayoo），供養持律的比丘，成為後來「蓮花塘寺派」，後傳入雲南西雙版納。到

哥那王（Kue Na，一三五五—一三八五）時，他支持請高僧蘇摩那（Sumana）至清邁弘傳斯里蘭卡大寺的戒法系統，把自己的花園獻給蘇摩那做為弘法道場，成為後來「花園寺派」，後亦傳入雲南西雙版納❷。

較早緬甸蒲甘王朝強盛時，勢力統治泰國北部的清邁一帶，稱為「勐潤」（「勐」傣語為地方、地區意），潤是潤國，或稱潤那（Yona），派是宗派或部派。公元一三六七年自清邁、景棟傳入雲南傣族地區的上座部佛教，稱為「潤派」。

至今雲南上座部佛教，主要派別分有潤派、擺莊派、多列派、左抵派。流傳在西雙版納地區的南傳上座部佛教，是從泰國清邁經過緬甸景棟傳入的。流傳在德宏地區的南傳上座部佛教，有從西雙版納傳入的，也有直接從緬甸傳入的。臨滄地區的南傳上座部佛教，有從西雙版納傳入的，也有直接從緬甸傳入的，還有從德宏傳入的。就佛教派別的分布而言，潤派分布在西雙納納地區、德宏地區、臨滄地區，以西雙版納占絕對優勢。擺莊派、多列派、左抵派三派，在德宏地區和和臨滄地區都有分布❸。

在蘭那王國早期，蘭那上座部佛教的發展延續到緬甸的景棟地區（當時屬於蘭那國），再由景棟傳入中國雲南傣族的西雙版納。並在公元一三六九年清邁派有七百僧人組成一個使團到景棟布教，後再從景棟傳到西雙版。公元一三七三年蘭那又有一個比丘弘法使團，到西雙版納傳法。因此，蘭那佛教與中國傣族地區的佛教有著密切的關係❹。

潤派，後來因為僧團對戒律上有嚴格和寬鬆的分歧，又分為四個小派別，即花園寺派（擺壩）、蓮花塘寺派（擺孫）、擺潤派、擺順派。多列派，也因對教義和教規持有不同的意見，後來也分有四個小派，即達拱旦、舒特曼、瑞竟、緬坐。擺莊派和左抵派，因發展影響不大，未造成分派。不過，中國雲南上座部佛教所有的派別，都是在泰國北部清邁和緬甸北方景棟等地，是先前就已形成的派別，然後再傳進中國雲南傣族地區❺。

公元一五六九年，緬甸國王莽應龍和傣族聯姻，莽應龍的公主娘呵罕（南巴都瑪）嫁給西雙版納首領宣慰司刀應勐，稱金蓮王后，生一子刀韞猛，後來建築一所大佛寺，名「金蓮寺」，此後佛教在西雙版納獲得很大的發展。

❶ 達默迪納著：〈傣族文化和南傳佛教〉，《香港佛教》第五七四期。
❷ 鄭筱筠著：《中國南傳佛教研究》，第五十三—五十四頁。
❸ 鄭筱筠著：《中國南傳佛教研究》，第九十九頁。
❹ 鄭筱筠著：《中國南傳佛教研究》，第五十四頁。
❺ 淨海法師著：《南傳佛教史》，第六〇九—六一二、六七七—六七八頁。

第七章　結語

佛滅二百年後，公元前三世紀，印度歷史上阿育王第一次統一了全國，依目犍連子帝須的建議，派遣九支傳教師至國內外各地弘法，使佛教很快發展超出恆河流域，遍及全印，也流傳到亞洲很多國家，成為世界性宗教。其中有一支僧團傳教師，由摩哂陀長老率領至斯里蘭卡弘法，他是阿育王的兒子，之後他成為南傳上座部佛教第一位高僧。

另一支僧團傳教師，由須那與鬱多羅率領前往金地弘法，有人認為金地是泛指下緬甸直通一帶，泰人則主張以泰國佛統為中心。須那與鬱多羅這一支在歷史上雖不明確，但自公元二世紀起，東南亞緬甸、泰國、柬埔寨等國，確實一直不斷存在過，也屬於上座部佛教，另外還包括其他小乘部派佛教、大乘佛教、金剛乘密教等存在過。

上座部佛教在斯里蘭卡經過七、八百年的弘揚與開展，巴利三藏貝葉經典的集成，佛音尊者《清淨道論》及巴利經典義疏的譯成，奠定了大寺派上座部佛教的基礎，對鄰近緬甸、泰國和柬埔寨的佛教產生很大的影響。可惜從公元六世紀至十一世紀，斯國內憂外患不斷，佛教也幾度瀕臨滅絕，直到公元十一、十二世紀，維舍耶巴忽一世驅逐占領斯國的朱羅人，統一斯國並由緬甸請來傳戒的僧侶，斯國的佛教才得以復興。之後，由於東南亞各國間的戰爭，也影響佛教的興衰，幸好，斯里蘭卡、緬甸、泰國及柬埔寨、寮國之間的上座部佛教，互相支援，主要包括：巴利三藏及註釋的抄錄、派遣傳教師及留學僧的交流、戒法系統的傳承，讓上座部佛教得以保存下來。

當南傳上座部佛教文化圈形成後，包括斯里蘭卡、緬甸、泰國、柬埔寨、寮國、中國雲傣族地區，都成為流行斯里蘭卡大寺派上座部佛教，在這些國家和地區，幾乎全民信仰。因此，同時在這些國家和地區，早期曾經流傳過其他的部派佛教（包括須那和鬱多羅傳承的上座部佛教）、大乘佛教、金剛乘密教等，都逐漸消失不存在了。同時，更阻止了伊斯蘭教及之後其他宗教勢力向緬、泰、柬、寮等國家地區的發展。

參考文獻

呂澂著：《印度佛教思想概論》，臺北：天華出版社，一九八七年。
印順導師著：《印度佛教思想史》，臺北：正聞出版社，一九八八年。
水野弘元著，許洋主譯：《佛教文獻研究》，臺北：法鼓文化，二〇〇三年。
李謀、姚秉彥等譯：《琉璃宮史》，北京：商務印書館，二〇一〇年。
惟善著：〈緬斯兩國佛教的相互依存和發展〉，《佛學研究》，北京：中國佛教文化研究所，二〇〇七年。
淨海法師著：《南傳佛教史》，臺北：法鼓文化，二〇一四年。
賀聖達著：《東南亞文化發展史》，昆明：雲南人民出版社，一九九六年。
達磨悉提著：《莊嚴結界》（巴利文）。
五十嵐智昭譯，《緬甸史》。
韓廷傑著：《南傳上座部佛教概論》，臺北：文津出版，二〇〇一年。
韓廷傑譯：《大史》，高雄：佛光出版社，一九九六年。
Dumrong Rajanubhab：《錫蘭的暹羅宗》（泰文）。
Chusukdi Dipayaksorn：《錫蘭佛教史》（泰文）。
陳明德著，淨海法師譯：〈泰國佛教史〉。

慶祝佛曆二五〇〇年紀念委員會編：《慶祝佛曆二五〇〇年紀念特刊》（泰文）。
馮汝陵著：《泰國史話》，香港：上海書局，一九六二年。
卡瑪拉・提雅瓦妮琦著，法園編譯群譯：《消失的修行森林——森林回憶錄》，嘉義：香光莊嚴雜誌社，二〇〇〇年。
D. G. E. 霍爾著，中山大學東南亞歷史研究所譯：《東南亞史》上冊，北京：商務印書館，一九八二年。
Kavīvarañāṇa：〈東南亞佛教史〉（泰文），《佛輪》月刊，第二十卷第二期，摩訶朱拉隆功佛教大學編。
楊曾文主編：《當代佛教》，北京：東方出版社，一九九三年。
格蘭特・埃文斯著，郭繼光、劉剛、王瑩譯：《老撾史》，上海：東方出版中心，二〇一一年。
郭壽華著：《越、寮、柬三國通鑑》，臺北：三民書店，一九六七年。
鄭筱筠著：《中國南傳佛教研究》，北京：中國社會科學出版社，二〇一二年。
達默迪納著：〈傣族文化和南傳佛教〉，《香港佛教》月刊，第五七四期，香港：香港佛教聯合會，二〇〇八年三月。

第六篇

東南亞古代孟族人對南傳佛教先驅的貢獻

第一章　緒說

公元前三百年或更早，孟族人（Mon）就進入東南亞大陸，或稱中南半島，成為主要的民族之一，定居在下緬甸和泰國的中部及北部。後來，他們發展成為東南亞原始文化的創造者，有自己的語言文字和生活習慣，他們屬於蒙古人種，南亞語系孟高棉語族（Mon-Khmer）孟語支。雖然有人認為孟人來自南印度的馬德拉斯，但大部分中國學者都認為來自中國的南方。

公元前後，孟族人由中國分兩支沿湄公河南下，一支占據了今柬埔寨和寮國，成為今日的高棉人（Khmer）。另一支進入緬甸和泰國，分布在緬甸的伊洛瓦底江流域（Irrawaddy Valley）、錫當河、薩爾溫江一帶，在緬甸的庇古（Pegu）和直通（Thaton）等地定居下來，後來建立了孟族人王國；進入泰國的，分布在北部的賓河流域（Ping Valley）和中部的湄南河盆地（Chao Phraya Basin），在公元六至十一世紀建立了墮羅缽底國（Dvāravati），時間持續達五百年，都以信仰上座部佛教為主。公元六六二年（現代學者認為是在公元九世紀初），孟人又在泰國北部以南奔（Lamphun）為中心，建立了哈利奔猜國（Haripunchai），也以信仰上座部佛教為主❶。

東南亞是個多民族文化的區域，各民族經過不斷的戰爭，建立自己的國家，歷史上的疆界，並非如今日的國界，血統也因此而交融混合。古代孟族人在今日的緬甸、泰國、柬埔寨、寮國、馬來西亞境內都曾建立過國家，留下孟人居住和文化的遺跡。因此在公元後的一千年裡，活躍於中南半島（尤其是泰、緬一帶）的主要人種並非泰人、緬人，而是孟人；他們所使用的語文是孟文，而不是緬文和泰文。他們的文化水準頗高，很早就信仰上座部佛教，並使他們的國度成為南傳佛教在東南亞的傳播中心。可是從公元十一世紀以後，經過幾次緬族與孟族的戰爭，孟族的人口銳減，今天孟人在泰、緬及東南亞其他國家中都已成為少數民族，常受到緬族人（Burman）、泰族人（Thai）、吉蔑族人（Khmer）的壓迫，四散遷移，或已經被其他民族同化了[2]。現在緬甸境內孟族人是第五少數民族，人口約一百五十萬，在泰國約十七萬，他們仍保有自己的語言文字和生活習慣。

關於孟族人信仰佛教，最早文獻記載的是斯里蘭卡《島史》和《大史》，阿育王（Aśoka，前二七三——二三二在位）統一印度後，在公元前二四九年派遣須那（Soṇa）及鬱多羅（Uttara）二位長老往金地（Suvaṇṇabhūmi）宣揚佛教[3]。至於金地究竟在東南亞何處，學者考證尚未能確定，有幾種不同說法。依緬甸人說，古代金地是在下緬甸的直通（Thaton），為孟族人所建立的國家，盛行上座部佛教。泰國丹隆親王的考證，金地是在泰國西陲，當時為孟族人領域，包括今日緬甸東南地區，及泰國版圖的大部分，而金地國的中心，是在現今的佛統。英國佛教學者戴維斯（T. W. Rhys Davids，一八四三—一九二二）說，孟族人建立的國家，自緬甸東部而至越南，及自緬甸南部延至馬來西亞，都為金地，即後人所稱之「印支半島」，這包括現在的越南、柬埔寨、緬甸、泰國、寮國、馬來西亞等❹。

這是關於佛教傳入東南亞最早的記載，不過在緬甸直通和泰國佛統等地，或東南亞其他任何地區，從已經出土的佛像、碑銘、法輪、古建築遺址等考察，都未發現有公元二世紀以前的遺物，足以證明有佛教的存在。盡管如此，阿育王在印度統治時期，發揚佛教，因鄰近緬甸和泰國，當時已有海陸交通，通過移民及商人往來，佛教在公元前後幾個世紀傳入東南亞，是有充分依據的。

從中國史籍記載和東南亞地區出土文物證明，自公元二世紀起，佛教和印度教已經在東南亞得到傳播，除越南北部由中國中原傳入佛教，東南亞其他地區，直接由印度傳入佛教和印度教，此後逐漸擴散到各地，其中佛教是包括大乘、小乘、密教。

以下將分為「古代緬甸境內孟族人的佛教」及「古代泰國境內孟族人的佛教」兩個主題來進行探討。

❶ 淨海法師著：《南傳佛教史》，第二一九、三七〇—三七一頁。

❷ 嚴智宏：〈南傳佛教在東南亞的先驅：泰國墮羅鉢底時期的雕塑〉，載《臺灣東南亞學刊》，第二卷第一期，三—六十頁。

❸ 1.《島史》Ⅷ，第十一頁；《大史》Ⅻ，第四十四—四十五頁。
2.《善見律毘婆沙》卷二：「於是目揵連子帝須，集諸眾僧語諸長老，汝等各持佛法，至邊地中豎立……即遣大德……須那、迦鬱多羅至金地國。」

❹ 淨海法師著：《南傳佛教史》，第三六〇頁。

第二章　古代緬甸境內孟族人的佛教

佛教傳入緬甸很久遠，無法考訂正確的時間，在公元一〇四四年以前，緬甸佛教早期的發展，記載都曖昧不明，只能根據一些出土遺跡、簡略文獻和傳說可以得到了解。佛教非在某個固定的時期傳入，而是陸陸續續被引進，也隨著朝代的變遷而興衰。約在公元以後的幾個世紀中，上座部佛教在中南半島中西部（今緬甸和泰國）由孟族人的傳播，取得明顯的發展。而在當時中南半島大乘佛教和印度教影響比較大，直到公元十世紀後，這種情況才產生變化，斯里蘭卡大寺派上座部佛教的傳入，獲得飛躍的進展。

緬甸早期的佛教，由於歷史記載缺乏，很難考訂明確，學者的意見也不一致，有說佛教從印度北方傳入，有說從印度東海岸傳入，有說從斯里蘭卡傳入，也有說從中國傳入，或柬埔寨傳入。這些都是依據某一重點為理由，所以不能肯定早期緬甸佛教是從哪個國家傳入。但緬甸西部連接印度，公元前二世紀，印度僧人跟隨商旅及向東南亞移民的路線，是從印度東海岸的阿摩羅鉢底（Amarāvatī）商口啟程，依靠西南季風，沿海岸東航，抵達緬甸的薩爾溫江三角洲，以及沿岸的馬塔班（Martaban）、直通、庇古等地。也有越過緬甸三塔徑（Three Pagodas Pass），進入泰國湄南河平原，同時帶進他們自己的文化和宗教。婆羅門教是最先傳入緬甸，稍後佛教也經由印度奧利沙境和孟加拉傳入。下緬甸的孟族人，即是最先受到印度文化和佛教的影響❶。

在緬甸約有三十多個民族，孟族人是有著悠久的歷史和燦爛的文化，在公元十世紀前就已建立國家，占據下緬甸大部分的地區。公元五世紀後，孟人在吸收梵文系統的南印度跋羅婆體（Pallavas）的基礎上創造了孟文。跋羅婆是公元三世紀末印度東南沿岸的古國，其首都為黃支（即現今甘吉布勒姆，Kanchipuram），公元五世紀時是當時小乘佛教之中心，早期印度人移殖東南亞，大多為印度東南隅的人民；而印度北方，則為笈多王朝佛教藝術興盛的時期，也傳入東南亞。關於孟族的佛教藝術主要是印度笈多時代的風格，影響以後的時代。隨著孟族人在東南亞大陸各地散居，他們的藝術風格也在各地開花結果。古代孟族人的文化，包括文字、建築、雕塑、繪畫、音樂、舞蹈等，對緬甸文化產生很大的影響，其中緬文就是引用孟文創制出來的。

一、孟族二商人皈依佛陀說

依緬甸人傳說，緬甸開始有佛教的存在，幾乎與佛陀同時代，即當佛陀在菩提樹下成正覺後，最初拜見佛陀的兩個商人多婆富沙（Tapussa）及婆利迦（Bhallika）兩兄弟，皈依佛陀及供養飯食，他們是從鬱迦羅（Ukkala）出發，鬱迦羅在印度奧立沙，而緬甸人卻說二商人是緬甸孟族人。當二人由印度回國，並帶有佛陀所賜的頭髮八根，抵達仰光後，建造了瑞德宮佛塔（Shwedagon，華人稱大金塔）供奉佛髮❷。此塔最初是小塔，其後經過多次增修，到公元十五世紀已增高至九十八公尺。

二、須那與鬱多羅二長老往金地弘法說

公元前三世紀時，阿育王統一印度後，護持佛法，目犍連子帝須長老主持第三次佛經結集，並派遣九支路線傳教師往各地宣揚佛法，其中須那及鬱多羅二位長老被派往金地。在《莊嚴結界》碑文和《孟族史》中也都指說，金地即是緬甸南部的直通。傳說金地有一來自大海的羅剎女，凡王宮中生下的嬰兒都被她吃掉。後來當羅剎女再來時，須那長老即變化比羅剎女高大兩倍的身軀，羅剎女見了受到驚赫，立刻落荒而逃，從此不敢再現身。須那長老並為前來的眾人開講《梵網經》，使他們都皈依了三寶，有六萬人獲得預流果，三千五百名善男和一千五百名善女發心出家❸。這一傳說記載，或許有些誇大形容，或並非事實。

三、最早的佛教國家：林陽國和驃國

依據緬甸古史傳說，大約在公元前三世紀，在緬甸出現了由驃族、撣族、孟族等不同民族建立的一些小王國。根據中國歷史記載，東南亞最早的佛教國家，為吳孫權時（二二九—二五二年在位）遣派康泰出使扶南，及他所記錄的林陽國。在《太平御覽》卷七八七引康泰《扶南土俗》所記：「扶南之西南有林陽國，去扶南七千里，土地奉佛，有數千沙門，持戒六齋日，魚肉不得入國。」同卷又引萬震《南州異物志》說：「林陽國在扶南西七千里，地皆平博，民十萬餘家，男女行仁善，皆侍佛。」又《水經注》卷一引竺枝《扶南記》說：「林陽國去金陳步道二千里，車馬行，無水道，舉國侍佛。」從上面所引各文，據考林陽國應在今緬甸的勃朗（Prome），或中部的某地，這與公元三世紀時印度古國案達羅（Andhra）的碑文相吻合。公元二、三世紀時，印度東南有一小乘佛教之傳播中心名阿摩羅缽底（Amarāvatī）。同時在現今泰國中部西南邦德（Pong Tuk），也是一個政治中心，所出土的古物及遺址，也具有阿摩羅缽底的藝術型式，所以，林陽國雖考據為勃朗，亦適合指為邦德，兩地皆為孟族人受印度化之佛教王國❹。林陽國主要是信仰小乘上座部佛教，有自己的孟文，似乎也不是一個統一國家，是緬甸沿海孟人國家的統稱，到公元十世紀時，主要有直通、庇古、德林達依（Tanintharyi）、土瓦（Dawei）等地。

公元三、四世紀，孟族人常受到北鄰上緬甸緬族人而來的壓迫，緬族屬於藏緬語族。第一批南下的藏緬族人是驃族（Pyu），他們在公元一世紀時就建立了驃國，以後繼承了孟族而受到印度文化的影響。公元七世紀時，驃國已經強大，玄奘《大唐西域記》卷十所記：「室利差呾羅國」（Śriksetra，即指驃國），都城位於勃朗（Prome，亦譯卑謬），信仰佛教，用南印度文。」《新唐書》卷二二二下〈驃國傳〉記：「其屬國十八……。」是一個幅員廣大的國家，疆域東起薩爾溫江，西接若開，北與中國南詔相鄰。又記風俗與宗教說：「……青甓為圓城，周百六十里，有十二門，四隅作浮圖（佛塔）……俗惡殺，拜以手抱臂，稽顙為恭。明天文，喜佛法，有百寺，琉璃為甓，錯以金銀丹彩，紫鑛塗地，覆以錦罽。王居亦如此。民七歲祝髮止寺，至二十，有不達其法，復為民。」依引文看來，似為上座部佛教。約在公元八〇〇年前後驃國因內部紛擾而滅亡後，種族即失其重要性，漸為緬族所同化，也有人認為他們即是緬族人的前身，後來成為緬甸的主體民族。

勃朗的遺跡有土垣圍繞，四周約十三點六公里，從出土文物及學者考證，驃族人很早就與印度接觸，是一個印度化強大的國家。在勃朗故址發現最早的碑刻，年代約在公元五〇〇年頃，包括一些破碎的石刻，其中有引用巴利文三藏的經文。室利差呾羅國時期，現存有公元七世紀前後建築著名的包包佛塔、帕耶佛塔等，風格樸素，呈圓柱形❺。除此，在故址還發現雕刻品，以及銅器上的藝術，表示受到印度笈多王朝的影響。公元七世紀時，中國高僧往印度求法，亦稱勃朗為小乘佛教中心。

在公元一九二六年由杜魯賽（M. Charles Duroiselle）在勃朗主持發掘工作，考古勘察所得見的遺跡，都被盜寶者所發掘，寶物被竊無遺。倖能尋獲一座佛塔免於盜賊掠劫，其寶藏室用石板蓋罩，石板上刻有古代佛塔的圖形，冠以華蓋。移去石板後，有一磚窖，中置鍍銀大盒，亦作佛塔狀，所刻佛陀及弟子像，均用細工精製，含有公元六世紀時笈多風格。開啟盒蓋，琳瑯滿目的供物品即呈現在前，重要的有金銀小佛像多尊、金指環與嵌寶指環多枚、空心珠項圈一條、金葉稿本一卷、銀製佛塔模型多具、紀念錢幣多枚、金銀蓮花多枝、金銀鈴多隻、翠玉象一具、寶石多種、水晶碧玉與玻璃燒珠甚多，另有還願牌若干塊❻。

四、阿奴律陀南征孟族直通王國

傳說公元三至八世紀，斯里蘭卡的一些比丘為逃避國內僧團之間激烈的派係鬥爭和外族迫害，來到下緬甸直通地區。近代在上、下緬甸出土文物中，有梵文、巴利文佛經殘本和三世紀前後鑄造的佛像，也印證了五世紀以前佛教已傳入緬甸❼。

公元一〇四四年，緬甸名王阿奴律陀（Anawrahta，一〇四四－一〇七七）統一全國後，建立緬族人的蒲甘（Pagan）王朝，自此緬甸有了較明確的歷史。當國家安定後，並推行佛教改革。當時在蒲甘一帶，以沙摩底（Samati）為中心，一個較有勢力的阿利（Ari）教派，有僧眾三十人，信徒六萬人，可能是屬於後期大乘密宗，分為兩派，一派稱「森林住者」，一派稱「聚落住者」，後者更具勢力。他們戒律鬆弛，行為墮落，飲酒啖肉，邪說荒誕，迷惑民眾。

稍後不久，正好南方直通有位上座部高僧信阿羅漢（Shin Arahan，簡稱阿羅漢）來到蒲甘求見阿奴律陀王，經過一番問答，極為契機，王即拜阿羅漢為國師，計畫進行宗教改革，尊信上座部佛教，代替其他所有的宗派。於是派遣使者，往南方孟族統治的直通王國摩奴訶（Manuha），要求賜贈「三藏」及「佛舍利」。直通國王拒絕賜贈，並且凌辱來使。阿奴律陀王知道後非常震怒，於公元一〇五六年，派軍隊去征伐直通，經過三個月的猛烈戰爭，結果直通被攻破。然後在直通三十多處蒐集三藏、各種註釋及文物，用戰勝得來的象群三十二頭，負載至蒲甘。又迎請直通戒律莊嚴的上座部僧人五百名，及召集直通的藝術家、工藝人等三萬名，隨同受俘的摩奴訶王，一同歸返蒲甘。戰敗的直通國王摩奴訶及王后，並未被殺，後以變賣珠寶財物，建造一座摩奴訶塔寺，鑄起兩尊高大佛像，一是坐像，一是涅槃臥像，一直流傳至今[8]。

當時孟人直通的地方，也有其他佛教部派的存在，據公元十九世紀前葉緬甸王家編輯的《琉璃宮史》（中譯本分上、中、下三卷），上卷中記載（阿奴律陀）大王問：「受教於釋尊的弟子，除了師尊外，還有其他何人？」阿羅漢回答說：「除我外，還有勃亞馬塔僧、薩穆蒂僧等[9]。」如連同阿羅漢派在內，可見當時有三派以上。「勃亞馬塔」尚未查到巴利文的對音，「薩穆蒂」似為正量部（Sammitīya）。前面曾提到的「室利差呾羅國」附近，則發現有巴利文經典上的一段文字，有人認為這是小乘佛教的遺存。到公元七世紀時，佛教似已深入人心[10]。在公元六百年初，曾有小乘佛教和說一切有部盛行緬甸；七百年前後，孟加拉密宗傳入上緬甸[11]。這裡俗稱的小乘佛教，固可是上座部佛教，亦可指其他部派佛教。

哈威（G. E. Harvey）在他所著的《緬甸史》中寫到：「直通之俘虜中有甚多工匠，繁衍以後，對於緬北，殊有貢獻，並產生三項直接效果。第一、阿羅漢自直通僧人中獲得甚多襄助之人，並以享有前所渴望之經典，乃建三藏經樓，以珍藏之，此一建築物，迄今仍可於蒲甘見之。第二、巴利文漸代替梵文而為經書之正式文字，小乘佛教漸替代此派佛教而為人民所崇奉。第三、緬人採用得楞（孟文）字母，而始有文字[12]。」

原先存在於蒲甘的各派僧團，包括原有上座部、大乘佛教、密教及婆羅門教，因戒律不嚴，尤其是阿利僧派的非法行為，就命令完全還俗為民，或者改信歸屬阿羅漢長老領導的上座部佛教，有些不遵從的人，就被阿奴律陀王放逐。這一次佛教改革，結果使阿羅漢上座部佛教興盛起來，立為國教，普及全國，而原先的各派佛教，漸被淘汰消失。

也有人認為，阿奴律陀王是為了國家統一，掌握民心、鞏固王權，必須要掃蕩當地舊有的阿利僧派等勢力，所以才推行宗教改革，以引進新的上座部佛教信仰，代替過去所有的宗派。而阿奴律陀、其子江喜陀（Kyanzittha，一〇八四—一一一二）、江喜陀的外孫阿隆悉都（Alaungsithu，一一一二—一一六七），他們在位時，除了發揚上座部佛教，在蒲甘建築了多座雄偉的佛教塔寺，仍保有一些大乘佛教信仰，如自認為是「輪王」、「世界之主」、發願做「菩薩拯救一切眾生，並於未來成佛」，江喜陀祈願來世值遇彌勒菩薩，宮庭仍沿用婆羅門教儀式，民間保持三十七尊納特神（Nat）的信仰⓭。

江喜陀王在公元一一一二年去世前，曾立一塊《彌塞提碑文》（Myazedi），一面用巴利文，其他各面則用驃文、緬文、孟文，內容相同，文詞精練。緬文是在孟文基礎上創立的，在蒲甘王朝二百多年中，江喜陀王是比較同情孟族人，尊重孟族人的文化和傳統。

五、斯里蘭卡上座部佛教傳入緬甸

公元一一八〇年，由國師孟族高僧鬱多羅耆婆（Uttarajīva），帶領多名僧人由巴森港（Bassein）乘船去到南傳佛法中興的斯里蘭卡訪問。當他們回緬甸時，留下當時帶去的孟族沙彌車波多（Chapaṭa）一人。

車波多知識廣博，性格倔強，善長辯論，又與斯里蘭卡佛教關係密切，所以當他帶著四位外國比丘歸國後，就宣布依斯國大寺派的制度傳授比丘戒，認為最合法合律。不久，他們在蒲甘北部的讓烏（Nyaung-u），建立了一座斯里蘭卡式佛寺，就稱車波多寺。公元一一九二年他們完全依據大寺派的戒法，為人傳授比丘戒，不願遵守緬甸原有僧團的規律，這就造成了斯里蘭卡佛教僧團在緬甸最初的發軔。同時也極受到蒲甘國王的熱忱護持，很快發展成為緬甸佛教最興盛的宗派。車波多長老圓寂後，僧團內部又發生分裂多派，但都以大寺派上座部為正統，影響全國和後世深遠。而舊有的阿羅漢派（認為是公元前三世紀由須那及鬱多羅二位長老傳承下來）、或其他的小乘部派等、大乘密教，雖然能繼續存在，已逐漸走向衰微。

六、庇古王朝的佛教

公元一二八七年，緬甸蒲甘王朝被強大的元軍攻滅後，以北方阿瓦（Ava，即曼德勒Mandalay）的撣族人⓮與南方庇古的孟族人兩大勢力最強，是為緬甸分裂時期，即北方阿瓦王朝（一二八七－一五五五）與南方庇古王朝（一二八七－一五三九）。

北方上緬甸，阿瓦王朝建立初期，上座部僧人很少，反而阿利僧多，這是由過去蒲甘阿奴律陀王時代逃來。後來上座部比丘逐漸增多起來，有蒲甘的阿羅漢派及阿難陀派的比丘到來，至公元一三四〇年，上座部佛寺增至七十七座，僧人數千。再後僧團發展分成三派：「阿蘭若住者」、「村落住者」、「官僧」（擁有廣大農田和眾多奴隸），戒律鬆馳，生活腐化。到公元一四二九年，有兩位斯里蘭卡比丘來到緬甸阿瓦弘法，又續有蒲甘車波多系的高僧來到阿瓦，他們都是深通三藏，培養了很多知識青年僧，特別是對阿毘達磨的研究，學風隆盛，編著了很多優秀的論書流傳於世，帶動了上緬甸的佛教興盛。

南方下緬甸，自阿奴律陀王攻滅直通後，佛教教學就漸凋落。當蒲甘王朝被元軍攻滅後，撣族人和孟族人乘勢再起，以庇古為根據地，建立了庇古王朝，統治了大部分下緬甸。關於佛教方面，先有孟族比丘舍利弗，受戒於斯里蘭卡系的阿難陀派，被派至孟人地區弘法。另有兩位孟族比丘，曾往斯里蘭卡留學及在大寺受戒，在公元一三五三年頃回國，培養了很多優秀僧才，經過他們的努力，將下緬甸的佛教復興起來。

庇古王朝佛教最興盛的時期，是自公元一四五三年以後，因為得到一位賢明女王信修浮（Shinsawbu，一四五三—一四七二）的熱心護持。她在位十九年中，修明內政外交，國強民富，政績卓著。這要歸功於協助她的兩位孟族僧人之一的達磨悉提（Dhammazedi）還俗為相，並被選為女婿。後來女王自覺年老，決意退位，由賢能的女婿達磨悉提繼承。女王退位後，專心致力於佛教事業。她開始增修仰光瑞德宮佛塔，增高到九十二公尺，用九十磅的黃金，塗刷塔頂；周圍建築十五公尺高的露台，闊達二百七十四公尺，護以石欄，安裝石磴，四周遍植棕櫚，使佛塔大致和今天所見一樣。

達磨悉提即位（一四七二—一四九二）後，除了積極從事國家建設，也非常注意佛教的發展，在都城和國內各地建築了許多座佛教著名寺塔。他對佛教最大的貢獻，是改革和統一了當時緬甸南方的佛教。因為緬甸自蒲甘王朝建立以後，即有緬甸僧團和斯里蘭卡系僧團的對立，不久斯里蘭卡系僧團又分裂為三派，彼此互相對抗，這也波及到下緬甸。到公元十五世紀中葉，更由於民族之間的對立，上座部佛教僧團之間益形複雜。達磨悉提即位後，即召集各派長老會議，計畫改革和統一佛教僧團。

公元一四七五年，達磨悉提王選派二十二位上座比丘及其弟子亦二十二人，使臣兩位，分乘二船前往斯里蘭卡，由目犍連及尸婆利兩位長老分別領導。抵達斯里蘭卡後，四十四人都在大寺重受比丘戒。回國途中，因遭遇海上風浪，一船沉沒，有十位比丘喪生。於是達磨悉提王即創立定名為「迦梨耶尼結界」（Kalyānisīmā），做為改革和淨化佛教的初步。規定僧人在結界範圍內舉行佛教各種儀式，如受戒、布薩、安居、自恣等，一切都依斯里蘭卡大寺的制度，舉行如法如律的傳戒儀式。據《莊嚴結界》碑文記載，當時全國境內，有上座比丘約八百位，青年比丘一萬四千二百六十五位，又沙彌進受比丘戒者六百零一位。僧團分聚落住者及阿蘭若住者二類，都和合成為一派。緬甸南方庇古的佛教，經過達磨悉提王提倡改革後，將以前三百多年間各派的對抗，自此重歸統一，依律清淨和合在一個僧團系統下（上座部），比丘們不再因地域和民族的差異而互相對抗，這是緬甸佛教史上的一件大事，對後世影響深遠。

緬甸南方庇古王朝，前後經過二五二年，尤其後半期，從公元一四二三年至一五三九年，可說是庇古王朝的黃金時代，在政治、文化、佛教、商業，都獲得了進一步的發展。

七、公元一七五二年孟人戰敗被屠殺

當公元十六世紀中期，北方阿瓦與南方庇古前後滅亡後，緬族人以勃朗和東固（Toungoo）為基地，把緬人組織起來，勢力逐漸強大，統一全國，開創了東固王朝（一五三一－一七五二）。到了公元一七五二年，東固王朝在內亂外患中，阿瓦被孟軍攻陷，即告滅亡。

東固王朝他隆王（Thalun，一六二九－一六四八）時，他採取了利用又限制佛教的政策，他一面保護佛教，把一些土地歸還寺院，另一面控制寺院和僧人數量，把不守戒律的僧人逐出寺院。他促進緬族和孟族僧人關係的和睦發展，特別派遣阿瓦緬族三十位高僧前往庇古，與孟族高僧共同友好地研討經論[15]。

東固王朝滅亡後，緬族人中又出現了一位英雄阿瑙帕雅（Alaungpaya，一七五二－一七六〇），平定內亂，統一全國，建立了強大的貢榜王朝（一七五二－一八八五）。阿瑙帕雅對孟族人頗為殘酷，在庇古城破之日，他放縱軍隊燒殺搶掠，孟人被殺屍橫遍地，道路為之堵塞，城濠水溝變赤，全城夷為廢墟，昔日孟族人的高度文化，受到嚴重摧毀，至此孟族人在緬甸境內劇滅。因此，孟族人的勢力和文化受到急速衰退，常被緬族人壓迫及同化。至今只有一百五十萬人，約占全國人口百分之三，多數居住在下緬甸平原區的孟邦、克倫邦、德林達依省、庇古省、仰光省及在伊洛瓦底江三角洲與緬族人雜居。

---

❶ Sir Charles Eliot: *Hinduism and Buddhism, Vol. III*, p. 49-50。

❷ Kavīvarañāṇa：《東南亞佛教史》（泰文），載《佛輪》月刊，第十六—二十卷。

❸ 李謀、姚秉彥等譯：《琉璃宮史》上卷，第一二一—一二二頁。

❹ 許雲樵著：《南洋史》上冊，第九十二、二一六頁。其時泰境邦德為柬埔寨吉蔑人所統治，而非泰人。

❺ 賀聖達著：《東南亞文化發展史》，第一二八頁。

❻ 姚楠、許鈺合著：《古代南洋史地叢考》，第一五六—一五七頁。

❼ 「緬甸佛教的歷史沿革」摘錄自：http://mm.china-embassy.org/chn/。中華人民共和國駐緬甸聯邦共和國大使館首頁「了解緬甸：宗教」。

❽ 李謀、姚秉彥等譯：《琉璃宮史》上卷，第二〇五—二〇八頁。

❾ 李謀、姚秉彥等譯：《琉璃宮史》上卷，第二〇二頁。又《緬甸的佛塔》，第一三八頁。

⑩ 賀聖達著：《東南亞文化發展史》，第一一六頁。

⑪ 柳宗玄編：《世界之聖域九．緬甸的佛塔》附〈緬甸的簡略年表〉，第一四六頁。

⑫ 王武烈著：〈第五章　南傳佛教的建寺文化〉，摘錄自：http://wisdowbox.org./TemChap5_t.pdf。

⑬ 關於供奉納特諸神的信仰，阿奴律陀王有他的意見：「世人決不會以新的宗教傳入而遽然奉行之，所以不如任其信仰舊時諸神，日久以後，自然改信新宗教。」

⑭ 撣族與泰族原先住在中國南方境內，稱擺夷或哀牢，在九百年前，經過很長一段時間不斷向南遷移，抵達泰國湄南河流域的稱「暹」（Siam），後稱「泰」（Thai）；抵達緬甸薩爾溫江流域的稱「撣」（Shan）；亦有部分抵達寮、越的。

⑮ 淨海法師著：《南傳佛教史》，第二八三頁。

第三章　古代泰國境內孟族人的佛教

前說在公元前三世紀，印度阿育王派遣傳教師須那與鬱多羅至金地傳教，至公元二世紀，一直歷史不明。到公元三世紀後，緬甸的直通與泰國的佛統等地，都是古代孟族人居住的地區，從古代建築遺址發掘出來的文物，足可證明有佛教的存在。

一、古代孟人在泰境居住的地區

有學者認為，在泰族來到泰境之前，一個與下緬甸孟族近似的民族居住在泰國中部或湄南河盆地，孟人是進入東南亞最古老的民族之一。據近人發現，在孟人來到之前，有土著泰族人，其形態與今日泰人相似，當時自朔北山區川流南下，但文化甚為落後。泰國領土上最早出現的國家在南部猜耶（Chaiya），為孟族人所建。公元三世紀，孟人在下緬甸和在泰境中部湄南河盆地建立了兩個小國，中國史籍稱之為金鄰和林陽。公元二四五年，吳時使節朱應和康泰出使扶南（中心地在柬埔寨）等國，在他們的著述中曾提到這兩個國家❶。林陽國在緬甸直通和勃朗，亦有人認為是在泰國的邦德，金鄰亦稱金陳。

朱應《扶南異物記》載：「金鄰一名金陳，去扶南可二千餘里。地出銀，人民多好獵大象，生得乘騎，死則取其牙齒。」（朱應原著《扶南異物記》佚，散見於《太平御覽》引文中。）金鄰首府在今泰國佛統，泰國灣，古稱金鄰大灣，由金鄰國得名。

在泰國湄南河中、下游和夜功河下游，從已發現的佛塔碑銘來看，六世紀建國的墮羅缽底時期，當地流行佛教。有唐代愛州（越南東京一帶）人大乘燈禪師，「幼隨父母汎舶往杜和羅缽底（即墮羅缽底），方始出家」。出家後學習經論，通達大乘。後隨唐使入京，於玄奘三藏處受具足戒，留住數載，又舶行至師子國（斯里蘭卡），更歷西印度各地，凡十二年，多與義淨、無行等共行。後示寂於俱尸城（拘尸那城）般涅槃寺，世壽六十餘[2]。墮羅缽底為泰境內最早流傳佛教的地區。

公元六至十一世紀，孟人統治泰國南部和中部，建立了墮羅缽底（Dvāravati）王國；公元六六二年在泰國北部以今南奔城（Lamphun）為中心建立了哈利奔猜王國（Haripunchai）。直到公元十三世紀後葉被泰人（Tai）征服。泰人征服孟人之後，採用了孟人的佛教傳統、孟人字母、孟人的藝術和文化。而且被征服的孟人，長期以來已被泰族同化了。也有些孟人，過去早幾個世紀在緬甸因受到緬族人的壓迫而逃到泰國來的。一直到公元十九世紀，還有一些孟人遷徙到泰國，形成今天泰國境內少數仍說孟語的孟人群體。

二、孟族人建立的墮羅鉢底國

公元六世紀，聚居於湄公河流域的孟族人，已發展至沿湄南河流域，建立了墮羅鉢底國。墮羅鉢底分散在泰國中部平原，重要中心地點在佛統和素攀武里。至公元六世紀末，已成為重要國家，地位鞏固。墮羅鉢底一名見於《舊唐書．真臘傳》，同書卷一九七〈列傳〉又作墮和羅；《大唐西域記》卷十中「三摩呾吒」條作墮羅鉢底；《南海寄歸內法傳》卷一作社和鉢底，卷三又作杜和羅（卷一「社」為「杜」之訛）；《通典》卷一八八作投和國。《舊唐書．墮和羅傳》說：「南與盤盤，北與迦羅舍佛，東與真臘接，西臨大海，去廣州五月日行。」《通典．投和羅》條：「投和國，隋時聞焉，在南海大洲中，真臘之南，自廣州西南行百日至其國……有佛道，有學校，文字與中夏不同[3]。」到了公元六世紀末，因為柬埔寨扶南帝國已經解體，墮羅鉢底乃得逐漸發展強大起來。又有說墮羅鉢底曾分裂為三國，即羅斛（Lopburi）、烏通（Uthong）、南邦（Lampang），這些重要的城市，卻由其中權力最高的國王統屬。

關於墮羅鉢底的歷史、地理範圍，甚至首都的位置，由於缺少史籍記載，對它了解不多。但因為墮羅缽底孟族人傳統上主體信仰上座部佛教，對後來東南亞中部地域，產生兩大明顯的影響，即從公元六至九世紀，在東南亞中部一種佛教文化的根基得以奠定，並且向四方擴展。其次從公元六至十世紀，是墮羅缽底佛教藝術達到最頂峰輝煌的成就，分布於泰國中部及東北部的學派。

墮羅缽底於公元十一世紀時滅亡，西部孟族為緬甸所征服，但在文化和宗教上，則為勝利者所吸收，蒲甘王朝熱心傳布上座部教義，孟族人也以和平友好的態度教導緬族人。東部孟族人也為柬埔寨吉蔑人所吞併，少數人仍保持原有上座部信仰，多數人被迫信仰印度教或大乘佛教❹。

三、墮羅缽底國的佛教文化與美術

墮羅缽底孟人早期自印度接受了文化、宗教、藝術等。公元六至九世紀期間，一個獨特以上座部佛教文化在泰國中部和東北部發展起來，這種文化一般被認為公元六世紀後利用馬塔班灣（Gulf of Martaban）和泰國灣（Gilf of Thailand），通過三塔徑之間內陸貿易而興起的。它留下許多碑銘是用孟族語雕刻的，分散在泰國中部的平原，並且沿著陸路貿易路線向外擴張，向西到緬甸，向東到柬埔寨，向北沿湄南河到清邁以及沿著帕薩呵到寮國北部，向東北到呵叻高原，這表明墮羅鉢底商業和文化對外的聯繫。在佛統和素攀武里附近的地點，出土了一枚上面有題「墮羅鉢底國大王」的硬幣，這可證實說明這個國家的存在❺。在佛統，出土有貝幣、螺幣（當地俗稱海貝、海寶）、銀幣以及公元二世紀的銅質小佛像，這表示更早期的金鄰國即與外通商，此國後來被扶南所征服❻。

在上世紀二十年代末，法國學者戈岱司（M. Coedes）在佛統上端邦德附近勘察，除見到一些金銀佛像外，有二古物引起他的注意，其一為一尊小銅佛像，是阿摩羅鉢底派作品，自其兩股之自由移轉式與袈裟褶紋之清晰，並含有希臘色彩，其年代可上溯至二世紀。其二為公元一、二世紀之希臘羅馬（Greco-Roman）式銅燈一盞，此種銅燈用時常置於矮三角架上，其接榫處仍可於燈底見之。這是一種普通油燈，中有芯管，上有加油嘴，其柄若梅花椿兩具間夾一棕葉，此可證明為地中海製造品，是經由商賈攜帶而來❼。

在那空沙旺（Nakhno Sawan）出土一把象牙梳子，據信來自印度阿摩羅鉢底。由於年代較早，因此梳齒全都斷裂了，只剩短短的梳根和長方形梳柄的部分，經由曼谷國立博物館等辨識，刻劃著佛教的吉祥物，例如傘蓋、法螺、寶瓶等，表示墮羅鉢底與印度之間已有來往，而且梳柄的圖像及其所代表的意義，說明墮羅鉢底可能已經接觸到佛教了[8]。

在佛統周圍及鄰近各地，曾發掘很多佛像等古物，其年代可遠溯至墮羅缽底時代，該等古物現保存於佛統寺內附設的佛統塔博物館（Phra Pathom Chedi National Museum），重要者珍藏於曼谷國立博物館。其中有完好之青石佛像數尊，其面貌與袈裟之褶紋式樣，非常接近印度笈多王朝時代或笈多以後時期的藝術（約公元三、四世紀）。石刻的法輪與伏鹿圖佛座、古塔、佛足印等，在佛統一帶也有不少出土[9]。

傳統是墮羅缽底的首都，它代表古代孟族人悠久的文化，通過佛教優美的藝術反映出來，將在下面分數項來做介簡：

寺塔

墮羅缽底遺留下來的寺塔不多，只有少許幾座分布在佛統、烏通、南奔等地。佛統最著名的是佛統大塔（Phra Pathom Chedi），高約一二〇公尺，圓形塔底，覆缽狀塔身，塔頂尖高，佛塔通體覆蓋橘黃色的瓷磚，極為壯麗。大塔在公元十九世紀重修，塔裡面罩著一座墮羅缽底時代的古塔，它與印度山崎塔（Sanchi）有些相似。在佛統大塔旁邊，有一座仿古塔模型[10]。

佛統的普拉勉寺（Wat Phra Men），就是當時最大的佛寺，現在還遺有磚造的基座和一部分台階，看來有與緬甸蒲甘阿難陀寺相似。公元十一世紀後，緬甸蒲甘曾占有泰境西部一部分區域，可能吸收了墮羅缽底建造的藝術。

在泰國北部清邁初期的佛教，是由南奔孟族人傳入。清邁孟萊王（Mangrai）是一位虔誠的佛教徒，約在公元一三〇七年，他在近清邁的南奔，建庫庫達寺（Wat Kūkūt），寺中包括一座八角形佛塔和一座四方形的佛塔。八角形佛塔是孟人特有的建築形式，塔形高瘦，八角在離地數尺的地方開鑿壁龕，供奉著精美的佛像，其上塔頂緩慢收縮成圓形。四角形佛塔是泰國北部最著名的一座建築，四周為圓形台基，塔體高尖，除塔基及塔頂，中間五層，每面安置佛像十五尊，共計六十尊，現仍保持完整[11]。

佛像

墮羅缽底時期，印度笈多和其後期古典藝術給泰國湄南河下游帶來造像藝術的繁榮。墮羅缽底時期的佛像，絕大多數為石刻立像，也有石刻的坐像、青銅像、泥塑和赤陶像多種形式。早期仍然保持印度阿摩羅缽底藝術的影響力，在公元八世紀以後，泰國本土藝術家卓越的創造力和改造力，逐漸形成自己的風格。

其中立像有兩種姿態：一種按笈多藝術，立像多著通肩或右袒袈裟，右手上舉施無畏印或下垂做施願印，左手下垂或齊肩，提著袈裟。一種也採用通肩式袈裟，同時雙手舉起，做相同的手印，這在印度是沒有的。墮羅缽底後期的立像，又發展出一種雙手同時做說法印的姿態[12]。

公元九世紀，墮羅缽底時期一尊石雕的佛陀坐像，極具有代表性，而形成所謂「墮羅缽底風格」。這尊石雕坐像，做結跏趺坐，兩腿交盤，袒露右肩，袈裟從左肩垂下，下端成魚尾紋，右手觸地做降魔印，左手平放在腿上，掌心向上，施禪定印，左手掌心和右腿腳心都刻有法輪圖案。現收藏在曼谷國家博物館⓭。

墮羅缽底的青銅像，基本上都為小佛像，也有些造形優美的。直到近年在泰國東北武里南（Buriram）出土發現了一尊一點零九公尺的思惟菩薩坐像，含青銅量很高，兩腿單盤，雙手放在胸前腿上。

在墮羅缽底的寺塔中，發現許多灰泥和赤陶像，有佛像、神像、舞蹈人物、魔鬼、動物及其他各樣作品，大多做為裝飾之用。其中也有些人物表情豐富，姿態活潑生動，創作者富有想像力。

法輪

印度早期佛教沒有佛像，而以菩提樹、法輪和佛足印等物象徵佛陀。法輪是象徵佛陀在鹿野苑第一次說法，稱為「初轉法輪」，而受到重視。公元一世紀以後，因受到犍陀羅藝術的影響，才引進製作佛像供奉。墮羅缽底時代的法輪，在佛統和烏通出土較為集中，也流傳到東北部邊緣地區。

墮羅缽底時代的法輪，多為石製，是仿效印度笈多佛教藝術，但藝術家及工匠們揉合了新的風格，整個法輪看起來就像立體車輪，有正面和背面，放大、改造，這包括軸心、輪輻、外圈，而且有些法輪圖還有底座。在法輪的前面，常置有一隻回首顧盼的伏鹿。軸心的孔，或圓或方，軸心部位刻著巴利文經文，從視覺上看法輪好像可以轉動，但實際上是不能轉動的⓮。

還願佛牌

另外，在佛統、叻丕、素攀等地佛塔的下面，經常發現一些還願佛牌等，大多數用赤陶製作。泰國在古代的還願佛牌，經常正面刻著佛像，如降魔佛陀像等，背面刻著巴利文佛偈，表示虔誠祈求，如願所求，將功德迴向眾人；亦有勸人向善、歸信佛教之意。

四、泰國北部哈里奔猜王國

在泰族人未建國之前，泰境北部地區已經有佛教的流傳。根據泰國史書記載，在公元六六二年開創哈里奔猜（Hariphunchai，今南邦）的人物，是一位墮羅鉢底國統治下孟人羅斛（現今華富里一帶）國王的公主，即遮摩女王（Cūma）。當時女王帶著五百名僧人及攜帶三藏聖典同往南邦傳布佛法，因此為後世奠定北部上座部佛教的基礎。今天這一帶地區有許多歷史遺跡都可以證明這裡曾經是孟人的地方。直到現在，還有很多關於孟人的傳說與留痕。又據泰國史書記載，在公元一二九二年，哈里奔猜被北面興起的泰人蘭那國孟萊王（Mangrai）所滅。由於孟萊王是位虔誠的佛教徒，對孟族人採取和解的態度，甚至允許戰敗的哈里奔猜的國王伊巴仍在南邦居住多年，直至公元一二九六年伊巴造反，而被迫向南部逃亡。孟萊王尤尊重孟族人的文化和宗教，約在公元一三〇七年，在南奔建造了庫庫達寺，寺中有座著名的泰國北部獨特風格四角形古塔。

五、斯里蘭卡上座部僧團傳入泰國

據說在公元十三世紀初期，斯里蘭卡有一位羅睺羅比丘，從蒲甘去到泰境南部洛坤弘法，成立斯里蘭卡僧團，得到國王和人民的信仰。不過在公元十三世紀中期以前，在泰國史上，很少有泰族人的活動，雖然人們早知道，泰族人在此之前數百年已遷移至東南亞散居各處，直至吉蔑帝國政權衰落後，泰族人才逐漸走上歷史舞台。公元一二五七年，泰族人正式建國，稱為「素可泰」王朝。這時素可泰的泰族人，已信崇上座部佛教，起初傳教師是孟人，以後是斯里蘭卡人；同時也從吉蔑人學習了許多實用的藝術[15]。約在公元一二七七年，有一碑文記載說坤藍甘亨王（Kun Ramkamheng，一二七七—一三一七）建造佛寺供養來自洛坤的高僧，這可證明斯里蘭卡佛教僧團，早先傳入洛坤，後來聲譽遠揚至泰境北部素可泰，而受到國王的信仰，就禮請斯里蘭卡僧團至素可泰弘揚佛法⑯。

自斯里蘭卡上座部傳入泰境後，發展得很迅速，原自柬埔寨傳入多數人信仰的大乘佛法，逐漸滅亡。但最初佛教也分為兩派：一是原先存在的僧團，一是斯里蘭卡傳入的上座部僧團，後來兩派經過協議和改革，和合無諍地漸融合成一派，即純正統一為斯里蘭卡大寺派⑰。素可泰王朝第三代國王坤藍甘亨，是一位雄才大略的英明之主，將國土擴大了十多倍，國土北至現在寮國的瑯勃拉邦，東達湄公河，南至馬來半島洛坤，西收孟吉蔑人在自己勢力範圍內。他最大的貢獻是創立了泰文，約在公元一二八三年，他召集全國學者，研究文字的改革和創製，把原有的孟吉蔑文，轉化成為適於書寫的泰語。坤藍甘亨王在公元一二八五年，在素可泰之南的五十六公里的西沙差那萊（Si Satchanalai）建築一座昌隆寺（Wat Chang Lom），意為象台寺，因在寺中建了一座斯里蘭卡風格的佛塔，直立在市中心，塔分五層，下面四層都為方形，在第一層台階上，每面排列有十隻大象，頭部向外，在第四層台階上，每面嵌有五座佛龕佛像，座落在第三層上，其上為鐘形塔柱，上為圓錐形高頂；又在佛塔的一面，開一道二十多級階梯，讓朝聖者走上階梯，象徵著從人間到達天堂⑱。

到第五代立泰王（Thammaraja Luthai，一三五四—一三七六）時，因南方大城日益強大，素可泰王朝的領土日漸減少，不過這位國王生性仁慈，厭惡殘酷的戰爭，鑑於國運已衰落，所以特意加強文治，改革政治，修建道路，濬通運河，開拓農業，提倡文教，勤政愛民。特別是熱心發揚佛教，在各地興建佛寺和佛塔，鑄造佛像，勸導鼓勵僧人研究經論。他精通佛學、哲學、天文等，著有一部《三界論》（Tribhūmi-Kathā）。在公元一三六二年，特禮請斯里蘭卡僧領為傳戒和尚，在芒果林寺（Ambavanārāma）捨身出家，過一段出家修行的生活，開創引導人民短期出家的風氣，對以後泰國男子在一生中至少一次的短期出家，接受佛教道德的熏陶，影響非常深遠[19]。

---

❶ 田禾、周方治編著：《列國志：泰國》，第八十—八十一頁。

❷ 義淨法師著：《大唐西域求法高僧傳》卷上。又《佛光大辭典》上，第八三一頁。

❸ 許雲樵著：《南洋史》上冊，第一九二—一九三頁。

❹ 瑪戈著：《泰國藝術叢談》，第二十二頁。

❺ David K. Wyatt 著，郭繼光譯：《泰國史》第十七—十八頁。

❻ 儲建國著：〈金鄰國錢幣〉，出處：http://www.coin-cn-com。（著者為杭州世界錢幣博物館館長）

❼ 姚楠、許鈺合著：《古代南洋史地叢考》，第一六一頁。

❽ 嚴智宏：〈南傳佛教在東南亞的先驅：泰國墮羅鉢底時期的雕塑〉，《臺灣東南亞學刊》，第二卷第一期，第三——六十頁。

❾ 淨海法師著：《南傳佛教史》，第三六四——三六六頁。

❿ 吳虛領著：《東南亞美術》，第一八八頁。

⓫ 吳虛領著：《東南亞美術》，第二〇三頁。

⓬ 吳虛領著：《東南亞美術》，第一九二——一九三頁。

⓭ 吳虛領著：《東南亞美術》，第一九四頁。

⓮ 嚴智宏著：〈南傳佛教在東南亞的先軀：泰國墮羅鉢底時期的雕塑〉，《臺灣東南亞學刊》第二卷第一期，第三——六十頁。

⓯ 瑪戈著：《泰國藝術叢談》，第二十二——二十三頁。

⓰ 慶祝佛曆二五〇〇年紀念委員會編：《慶祝佛曆二五〇〇年紀念特刊》（泰文），第三十一頁。

⓱ 慶祝佛曆二五〇〇年紀念委員會編：《慶祝佛曆二五〇〇年紀念特刊》（泰文），第三十二頁。

⓲ 1. Phil Macdonald & Carl Parkes : *The National Geographic Traveler THAILAND.*
2. 目擊者旅遊指南《泰國》，第二〇〇頁。

⓳ Phrapatana Trinaronk：《泰國佛教的發展情形》（泰文），第七十一頁。

第四章 總結

緬甸境內的古代孟族人，是首先引進和接受了印度上座部佛教的信仰，尤其是對後代南傳上座部佛教（即斯里蘭卡大寺派），起了先驅引導的作用。孟族人早期影響了驃族人、緬族人、撣族人繼承信仰佛教，即所謂全民信仰。雖然在傳承的二千多年中，緬甸有過不同的宗派傳入，包括大乘、小乘部派、密教、印度教等，錯綜複雜的交替，孟族人始終以信仰上座部為主。在歷史的長河中，孟人佛教也時興時衰，好像也逃不過時代潮流和無常的法則。追溯以往，可歸納下面幾個階段：

第一、最早的記載是公元前三世紀，阿育王派遣傳教師至外地傳教，孟族人傳承了須那和鬱多羅上座部的信仰。第二、公元二至七世紀，從林陽國、驃國（即室利差呾羅國）的出現，佛教經過了四、五百年發展和不明的存在。第三、到公元一〇四四年，阿奴律陀王統一全緬甸建立蒲甘王朝，進行宗教改革，決定選擇以直通孟族人信仰的上座部，立為國教，奉高僧阿羅漢為國師，是歷史上最輝煌燦爛的時期。第四、公元一一九〇年，孟族僧車波多在斯里蘭卡大寺派受比丘戒，留學十年，然後帶著四位外國比丘返回緬甸，積極提倡斯國大寺派上座部佛教，雷厲風行全國，其他宗派都退居次要。第

五、到了庇古王朝一四七二年，達磨悉提王又推行緬甸僧團徹底改革，獨尊斯里蘭卡大寺派上座部戒法，先在下緬甸嚴格實行，然後逐漸影響到全緬甸。

從上面五個階段來看，緬甸的佛教歷史，孟族人都起了先驅前導的作用。特別是到公元十一世紀中期至十五世紀末，經過了阿奴律陀、高僧車波多、達磨悉提的佛教改革，舊時所有的各個宗派都被禁止或自然消失了，最後統一為斯里蘭卡大寺派上座部，這就是所謂的南傳佛教，或稱為南傳上座部佛教，這都是早期孟族人做了巨大的貢獻。

緬甸早期的民族，主要是驃族、緬族、孟族、撣族等，都曾建立過大小不同的國家。其中孟人（亦稱得能人）在九世紀定居於伊洛瓦底江三角洲，而緬人則在中緬，緬人與孟人之間為了霸權鬪爭延續不已。而孟族人卻缺少一位有能力的領袖，與緬人對比，人數又居少數，在統治國家中，不能維持整個緬甸的控制。特別是在公元一七五四年，與緬人阿瑙帕雅戰爭中阿瓦被攻克，孟人徹底失敗。至此孟族人在緬甸境內劇減，至今也不過一百多萬人，成為少數衰落的民族。

至於在泰國，在泰人未立國前，早期在泰境中，也是孟人最活躍的地區。第一、公元前三世紀，阿育王派遣傳教師至外地傳教，須那和鬱多羅至金地傳教，泰人認為中心地帶是在泰境的佛統，不是在緬甸的直通。第二、公元三世紀差不多同時建立的金鄰國和林陽國，泰人認為都是在泰國境內（後者在邦德），以信仰上座部佛教為主。第三、公元六至十一世紀，泰境中部先後建立的墮羅缽底、羅斛、哈里奔猜，前兩國以佛統、華富里為中心，哈里奔猜是在泰北的南邦，傳統上都信仰上座部佛教，特別是留存下很多珍寶的藝術。第四、約在公元十世紀前後，泰國北部開始出現現一些泰人建立的小國家，帶有部落聯盟的性質，其中較有名的，到公元十三世紀稱為蘭那（Lanna），中國史書上稱「八百大甸」，因受到緬甸蒲甘佛教的影響，盛行上座部佛教。第五、公元十三世紀初期，斯里蘭卡有一位羅睺羅比丘，從蒲甘去到泰南洛坤弘法，成立斯里蘭卡僧團，得到國王和人民的信仰。第六、公元十三世紀，泰人正式建立素可泰王朝，第三代王坤藍甘亨建寺供養來自洛坤的高僧，傳授上座部戒律，使上座部佛教以後在泰國都占據了統治地位。

公元一一五五年，斯里蘭卡波羅迦摩巴忽一世，熱心護持振興斯里蘭卡衰微已久的佛教，提倡改革僧團，戒律莊嚴，佛教大興，當時東南亞各國許多僧人都到斯里蘭卡求法，當他們回到自己國家，致力推行斯里蘭卡大寺派佛教。因此使得東南亞佛教產生很大的變化，在公元十二至十四世紀，緬甸、泰國、柬埔寨、寮國及中國雲南傣族地區，逐漸形成南傳佛教文化圈。這種佛教的轉型，大致上緬甸是在公元十二世紀末，一個保守上座部傳統的僧團才在緬甸建立起來，已經過八百年。泰人正式承認上座部佛教，是在公元十三世紀中期；柬埔寨人和寮人是在公元十四世紀初期，約七百年左右❶。中國傣族地區約在公元十四至十五世紀，時間也近七百年。

東南亞緬、泰、柬、寮四國人民，傳統上二千多年來都信仰佛教，包括印度原始上座部、大乘佛教、密宗、印度教、本地精靈宗教等。但東南亞古代孟族人，始終是保持上座部佛教信仰為主，而自公元十一世紀以後，孟族人在東南亞卻退居少數民族，已沒有政治地位和權力，但因他們早期信仰原有上座部的基礎，當公元十二世紀末斯里蘭卡佛教大寺派系統，能順利地的傳入，而一直興盛至現代，這種情況產生了深遠的影響，是孟人做了先驅巨大的貢獻。

（二〇一五年四月於休士頓玉佛寺）

---

❶ 1. Robert C. Lester: *Theravada Buddhism in Southeast Asia*, p.66。
2. 賀聖達著：《東南亞文化發展史》，第一九四——一九五頁。

參考文獻

淨海法師著：《南傳佛教史》，臺北：法鼓文化，二〇一四年。

嚴智宏：〈南傳佛教在東南亞的先驅：泰國墮羅鉢底時期的雕塑〉，《臺灣東南亞學刊》，第二卷第一期，南投：國立暨南國際大學東南亞研究所，二〇〇五年。

Dīpavaṃsa（《島史》），附 H. Oldenberg 英譯，一八七九，London。

Mahāvaṃsa（《大史》），PTS 一九六四，London。

Sir Charles Eliot: *Hinduism and Buddhism*, Vol. III, Reprinted 1962, London.

Kavīvarañāṇa：〈東南亞佛教史〉（泰文），《佛輪》月刊，第一六至二十卷，摩訶朱拉隆功佛教大學編。

李謀、姚秉彥等譯：《琉璃宮史》，上卷，北京：商務印書館，二〇一〇年。

許雲樵著：《南洋史》上冊，新加坡：星洲世界書局，一九六一年。

賀聖達著：《東南亞文化發展史》，昆明：雲南出版社，一九九六年。

姚楠、許鈺合著：《古代南洋史地叢考》，香港：商務印書館，一九五八年。

「緬甸佛教的歷史沿革」，中華人民共和國駐緬甸聯邦共和國大使館，首頁〈瞭解緬甸〉宗教，二〇〇九年八月十八日。

賀聖達著：《東南亞文化發展史》，昆明：雲南人民出版社，一九九六年。

柳宗玄編：《世界之聖域九．緬甸的佛塔》，臺北：臺灣環華出版事業，一九八一年。
王武烈：《建寺文化的迷失與覺醒》，臺北：千華出版社，二〇〇三年。
田禾、周方冶編著：《泰國》，北京：社會科學文獻出版社，二〇〇九年。
《大唐西域求法高僧傳》，《大正藏》，第五十一冊。
瑪戈著：《泰國藝術叢談》，新加坡：星洲世界書局，一九六七年。
David K. Wyatt 著，郭繼光譯：《泰國史》，上海：東方出版中心，二〇〇九年。
儲建國：〈金鄰國錢幣〉，出處：http//www.coin-cn-com。（著者為杭州世界錢幣博物館館長）
陳明德著，淨海法師譯：〈泰國佛教史〉，《海潮音》，第四十六卷，第五至八期。
慶祝佛曆二五〇〇年紀念委員會編：《慶祝佛曆二五〇〇年紀念特刊》（泰文）。
Phil Macdonald & Carl Parkes : *The National Geographic Traveler THAILAND.*
目擊者旅遊指南：《泰國》，北京：中國旅遊出版社，二〇〇九年。
PhrapatanaTrinaronk ：《泰國佛教的發展情形》（泰文）。
Robert C. Lester: *Theravada Buddhism in Southeast Asia.*

第七篇

泰國佛教史

陳明德著／淨海法師譯

泰國皇冕佛教大學前教授陳明德著的泰文〈泰國佛教史〉，文字雖然不多，但能將泰國佛教史給我們一個簡明的概況。因為南傳佛教除了斯里蘭卡佛教史較詳備外，其他各國佛教史的著作及資料，都是很缺乏的。此譯文中的人名、地名、佛教術語，有些是依梵文、巴利文的原音，有些是英文、泰文通用的拼法，譯時加在括弧內。中名譯名，也盡量依據史籍上常用的名詞，以便容易了解。

——譯者註

第一章　佛教傳入泰國版圖

公元前三世紀，印度摩揭陀國（Magadha）建都在波託釐子城（Pāṭaliputra）的孔雀王朝（Maurya），到阿育王（Aśoka）時，由於他虔信仰佛教，又得到目犍連子帝須（Moggaliputta-tissa）的引導，派出佛法使者團到各地傳教。其中派到外邊的使者團之一，有須那（Soṇa）及鬱多羅（Uttara）二位長老領導，來到印度支那半島（Indo-China Peninsula）的金地（Suvaṇṇabhūmi）傳布佛教。在這之前，公元前五、六世紀，就有印度人常來印支半島經商或移民至本地居住，同時他們也帶來了印度文化。尤其當佛教在印度興盛後，佛教徒不像一些婆羅門教徒那樣重視區域性，所以信仰佛教的印度人，來到印支半島的人更日漸增多。日後婆羅門教徒為了尋求更多利益，也捨棄區域性的觀念，不但前來傳教，而且建立許多邦國，統治當地人民。至於佛教在金地建立的根據地，可能是在緬甸南方的範圍（後來為孟族人國土），再流傳到泰國的中部，以佛統（Nakhon Pathom，巴利語為 Nagara-paṭhama）為重要中心，當時本地人是孟族及拉瓦族。因為在佛統周圍，發現有很多古代建築遺跡，有溯至阿育王時代的，如現在層罩在佛統大塔裡的半球形塔，是依印度山崎塔（Sañchi）及鬱提尸迦塔（Udesika）形狀所建築的，有法輪及伏鹿的圖形，壇座是空著的，因為那時印度人還沒流行塑造佛像。上說鬱提尸迦塔，在佛統也發現古代建築塔形。除此，後來印度重要的佛教藝術，如阿摩羅缽底（Amarāvatī）、笈多（Gupta）時期的佛教藝術，也同樣傳到此中心地區。所以可以判定，自從佛教傳入泰國的中部，就一直發展綿延不絕。又須那和鬱多羅二位長老傳來的佛教，是屬於聲聞乘上座部，尊重第一次三藏結集的意見，嚴格奉行佛陀清淨的律法。

第二章　扶南國時期佛教

至於上座部佛教，自從金地發展起來，詳細的情形已不可考，只略知當時金地的居民是孟族及柬族（Cambodia，又稱高棉族），有來至中印度及南印度的人為酋長，或酋長與印度人有血統關係，因此印度的文化與文明得以傳來本地，以金地為中心，此上座部佛教就向印支半島各處發展；只有半島的東北方，即現在的北越除外。此後，當中國西藏和雲南遷移而來的緬族和泰族到達本地後，也就誠心地接受了上座部佛教的信仰。

公元一世紀初，印度大乘佛教興起，熱心的印度佛教徒又將大乘佛法，在此半島上普遍宏傳。陸路經過孟加拉進入緬甸北方；海道沿馬來西亞、蘇門答臘、繞行海灣航行至現在柬埔寨（Cambodia）。在那時，有扶南國（Funan）的興起，土地占有現在全部柬埔寨，並進入泰國中部和東北部，信仰上座部與大乘佛教。在公元六世紀初，有扶南國僧人使節僧伽婆羅（Saṅghapāla）及曼陀羅仙（Mandrasena）二位論師，到中國翻譯佛經。到六世紀中葉，扶南國逐漸衰微，反被曾為屬國的真臘族（Chenla）併吞。因為真臘人信奉婆羅門教，佛教的發展有一段時間受阻。

第三章　墮羅缽底國時期佛教

公元六世紀，當扶南國勢衰頹下來，沿湄南河流域的孟族，根據過去的金地為中心，乘機建立墮羅缽底國，在藝術和宣傳佛教方面，發展非常迅速。從阿育王時代傳入的上座部佛教，為該國人民虔誠的信仰，而且與印度恆河流域的佛教徒又常常接觸，所以墮羅缽底國的佛教藝術，仿傚印度笈多王朝的形式，中心地仍為佛統。到了公元七世紀，墮羅缽底國勢力更為昌盛，達到羅斛（現在的華富里 Lopburi），通過羅斛至泰國的北部。如歷史上記有孟族血統的遮摩女王（Cāma），曾統治哈里奔猜（Hariphunchai），即現在的南奔（Lampoon）。這位女王曾邀請五百位僧人，攜帶三藏經典往其他各地發揚佛教；因此上座部在墮羅缽底建立了深厚的基礎，並使北部人民也崇信上座部佛教。從古孟族碑文中我們得知，孟族人曾統治過佛統、羅斛、南奔，達一世紀之久。

公元七、八世紀，真臘人遞變為真臘國，墮羅缽底為真臘強大的國勢所取代，建都奠定王國，沿湄南河流域很多城郡，如羅斛封給王子為屬地。在巴塞河（Pasak R.）流域內，即現在的碧差汶府（Phetchabun），有逝調國（Śrideva），也成為重要的屬地。

除此，真臘國的勢力還侵入到東北方首要的城郡披邁（Phimai），但未能完全消滅北部及西北部為孟族所控制的各重要城郡。

第四章　室利佛逝國時期佛教

當墮羅鉢底興盛時，泰國南部出現許多大小邦國，如中國史書上所記載的赤土國，即現在馬來西亞的柿武里（Saiburi，古記載為緬甸南部的墨吉，Mergui 地區），有人信仰佛教及婆羅門教。現在的素叻他尼府（Suratthani）即古盤盤國（Phan Phan），人民信仰聲聞上座部；又在永實（Viensra）地區，今人曾掘得笈多時期佛像，此地區與墮羅鉢底有接觸關係。公元七世紀，在蘇門答臘興起的室利佛逝國（Sīvijai），後來勢力侵入馬來西亞及征服半島上其他區域，北邊國境與墮羅鉢底相接，聲聞乘佛教非常興盛。佛教旅行家義淨三藏記載說，此室利佛逝國王乃至人民非常信仰佛教，在都城一千僧人中有位釋迦稱（Śakyakirati），奉行律法如印度一樣嚴格。後來摩揭陀的波羅（Pāla）王朝勢力興起後，人民也信仰了大乘佛教，尤其是密宗（Nikāyamanatarayāna）；其後室利佛逝的嶽帝王朝（Śailendra）勢力統治南海及馬來亞半島，與印度波羅王朝發生友好關係，接受密宗的傳入及信仰；大乘佛教並成為馬來亞、室利佛逝大帝國的國教，時間是在公元七至十一世紀。馬來半島的北方，即現在的洛坤（Nakom Sri Thammarat），在公元七世紀稱丹眉流，也是室利佛逝的領域。我們見到梵文碑銘記載說，在公元七七五年，稱頌室利佛逝國王的威德，及建造佛塔供獻佛教。碑文中有一節說：

「室利佛逝王，有勝利的威光，使四方各國臣服；王為梵天所賜生，使佛法將來永固。室利佛逝王是眾王之王，建此三座磚造佛寺，供奉蓮花手菩薩、降魔的佛陀、金剛手菩薩。此三座莊嚴佛寺，如像在汙穢世界山中的金剛石，光明照耀三界，供奉十方一切勝中最勝的佛陀。」（見泰文《石碑集》第二冊）

碑文中敘述的三座磚造佛寺，現在都在泰國南部，即越犒、越隆、越永三寺。除此，室利佛逝國當時是著名研究佛法的中心；公元十一世紀，復興西藏佛教的阿提沙（Atiśa，亦譯阿底峽）論師，曾到蘇門答臘依法稱論師研究佛法，達十二年之久。爪哇島上建築的婆羅浮屠（Borobudur）大佛塔，也在室利佛逝時期建造。至於泰國紀念的古物，如闍耶（Jaiya）佛塔、用合金鑄造比人還大的觀世音菩薩像、各種生土塑造的佛像及菩薩像等，都是依大乘佛教的形式塑造的；在泰南博他崙府（Phatthalung）的沙旺洞、霍刹魯洞，北大年府（Pattanit）的甘攀山洞，也拉府（Yala）的達拋洞等處發現的古物，都說明是大乘佛教及室利佛逝勢力的象徵。依歷史記載，室利佛逝的武威，曾侵入柬埔寨及沿該國湄南河流域各王國兩次，即公元八世紀初及十一世紀；公元十一世紀中期柬埔寨國王蘇利耶跋摩一世（Sūryavarman I），是帶有室利佛逝的血統。公元七世紀末，柬埔寨及泰國，是信奉如室利佛逝形式的大乘佛教。

第五章　羅斛國時期佛教

公元十世紀中期至十三世紀中期，柬埔寨勢力控制泰國時，史上稱為羅斛王朝（Lopburi Period）。柬埔寨國王有些是佛教徒，信仰上座部佛教和大乘佛教，只是上座部佛教不興盛，因為柬埔寨國王雖是佛教徒，而是大乘佛教徒；並且羅斛國的大乘佛教，是從扶南國時期繼承下來的，當墮羅缽底興起時，大乘佛教受到暫時阻滯，到室利佛逝時，大乘密宗傳布到柬埔寨及泰國中部和南部，很快地發展起來。關於大乘密宗重要的地點，推定在公元十世紀後葉所建的披邁（Bhimai）石宮，門上的雕刻，東扇為降三世明王像，西扇為佛陀感化瞻婆王的故事，這些圖像都象徵著大乘佛教，尤其是密宗。在羅斛的三峰塔，也明顯地證明是大乘佛教遺址。在羅斛發現蘇利耶跋摩一世的石碑，有一節記載：「……一切仙人所住之處，或大乘比丘，或上座部比丘，國王懇求各人真誠修持，以此功德回向國王……。」除此，羅斛時期還建造大小型佛像，小型泥質的，即一般人所說靈驗的護身佛（這種泥質的護身佛，是在羅斛時期鑄造的。不過，護身佛是後人才叫的；因泰國素可泰時期，依柬埔寨人鑄造這種泥質佛像，有很多式樣），持有賜福之物，頭上戴花冠瓔珞。據作者推斷柬埔寨人依密宗式樣，曾鑄有大日如來像，刻著衣飾。另一種叫垂耳佛像，做降魔印，作者認為是屬阿閦如來像，大乘佛教尊為東方教主，柬埔寨國王建國在東方，象徵著輝煌強盛。其他還有最初佛，騎在龍背上，觀世音菩薩，及般若波羅蜜多菩薩，站立在左右兩側，這些圖像，在洛坤、華富里（羅斛）、素攀、宋膠洛（Sawankaloke）等府，都有出土，都是依大乘密宗形式所鑄造，成為本國及鄰國，佛教藝術上與婆羅門教的不同。

第六章　泰族從哀牢時期信仰佛教

泰族是亞洲中的一個大族，然因多種原因及環境所迫，而離散分開。泰族發源於中國境內，已達四千年，是在黃河流域南部一帶。以後漢族人遷移侵入泰族人所居之地，趕走泰族人南移至長江流域。泰族建立基礎後，又再為漢人擴張勢力驅趕，南退分散在中國南部，如四川、貴州、廣東、廣西，聚集比較稠密的地方是雲南。後漢時，泰族在雲南曾建立哀牢國，中國漢代史告訴我們說：泰族哀牢與印度發生關係；所以知道有關印度的文化，如佛教等，這時佛教可能傳入哀牢。當公元一世紀佛教傳入中國後，知道一群哀牢族人（那時泰族分成很多部落）有王名坤隆茂，宣誓信仰佛教，為泰族第一位佛教徒君王。那時佛教不是大乘佛教，可能是聲聞乘佛教（聲聞乘佛教有很多部派，巴利文及梵文史書，記有十八部派之多）。是否為上座部佛教，無法證實。

第七章　泰族南詔信仰大乘佛教

公元三世紀初，中國漢朝國勢崩潰，分為三國。劉備在四川建立蜀國，軍師孔明曾用兵擊破哀牢，泰族人四散分逃。有些人逃抵緬北薩爾溫江流域，有些人移至十二版納、十二柱泰、及華攀，有些人避難到蘭滄及泰北湄公河流域，有些人聯合起來前進到湄南河流域。最初是逃難者身分，後來有力量自由獨立，經過數百年之久。而不願逃避的泰族人，在雲南等候機會復興本族。公元六、七世紀，泰族出了一位英雄畢祿（Pi-lok），集合雲南泰族，宣布建立泰孟國，後改為南詔國，都城在大理。南詔建國約五百年，在這段長時間過程中，泰族常與中國、西藏、安南發生戰爭，時勝時敗。中國唐、宋時，有多位帝王是信仰佛教的，特別是唐代的大乘佛教最輝煌發達，被稱為佛教盛世。中國大乘佛教傳入南詔，不久就發揚光大，唐代史書記載說：「南詔人文化很發達，虔誠信仰佛教，誦念的經典，有用金粉書寫的……。」當南詔國勢興盛時，常出兵攻擊中國四川成都。中國派使和談，但南詔不接受；四川都督認為南詔佛教興盛，就改派一位沙門景仙為使者，終達成謀和計畫。宋朝時，南詔獻給宋帝貢物，《金剛般若波羅蜜多經》三卷（作者已譯成泰文）、《大威德金剛經》三卷，全是用金粉書寫，為大乘經典，後者是密宗的。除此，南詔還建有佛寺、佛塔、精舍，現在雲南還存有遺跡。南詔的滅亡，是因蒙古忽必烈領軍侵占中國，然後在中國即位為元世祖，開創元朝，約在公元十三世紀下葉，派兵攻破南詔。元史記載南詔佛教發展的情形說：「此國人民，去西方印度很近，每戶不論貧富，多數設有佛堂，不論老人青年，常持念珠及誦經……。」從這一記載，我們可清楚了知，南詔佛教興盛的情形。南詔滅亡後，泰族向南遷移，與先到印度支那半島上的泰族，匯合了力量將孟族人及柬族人，完全驅逐，離開了泰國的領土。

第八章　八百大甸（庸奴）時期的佛教

當公元二、三世紀，泰族人遷移至印支半島居住，在前面已經敘述過。泰人的祖先，分居在各地，必須與先居住的地主戰爭，即孟族人和柬族人，時勝時敗。到公元十、十一世紀，泰族在現在泰北和西北的蘭那（Lanna）集中勢力建立了一個邦城，史稱這段時間：從公元十至十二世紀，為「前八百大甸」（Chieng-San 或 Yo-nok）；從公元十二至十五世紀，是「後八百大甸」。這裡僅敘述前八百大甸，泰族來到新土地居住，開始信仰佛教，是與哀牢有關係的。當時接受孟族和柬族文化後，信仰上座部佛教的，就依孟族人形式；信仰大乘佛教的，就依柬族形式，這時期可說是大乘和小乘兼信。清邁國（Chengmai）在公元一三六七年哥那王時，有一位比丘旃那（Canda）長老，曾讀誦大瑜伽曼陀羅，在素貼山裡為求得智慧威力。依原本看來，是屬密宗經典，表示大乘佛教雖已衰亡很久，到公元十三世紀，還有存在的痕跡，但上座部佛教比大乘佛教占有很大的優勢。公元十一世紀中期，緬甸的阿奴律陀王（Anoradha），統治蒲甘（Pagan），然後擴張權力攻破孟族的直通（Thaton，即 Sudhamma 城），直至統治泰北及泰西北孟族人的首都。泰族的猜巴甘城，即現在的芳縣（Fang）也被攻破。這時，泰族人正在奮力圖強，遭受到阻力一段時間，並向中部遷移。有些考古學家認為：阿奴律陀能打進湄南河流域的柬埔寨，在這次緬甸與柬埔寨的戰爭中，佛統遭受到嚴重的損壞。緬甸人原本也是信仰上座部佛教，後來因為大乘佛教的發展，使上座部佛教的光輝逐漸隱晦。到了阿奴律陀王時，從孟加拉境來到蒲甘之大乘密宗教徒更增多起來，這一後期的密教，滲雜了很多印度教不純潔的行持，如僧人可以娶妻飲酒，若有人獻女子給僧人為妻，就可以得福。阿奴律陀王很不滿意這種違反佛陀律法的行為，決心實行改革。當打敗孟族時，上座部佛教又在這塊土地上發展起來。由早期須那和鬱多羅二位長老傳承的上座部佛教，國王對此派非常崇敬，自許是佛教護法者，使上座部佛教以蒲甘城為中心，復興發揚光大。這時，緬甸成為昌明上座部佛教重要的中心，並推展到鄰邦的泰國，如清邁府的七峰塔，是依蒲甘大菩提塔型式建造的。考古學者推測，蒲甘大菩提塔，約當公元十三世紀初，蒲甘王特羅門羅（Htilominlo）模仿印度菩提伽耶塔建造的（七峰塔寺為三界王所建造）。那時蘭那還為蒲甘屬地，歷史學者認為，此時期泰國佛教是「蒲甘式的上座部佛教」；但作者以為，不要將此特別期間，劃分為時代，因為阿奴律陀王從孟族獲勝得來上座部佛教，僅可說那時孟族敗給緬甸，宗教的主權，也就從失敗者轉到勝利者，促使發揚光大這一宗教的偉業。

第九章　錫蘭式上座部佛教

錫蘭（Ceylon），古名師子國（Saṁhala），從阿育王時代就信仰上座部佛教，這和墮羅缽底一樣。錫蘭佛教也與別的國家相同，時興時衰。公元十二世紀中葉後，錫蘭王波洛羅摩婆訶（Parākramabāhu）發揚純正的佛教，進行歷史上座部佛教第七次三藏結集，消息傳到緬甸，有僧人從蒲甘及孟族去錫蘭求學，及在錫蘭僧團中求受比丘戒。然後新受戒的緬僧和孟僧，一同與錫蘭僧返回本國，得到國王和人民的信仰，成立了錫蘭僧團，非常興盛，舊派的僧人漸被淘汰。錫蘭有一位羅睺羅（Rahula）論師，遊化到泰南的洛坤，又稱丹眉流，那時是室利佛逝血統的馬來亞王在統治，就在洛坤成立錫蘭僧團，像蒲甘一樣發達；後來傳入泰國及柬埔寨。

第十章　大乘佛教最後的輝煌

蒲甘統治蘭那到公元十二世紀中期，國勢衰頹，而孟族人卻在本地強大起來，湄南河流域的柬埔寨也興盛起來，但不久孟族和柬埔寨的勢力又衰弱下去。由於此地區之人民是泰族人居多，即立泰族人為郡主，但有時仍為孟族或柬埔寨屬國；孟族人有時用攏絡的方法，嫁公主給泰族郡主為妻。在這段期間，孟族的史實所知不多，而柬埔寨從闍耶跋摩七世（Jayavarman VII），建立柬埔寨最後的強大帝國（一一八一—一二〇五），曾擴張柬埔寨的勢力，是為最後期的輝煌。國王是位謹嚴的大乘佛教徒，信仰藥師如來，曾鑄造很多金屬小佛像，這種小佛像，後來在泰國被稱為「皇蓮佛」（在蘇利跋摩一世〔Suryavarman I〕時已流行鑄造）；鑄「最勝大依止如來」像，賜給二十三處郡城供奉；建築觀世音菩薩殿，鑄般若波羅蜜多菩薩像，及造宮殿供奉，全國普遍建「無病亭」一百零二處，這可證明闍耶跋摩七世，在半島上發揚大乘佛教的功績是非常偉大的。但可惜的，國王駕崩後，大乘佛教隨著柬埔寨的勢力衰弱下去。於是在湄南河流域的泰族人，宣布脫離柬埔寨的羈索，而建立素可泰（Sukhothai）王朝；同時蘭那另一泰族人，也脫離孟族建立清邁王朝。

第十一章　素可泰王朝時期佛教

公元一二五七年，在湄南河流域泰族首領坤邦克藍杜（Kun Bang Klang Tao）宣布獨立，驅逐柬埔寨的勢力，奠立素可泰為王都，改王號為室利因陀羅提耶（Śri Intaratiya），又簡稱拍朗王朝，於公元一三七八年淪為大城王朝（Ayutthaya）附庸，公元一四三六年滅亡。素可泰王朝時期的佛教，初為上座部佛教及大乘佛教互相弘揚，直至第三代王坤藍甘亨（Kun Ramkamheng，一二七七—一三一七）擴張泰國勢力，北至琅勃拉邦（Luang Prabang），東達湄公河，西收孟族勢力在內，南申至馬來半島。數十年間，有這樣廣大的幅員，宣布為新獨立國，在泰國史上堪稱為極神奇的力量。這次擴張泰國領土的結果，已影響到過去三個大國的權力，就是西邊的孟族，完全為泰國的屬國；柬埔寨如被截斷的手足，僅剩自己原先有的土地；室利佛逝至此完全滅亡，因為泰國在半島上的勢力，已威脅到室利佛逝很多重要城邑；海島各區域又被爪哇的馬打藍（Mataram）挾攻，蘇門答臘室利佛逝本土也就崩潰。奇怪的是，曾經興盛的大乘佛教，與柬埔寨及室利佛逝國運，幾乎同時也隨之滅亡。

坤藍甘亨得悉在洛坤的錫蘭僧人戒行嚴格，非常讚歎，就邀請他們來素可泰成立錫蘭僧團。錫蘭僧人比較歡喜在素可泰城外，依山林靜處而居，適於僧人修行，坤藍甘亨在碑石上讚歎錫蘭僧說：

「……在素可泰都城東邊，有阿蘭若寺（Araññaka，即現在石橋寺），為坤藍甘亨所造供養長老，僧領學者精研三藏，學識基礎勝過此城僧眾，他們都從洛坤而來……。」

就我們所知，上座部佛教巴利文三藏、註釋及其他特別典籍，從錫蘭傳來直到現在。但在這之前，上座部佛教在孟族中雖然非常發達，但不一定有完備的三藏，因為那是滲雜了大乘佛教和婆羅門教的經典；或者有完備的，也許後來遺失了，此一史實尚待研究。坤藍甘亨王的石碑，繼續敘述素可泰人民信仰佛教的情形：

「素可泰人，常布施、常持戒、常供養，素可泰王坤藍甘亨及其大臣、人民，男女都信仰佛教。安居期間，每人持戒，出安居後一個月中，舉行迦絺那衣供養……。」

上面石碑敘述信仰佛教的史料，已成為那時泰族傳下來的文物之一。除此，又從錫蘭接受建築佛塔、佛寺、塑造佛像的藝術，而且已改良成泰國的型式，尤其是塑造佛像，藝術之美已臻極點，並有形成鑄造素可泰佛像的專家。藝術廳的普魯傑教授，在《泰國造像》一書裡讚歎說：

「……現在請看素可泰佛像的藝術，觀察這種造像，藝術已達到一流，找不到一點缺點，形式及姿態，表現了心境方面的圓滿莊嚴，非常的安靜。沒有那一國的佛像，或其他各時代佛像，能表現這樣的圓滿莊嚴，從未有更勝過素可泰時代的佛像……。」

關於普魯傑教授所說的圓滿莊嚴的佛像，坤藍甘亨王在石碑上也有敘述：

「……此素可泰城，有佛寺，有金佛像、有高九公尺立佛像、有人佛像、中佛像；有大佛寺、中佛寺；有僧眾……有長老、大長老……。」

從錫蘭上座部佛教傳來素可泰建立後，孟族舊有上座部佛教和大乘佛教，漸漸自然滅亡。素可泰、蘭那、柬埔寨、孟族僧人，到錫蘭僧團中出家求學的日漸增多，使錫蘭式的僧團，產生很多有密切關係的派系。有時禮請錫蘭僧教授，來到自己的區域為男子出家的戒和尚。又大乘佛教漸趨隱沒後，於公元十二、十三世紀，泰國、緬甸、柬埔寨、孟族、寮國等，已完全變成信仰錫蘭系上座部佛教。

第五代立泰王（Thammaraja Luthai，一三五四—一三七六），在公元一三六二年，曾禮請錫蘭僧王來泰為自己的戒和尚，在芒果林寺出家為比丘，過了一段短時間出家修行的生活，這是泰國第一位君王，在位時於佛教中出家的典範。立泰王深研三藏，著有《三界論》（現稱《拍朗三界》），詳細敘述欲界、色界、無色界，及眾生因善惡業而召感三界苦樂的果報。從多種經論、註釋、特別典籍，引證達三十多種。這表示那時研究佛法的盛況，而這部《三界論》，已成為第一部泰文佛教文學名著。又彭世洛府（Phitsnlok）的清那叻佛像（Buddha Jinarāj），也認為是此王時所造。當立泰王去世後，素可泰勢力就衰弱下來，在公元一三七八年，最後成為大城王朝的附庸；再六十多年，成了大城國境的一個大郡。

第十二章　清邁時期佛教

泰族人在湄南河流域驅逐了柬埔寨勢力後，成立素可泰王朝時，北方泰族同胞，也驅逐了孟族勢力出離濱河（Ping R.）流域，約公元一二八一年，泰族前八百大甸王裔的孟萊王（Mangrai），戰勝統治南奔（Lamphun）的孟王衣巴（Ye-Ba），摧毀孟族勢力，然後遊說泰族集合群眾，以清邁成立王都。錫蘭上座部佛教已在素可泰流傳，及從孟族傳入蘭那，但基礎尚未穩固；到哥那王（Kue-Na）於公元一三六七年即位，派僧使去孟族洛坤攀（Nakon Pan，即摩爾門〔Moulmein〕），禮請錫蘭論師烏都槃摩訶沙瓦彌（Udumbanmahāsavāmi），到清邁成立錫蘭僧團，長老就派阿難陀（Ānanda）上座代行。同時哥那王派使者到素可泰請泰僧蘇摩那（Sumana）長老，幫助成立錫蘭系佛教，他也是烏都槃長老的弟子，素可泰方面答允依請求派遣。從那時起，錫蘭系佛教就奠定深厚的基礎。到公元十四世紀上葉，多位清邁僧人，及孟僧、大城僧、柬埔寨僧，都往錫蘭求受比丘戒及修學佛法，回來後，各自在自己的國家弘法。公元一四七七年，三界王（Tilokarāja）為護法，在摩訶菩提寺（Mahābodharama Vihāra，即現在七峰塔寺），舉行三藏結集，有長老比丘約一百位，法授（Dhammradinna）長老為主席，一年完成，這是泰國史上第一次三藏結集。從那時起，清邁研究佛法風氣很盛，有蘭那高僧及學者多人，能用巴利文著述佛教書籍：智稱（Ñāṇakitti）著《阿毘達磨文法述記》（Abhidhamma-yojanā）、《根本迦旃延文法述記》（Mūlakaccāyanayojanā）、《戒律述記》（Vinayayojanā）等。在三界王與清萊王交替時，妙吉祥（Sirimaṅgala）著《吉祥燈論》、《毘輸安多羅本生燈論》、《大千世界燈論》、《法數疏》；公元一四九五至一五二五年披洛王（Bilakpanattādhirā）時，寶智（Ratanapaññā）著《勝者時鬘論》（Jinakālamālīnī）。到公元十六世紀中期，蘭那被緬甸併滅，從那時以後，泰國和緬甸就輪替統治著清邁。直到泰國吞武里王朝時，清邁才恢復收歸泰國版圖。清邁被緬甸統治時期，曾同時從緬甸輸入佛教及造像藝術。

第十三章　大城王朝時期佛教

當素可泰國勢衰微後，境內的素攀蒲美（Suphanbhumi，今素攀府的乍拉凱三攀縣）烏通王（Uthong）乘機宣布獨立，因正逢霍亂發生，烏通王就遷移人民至舊時柬埔寨而有殘餘力量存在的城址阿瑜陀耶（Ayutthaya，華僑稱大城）做為新都，加王號為「拉瑪特波里」，在公元一三五〇年宣布脫離素可泰獨立。大城共歷經四百一十七年，五個王系，三十三位國王。大城王朝時期，一直是錫蘭系上座部佛教，廣建佛寺佛塔，增加建設大城王都的繁榮，國王及臣民信仰佛教，盛行供僧及建築佛寺，而蔚成風俗，男子一生中至少要出家、安居、接受僧教育一次，以報答父母的恩德。又在大城王朝時，佛寺兼為民眾子弟的學校，傳授文字及各種謀生知識；有盛會或說法日，或星相生變時，成為人民交往的集會場所，並為人民醫療所，及息諍訟處。大城王朝時期人民，以佛寺及僧人為依皈處，佛教興盛的情形，不下於素可泰時期。那時詩人曾敘述大城王朝佛教的興盛說：

大城的榮耀勝過天地，

是國王過往的福德所感，
宏偉的佛塔和王宮，
金光燦爛、輝煌。
舍利塔的光輝如天上明月，
佛法遍三界，如朝暮明燈，
佛殿及廊簷，雕刻華麗，
到處供奉著佛像。
亭台千百楹柱，
法筵導引眾生向善；
佛殿雕飾精美奐侖，
光耀世界，燦爛耀目。

怛萊洛迦王（Boroma Trailokanātha，一四四六——一四八八）時，仿立泰王一樣，在彭世洛朱拉摩尼寺（Wat Culāmaṇī）出家過比丘生活八個月；頌曇王曾著《大本生詞》詩集，敘述菩薩行布施波羅蜜的故事。

在這以前，曾有泰僧溫叻摩訶薩彌（Vanratmahāsamī）去錫蘭受戒，然後禮請錫蘭僧至泰國弘法。所以知道恒萊洛迦王，可能是在這僧團中出家，這一僧團一切都與錫蘭的僧團無異。至頌曇王（Songtham，一六一〇——一六二八）時，有泰僧去錫蘭朝禮佛教聖跡回來，根據錫蘭僧所說，上奏國王說佛陀曾踏過的足印，在泰國的金山上；於是國王就下命令尋找佛陀足印。本來在素可泰時，錫蘭蘇摩那骨山（Sumanakut）上，就有模仿的佛足印，在泰國蘇槃那山（Suvannapabbata，意為金山），也建有一足印。最後在沙拉武里（Saraburi）一處山坡上尋獲，頌曇王就命令建築為重要的紀念勝地，從那時泰人或國外人，就常往朝拜。到波隆科斯王（Boroma Kɔs，一七三三——一七五八），由於錫蘭方面僧伽系統斷絕，國王吉祥稱王獅子（Kīrti Śri Rāja-siṁha），就派使到大城請求派遣僧團去錫蘭為僧人傳授戒法；波隆科斯王就派優波離（Upāli）長老率領僧團去錫蘭為男子出家傳授比丘戒，復興錫蘭僧伽系統。泰僧傳去錫蘭的僧系，名為暹羅宗或優波離派系，發展到現在已成為僧人最多的一個宗派。大城王朝時，佛教著述方面，巴利文的不多，可能在以後大城被毀時已散失；泰文除了《大本生詞》外，重要的還很多，如頌曇王著有《御詩詞》；波隆科斯王時達磨提比沙著《難陀優波難陀龍王經詞》、《華蔓詞》二書；同期，他柿寺摩訶那伽著有《富樓那所教經詩》。至於佛教建築和造像藝術，大城王朝時期，是混合了受到了羅斛、素可泰、烏通時的影響。大城王朝末期，是造像衰落期。大城王朝是在公元一七六七年，被緬軍攻破而滅亡。

第十四章　吞武里王朝時期佛教

此王朝時間僅有十五年，就是從公元一七六七至一七八二年。吞武里王（King Dhonburi），或通稱鄭信王（Phya Taksin），光復泰國後，在吞武里建立新都。王除了是英勇的戰士外，又是嚴肅的佛教徒，修持禪定止觀。興建佛寺，集合大城王都攻破時期各處分散的出家人，回歸到原來的佛寺，給與種種護持，淘汰不良僧人，協助行為好的出家人；搜集散失的三藏及各種典籍，缺失的經典就去國外求取，如向柬埔寨等國抄寫。可惜王朝時間短促，吞武里王於公元一七八二年遭謀殺。吞武里時期宣摩哈乃先生曾寫詩讚美，在這詩中，我們可推知此王的秉性：

國王不顧犧牲自己生命，
施捨米穀救濟貧民；
獻出所有財產以報佛恩，
感動天地，受人民讚歎。

第十五章　曼谷王朝時期佛教

吞武里王駕崩後，一位統軍大將在公元一七八二年登基，建立作基王朝（Chakri，即曼谷王朝〔Bangkok〕），成為拉瑪一世（Rama I），遷都至湄南河東岸的曼谷，在位從公元一七八二至一八〇九年。王除了戰爭保衛國家外，立志要建設曼谷如過去的大城一樣輝煌，下令在王宮內建築玉佛寺（Temple of the Emeral Buddha），供奉從永珍請來的玉佛；建菩提寺（Bodhi Temple，原是舊寺），此寺非常巍峨莊嚴，歷七年以上時間，又整修都城內外許多佛寺。下令從各處已被毀壞的地方，如大城、華富里、彭世洛、素可泰、宋膠洛等地，迎請古代的佛像，共集有一千二百四十八尊，經過修飾後，收藏保存在新建或修理過的佛寺裡，或賜給其他佛寺供奉。公元一七八八年，王下令召開僧伽長老會議，僧王任主席，在大舍利寺（Mahādhatu Temple，為王弟所修建），整理結集三藏，歷經五個月，參加長老及上座比丘二百一十八位，另有白衣學者三十二人。將已結集完成的三藏，做為永久依據，全用貝葉印刷及貼金，此三藏共有三百五十四部：即律八十部、經一百六十部、論六十一部，聲明差別五十三部，共貝葉三千六百八十六束。又令修訂印刷其他藏經。公元一八〇八年迎請素可泰的巨佛，坐廣六公尺，供奉在京城中心新建的佛寺中，此尊佛像，是泰國鑄造最大的銅佛像，現在供奉在善見寺（Sudassana Temple）。

此王期間，佛教重要著述，有披耶探瑪巴里差的《三界考釋》，是依據立泰王《三界論》寫的；巴利文有菩提寺大聖汪納叻《結集三藏史》等。

到拉瑪二世（一八〇九——一八二四），曾派僧使去錫蘭聯絡促進佛教關係，訂立修學巴利文佛法為九級，修建許多佛塔佛寺，增加曼谷的繁盛，不亞於大城時代。那時有詩人記述佛教和國家進步的情形。這裡舉二人為例，拍耶達朗記述說：

曼谷如過去大城的化身，
為國王以往功德所成；
王的威嚴使四方臣服，
金色光明，令人目眩。
玉佛光明無量無邊，
金光佛殿映在朝陽中，
精美雕刻，富麗堂皇，
三界眾生，朝暮稽首，

帝王的榮耀如世界輪王，
佛法興隆，人民富樂；
全國男女都歡悅，
稱頌國王的威德。

另一首詩，是鈴鐵拍作的：

已傾毀的大城，似又再重現，
王宮是那麼美麗輝煌；
國王振興三寶的恩德，
啟開天堂關閉三途。
三寶的光輝勝過太陽的光芒，
朝暮聆聽到法音宣流，
到處是佛塔高聳凌空，
是為眾生所依止。
佛殿及廊簷周圍，

法音令眾生心淨，
每晚寺院的鐘聲，
燈明勝過月光。

這是一世王及二世王在位時，佛教和國家的盛況。

到拉瑪三世（一八二四－一八五二），曾下令修復和建築多處佛寺，所以京城增加很多佛寺。公元一八三六年修理菩提寺，使此寺在當時成為大學，教育各種知識，如文學、醫學等，整理搜集各種技藝，然後雕刻在石碑上，嵌進寺內周圍佛殿、亭台走廊的牆壁上，寓意教育人民。

又吞武里河岸的黎明寺（Wat Arun）的舍利塔，二世王時曾開始增修，到拉瑪三世王時才圓滿完成，塔高六十六公尺，是泰國最莊嚴美麗的佛塔之一。此王期間曾派佛教使團兩次到錫蘭。王也很關心修學佛法之事，諭令長老比丘及學者們，翻譯三藏及特別論典為泰文，為了便於宣揚佛法知識，所以在此王期間，有了泰文三藏（但未全部譯完）。

另一件重要的事，就是王弟蒙骨（Monkut）依習俗出家為比丘，時間達二十七年，法號金剛智，修學而精通三藏、註譯、註疏，及通曉梵文、巴利文、英文。在公元一八二九年，蒙骨曾創立「法宗派」（Dhammayutikanikāya）僧團系統，一直發展到現在。而原有的僧團系統，因僧人眾多，就稱「大宗派」（Mahānikāya），從那時以後，泰國僧團就分成兩系，或兩個宗派。

三世王時，佛教方面重要泰文著述，菩提寺巴瑪奴切棲羅錄有《佛陀傳》的翻譯和整理。

拉瑪四世王（一八五一－一八六八），在未登位前，曾創立「法宗派」，在公元一八五一年還俗後登位。此王非常注意比丘、沙彌嚴格的生活，佛教教育比以前更進步，制定很多管理僧團新規章；派遣僧團去錫蘭；而且將法宗派傳去柬埔寨。重要佛教巴利文著述有《戒壇抉擇論》（Sīmāvicāraṇa），為拉瑪四世王出家時論著，書成後送往錫蘭，錫蘭各派僧人都非常讚美泰王高深的智慧。又，當時僧王公披耶巴哇賴沙哇耶隆功著《善逝量論》。公元一八五三年，王命令修建佛統大塔，造大塔層罩著原有的舊塔，成為泰國最高大的佛塔，高一百二十多公尺，圓徑約二百四十公尺，此塔裝修至拉瑪六世時才完成。

拉瑪五世（一八六八－一九一〇），即朱拉隆功（Chulalonkorn）王，在位四十二年，極力維護國家和佛教，更趨於發達，與已在母旺尼域寺出家的王弟拍翁昭瑪奴那卡瑪諾（後來六世王時，晉封為僧王，爵名公摩拍耶哇七拉耶奴律），共同發揚佛教，包括研究佛法及修行方面。在母旺尼域寺內設「皇冕學院」，為研究佛法的中心。皇冕學院曾出《法眼》雜誌弘揚佛教，於公元一八九四年十月創刊，至佛曆二千五百年（一九五六），已經六十七年，是泰國最久的佛教雜誌（雖然出刊偶有延誤，但每卷不缺）。公元一八八八年，下令再一次修訂三藏，將原先古柬埔寨文字母，改為泰文字母，然後全藏印成三十九冊，共印一千部，合成三萬九千本，在一八九三年完成，是為世界上巴利文三藏印刷最完備的佛典，亦為紙裝本（不是貝葉）之始，是泰國文化史上光榮的大事。印刷這部三藏消息傳出後，很多信仰佛教國家，有些外國圖書館，包括歐美的，都曾要求賜贈做為研究之用，王均下令贈與。同時在這裡要說的，那時佛教正開始傳入歐洲，英國有學者研究，成為誠心歸依佛教者，共議抄寫三藏為羅馬字母，及翻譯一些重要經典為英文，五世王並命令出資金助印。公元一九〇二年，下令訂立僧團法規，傳於後世。建築重要的佛寺，有大理石寺（The Marble Temple）、叻母匹寺（Wat Rajpobidh）、貼素鄰寺（Wat Tepsriudravas）。此王時佛教著述，多數是僧王所著的課本及研究之書，有很多本，大多為泰文，使接受佛教教育的人，比原先更為方便閱讀。

拉瑪六世時（一九一〇—一九二五），僧王公摩耶哇七拉耶奴律（Vajiranānavarorasa）命令制定泰文佛學教育，即出家初級佛學，為使短期出家比丘沙彌，有機會研究佛教普通知識；這種初級佛學，一般人民也可以修讀。六世王著有《為軍人說法》、《佛陀覺悟什麼》二書。

到拉瑪七世時（一九二五—一九三四），邀請叻母匹寺僧王室利薄他那（Jinavara Sirivatthana）及多位長老，會議再改編五世王時三藏，使更加詳細完備，並號召王族、公務員、人民，共同出資印刷，全藏分為四十五冊，表示佛陀住世說法度生的年期，共印刷一千五百部；此三藏稱為《暹羅三藏本》，是泰國最完備的三藏、甚至可說是上座部佛教最完備的一部。又在公元一九三二年，國王領導政治改革，由專制改為君主立憲。

拉瑪八世時（一九三四—一九四六），依國會形式，改變僧伽組織，設僧伽部長、僧伽議會。君主立憲期間，曾在挽卿（Bangken）建吉祥大舍利寺（Wat Śrimahādhātu），供奉由印度迎請來的佛陀舍利。

拉瑪九世時（今王，一九四六年即位），政府在曼谷拍耶泰建築「僧伽醫院」，治療比丘沙彌病人。一九四六年改皇冕學院為「皇冕佛教大學」，是二十五佛紀上座部佛教國家最先有的佛教大學；後來大舍利寺學院也改為「朱拉隆功佛教大學」。此兩座佛教大學所不同的，是純為比丘沙彌教育而設，加強僧人知識，有利教化人民，是為發展佛教的搖籃，祈求兩座佛教大學能更進步。公元一九五六年，今王依國家傳統風俗，十月二十二日在玉佛寺出家為比丘，請母旺尼域寺僧王金剛智為戒和尚，蒙骨寺摩訶威拉翁為羯摩和尚，大理石寺僧務院長溫那叻為教授和尚，出家後駐嗶母旺尼域寺過出離波羅密生活十五日，然後捨戒還俗。

第十六章　曼谷王朝時期的大乘佛教

雖然大乘佛教從公元十二、十三世紀已在泰國滅亡，但信仰大乘還有些形式並未隨著絕跡，如求生佛國土；拉瑪四世時，泰國佛教徒在虔誠禮拜佛時，有發願成佛的。除此，人們還信仰君王是菩薩，或是佛種；有些君王為人民謀福利時，被稱頌為佛爺，如對拉瑪五世王之開始崇拜。又大乘佛教常認為有道德的高僧，就是佛或菩薩的化身來度眾生，如西藏、蒙古，他們信仰重要的高僧為活佛。西藏的僧伽領袖達賴喇嘛，認為是觀世音菩薩的化身；另一位僧伽領袖班禪喇嘛，認為是阿彌陀佛的化身，並且地位能繼續轉生相傳；泰國也有如上所說的這種習俗，但因人們改信上座部佛教以來，信仰不如藏人的堅強。然而，他們稱頌僧王為佛，稱僧王的命令為佛諭；舉例為證，如素可泰王朝時，巴丁寺的石碑裡有一段文：

「此函為僧王摩訶沙哇密昭，有佛諭旨如下……。」

在吞武里王朝時，也有稱僧王為佛的；曼谷王朝三世王時，國王問話原稿裡，有副王的問話，內容說，命邀請佛（僧王）解答。除此，還有些不包括在巴利三藏的經典裡，如《福德輪經》、《三藏頂經》等，敘述不可思議功德利益，如說人僅念誦或書寫經典，就可獲得廣大深妙的功德，這是很顯明的由大乘佛教觀念而來；甚至修學禪定請佛附身，也完全是大乘佛教行持的一種。總之，大乘佛教還有勢力滲合在泰國佛教徒的信仰裡，而不自覺得地留傳到現在。

大乘佛教傳入泰國另一個時期，是由越南和中國引進的。佛教傳入中國，多為大乘佛教，而在中國興盛發展起來，有中國高僧成立很多宗派（詳細請參考著者之《大乘佛教哲學》）。至於越南是接受中國的文化，隨著也接受信仰中國大乘佛教。在吞武里王朝時，越南發生叛亂，有越南王族和隨從來泰國避難，同時他們也帶來自己信仰的大乘佛教，並開始初建大乘佛寺，在萬望區和越南村東邊，此地後來也成為曼谷區域。到曼谷王朝一世王時，越南王族及隨從又有人遷來，他們又在曼谷建造了兩座佛寺。三世王時，從越南遷徙來的，有人信仰佛教，有人信仰天主教；信仰佛教的又建了三座佛寺，一在曼谷，一在北碧，一在尖竹汶。後來中國信仰佛教的人，像越南人一樣信仰大乘佛教，共建了四座佛寺。到五世王時，有一位中國比丘續行和尚來泰，有修持禪定的工夫，中、泰人民景仰不已，他向佛教徒宣白，募捐在曼谷建築了龍蓮寺，此寺是泰國最大的大乘佛寺，然後又在北柳再建一座龍福寺。五世王曾下令賜給越南和中國僧人爵位。越南最初一位僧人爵位，是慶雲寺的那濃沙摩那真法師，中國第一位就是續行和尚；後來並頒給雙方僧爵階級。所以在泰國，大乘佛教從那時有兩系，即越南一系、中國一系。到現在九世王，中國華僧尊長為普淨長老，曾在北碧府他木膠縣建普仁寺，是中國佛寺在泰國立有結界碑石的第一個佛寺。中國佛教在這位長老領導之下發展快速，獲得中、泰佛教徒的崇敬。除此，中國佛教徒又成立很多佛教社，宣揚大乘佛法，重要的如中華佛學研究社、龍華佛教社等。在曼谷等地，泰人平常也有信仰中國和越南佛教的，認為都是同一佛教信仰。

第十七章　佛教的宣傳

全國除了各佛寺，每月四個佛日（泰曆每月初八、十五、二十三、三十日）都為人民說法外，國家民聯廳廣播電台，在佛日也安排有弘揚佛教的特別節目，如電台說法、電台佛法戲劇，及邀請高僧到電台進行全國廣播，為人民說法及齋戒。政府將佛日定為公務員休假日，除平常每月四次外，一年還有三天為國定假日，即敬法節（Māgha Pūjā），為紀念佛陀集合一千二百位比丘教誡之日；衛塞節（Visākha Day），為紀念佛陀誕生、正覺、涅槃之日；安居日（敬僧節），為出家人安居之日。這些佛教休假日，屠宰場停止宰殺禽獸。考得佛教高級學位及有僧爵的上座，政府依學位程度及僧爵次序，供養餐食或餐費。政府設有宗教廳，幫助處理解決僧團事務，及每年有預算費用維護佛教。小學及中學學生，早晨上課前及放學回家之前，須做念誦感念佛恩、法恩、僧恩經文儀式。學生每週最少要讀一小時佛教常識和佛陀歷史。泰國風俗認為每一個男子，一生中要出家為比丘一次；出家受比丘戒是最重大的事情，親友都來祝福和慶賀。出家多久，隨各人之意願，多數是安居期三個月，最少一天。受比丘戒，是對佛教種下特別的信心。總之，泰國的文明和文化，與佛教是有關係的。現在有很多佛教社團的成立，如「泰國佛教會」、「泰國佛教青年會」等，這兩個團體，沒有很大的會址，分會卻散布各府；這些佛教團體，有定期佛學演講，以及弘揚佛教的雜誌。

第十八章　僧伽組織

中央部分：以僧王為全僧領袖，僧伽內閣大臣為行政負責人。僧伽內閣大臣有十位，即僧務院長、僧伽內務部長、僧伽宣傳部長、僧伽教育部長、僧伽公共福利部長五位，另次長五位，合共十位；僧伽議會，現有僧伽委員四十五位。

地方部分：全國分為九省，每省設僧伽總督一位（法宗派合三省為一，有僧伽總督三位）；每省有很多管轄的府，每府有府僧伽委員會；從府中分縣，設縣僧伽委員會，依層次而管轄。

至於僧伽爵位，封有僧伽師尊多級；再上有五級，即僧伽男爵、僧伽子爵、僧伽伯爵、僧伽侯爵、僧伽公爵；再上去為副僧王，及最高僧王。

全國上座部佛教，共有佛寺二萬零九百四十四座；其中大宗派二萬零二百九十五寺，法宗派六百四十九寺（依宗教廳印務館泰國佛曆二千五百年佛教日曆統計）。全國巴利文佛學院四百四十所，泰文佛學院六千三百九十六所。讀巴利文學僧一萬七千二百零八位；讀泰文學僧十六萬七千二百三十八位（依一九五五年佛學院及學僧統計）。全國有比丘沙彌約二十萬。至於大乘佛教，有十二寺：越南系七寺，中國系五寺。

第十九章 佛教重要勝地

1.玉佛寺，在曼谷王宮中，供奉玉佛。
2.佛統府佛統塔。
3.彭世洛府最勝王佛像。
4.北標府佛足印。
5.程逸府佛座石。
6.洛坤府大舍利塔。
7.那空拍農府佛舍利塔。
8.清邁府素貼山佛舍利塔。
9.南奔府哈立奔猜佛舍利塔。

還有很多重要的佛教名勝及名寺，以上所舉只約全國五分之一而已。因為曼谷就約有一百八十一寺，重要的如：玉佛寺、菩提寺、大舍利寺、善見寺、金山寺、母旺尼越寺、大理石寺、叻母匹寺、叻納達寺、三友寺等。三友寺內供有素可泰時期非常莊嚴的大金佛一尊。吞武里河岸有黎明寺、三寶宮等。泰國佛寺最多的府，是烏汶府，有一千零一十四寺（宗教印務館曆書統計）。

第二十章　慶祝二千五百年佛紀

佛曆二五〇〇年，政府規定全國慶祝，擬建築大佛城（泰名 Puttha Monthon，譯者註），占地二千五百萊（一萊等於一千六百平方公尺），座落於曼谷與佛統的邊界，豎立巨大站佛，高十五點八公尺，圍繞佛像，雕繪佛陀傳記、說法圖，設佛教博物館。此項計畫已從公元一九五五年進行建築，佛城周圍建設清涼公園，種植佛教有關的樹木，如菩提樹、榕樹等。造護身小佛像四百八十四萬二千五百尊。印刷流通巴利文泰譯《大藏經》。修理全國佛教名勝及佛寺。為二千五百人傳授比丘戒。並開釋囚犯，舉行佛教文藝、藝術比賽，邀請世界各國佛教徒來泰參加慶祝。

祈願世界各國，不分種族和語言的所有佛教徒，團結合作，佛教興盛，以佛法為皈依處，帶給一切眾生光明，佛教與天地共長久！

智慧人 28

佛教史叢談散集

Buddhist History Essay Collection

著者	淨海法師
出版	法鼓文化
總監	釋果賢
總編輯	陳重光
編輯	李金瑛
封面設計	化外設計
內頁美編	小工
地址	臺北市北投區公館路186號5樓
電話	(02)2893-4646
傳真	(02)2896-0731
網址	http://www.ddc.com.tw
E-mail	market@ddc.com.tw
讀者服務專線	(02)2896-1600
初版一刷	2016年12月
建議售價	新臺幣460元
郵撥帳號	50013371
戶名	財團法人法鼓山文教基金會—法鼓文化
北美經銷處	紐約東初禪寺 Chan Meditation Center (New York, USA) Tel: (718)592-6593 Fax: (718)592-0717

法鼓文化

國家圖書館出版品預行編目資料

佛教史叢談散集 / 淨海法師著. -- 初版. -- 臺北市 : 法鼓文化, 2016. 12

面 ; 公分

ISBN 978-957-598-735-0 (平裝)

1.佛教史 2.東南亞

228.38 105020730